ご即位の
諸儀式

令和のご大礼

立皇嗣の礼
の記録

この本は神社検定の特別テキストに指定されています

令和元年11月10日、「祝賀御列(おんれつ)の儀」で皇居・宮殿の南車寄(みなみくるまよせ)にお出ましになった天皇・皇后両陛下

目次
CONTENTS

大礼のご装束…88

「ご即位」に関する決定事項…113

※この本は、季刊誌『皇室』の別冊として令和2年6月に出版した扶桑社ムック『令和のご大礼』と、『皇室』89号（令和3年冬号）、『皇室』95号（令和4年夏号）に掲載された一部を再編集したものです。

※本文などの肩書き・敬称・施設名は当時のものです。

厳かに晴れやかに ご即位の諸儀式

令和元年5月1日、新帝陛下は践祚《せんそ》され「即位後朝見《ちょうけん》の儀」などの儀式が行われた。践祚とは天皇の位を受け継ぐことをいう。「令和」最初の日、日本中はお祝いムード一色となった。秋には、即位されたことを内外に宣明《せんめい》する「即位礼正殿《せいでん》の儀」があり、ご大礼《たいれい》のクライマックスともいえる「大嘗宮《だいじょうきゅう》の儀」を迎えた。一大絵巻ともいうべき即位に関する諸儀式は神話の時からの歴史を持つ。まさに「国柄」を体現するご大礼は日本を寿ぐ祭典である。

令和元年5月1日、「即位後朝見の儀」でおことばを述べられる天皇陛下。首に掛けられているのは最高位の「大勲位菊花章頸飾（だいくんいきっかしょうけいしょく）」。皇后陛下はローブ・デコルテ姿で、皇后に受け継がれてきたティアラを身に着けられている。成年皇族も参列され、写真は秋篠宮皇嗣・同妃両殿下と眞子・佳子両内親王殿下、高円宮妃殿下、承子女王殿下（皇居・宮殿「松の間」、写真／宮内庁提供）

※諸儀式の次第細目については113ページからの「『ご即位』に関する決定事項」を参照ください

令和元年5月1日、剣璽等承継の儀の模様。奥が「剣」で手前が「璽」(勾玉)。中央で奉持されているのが国璽・御璽である(皇居・宮殿「松の間」、写真／次ページ含め宮内庁提供)

剣《けん》璽《じ》等《とう》承《しょう》継《けい》の儀 ――令和元年5月1日

令和元年5月1日午前零時に新帝陛下は践祚された。その後、最初に行われた「即位」の儀式が「剣璽等承継の儀」である。

「剣璽」とは、歴代天皇が継承される「三種の神器」のうちの「天叢雲剣《あめのむらくものつるぎ》」の写しと「八尺瓊勾《やさかにのまが》玉《たま》」を指す。これに「八咫鏡《やたのかがみ》」を加えたものが三種の神器である。この「鏡」と「剣」と「勾玉」は『日本書紀』や『古事記』などに書かれている「天岩戸《あめのいわと》」や「八《や》岐大蛇《またのおろち》」「天孫降臨《てんそんこうりん》」といった日本神話に登場し、皇室のご祖先に授けられたものである。

剣璽等承継の儀では、この「剣璽」と天皇の印《いん》である「御《ぎょ》璽《じ》」、さらに国の印である「国璽」が受け継がれる。ちなみに、御璽・国璽は天皇が国事行為の「ご執務」で使われるものだ。

儀式は、宮殿内で最も格式の高い正殿「松の間」で行われ、安倍晋三首相ら三権の長や閣僚ら26人が国民代表として参列した。

午前10時半、天皇陛下は燕尾《えんび》服に最高位の「大勲位菊花章《だいくんいきっかしょう》頸飾《けいしょく》」などの勲章を身に着けて、宮内庁長官などの先導によりご入場。皇位継承順位第1位の秋篠宮皇嗣《こうし》殿下と同3位の常陸宮殿下も参列された。

陛下が正面の席の前に立たれると、剣璽と国璽、御璽を奉げ持った侍従《じじゅう》たちが一列になって入室。それらを陛下の前の案（台）上に恭しく置いた。その後、陛下は、受け継がれた剣璽などを奉持した侍従らと共に退出され、儀式は約5分で終了した。

なお、剣璽等承継の儀は国事行為である国の儀式として行われた。昨日まで御所（吹上仙洞《ふきあげせんとう》御所）の「剣璽の間」に奉安されていた剣璽は、その後、陛下と共に車で赤坂御所へと運ばれ厳重に奉安された。

なお、天皇の践祚の時に「剣璽」が受け継がれるようになったのは平安時代初期からのことである。それまでは、8世紀初頭に成立した「神祇令《じんぎりょう》」に記されている通り、「神璽《しんじ》の鏡剣《きょうけん》」、つまり、「神器である鏡と剣」を受け渡す儀式が行われていた。

しかし、平安時代初期に「鏡」

1 式部副長と侍従次長の後に、侍従が奉持する「剣」を先頭に「璽」（勾玉）「国璽」「御璽」が入って来る
2 剣と璽が置かれ、国璽、御璽を奉持した侍従が陛下の前に進み出る

3 すべてが置かれ、頭を下げる侍従
4 陛下が退出され、式部官長と宮内庁長官の次に「剣」「璽」「国璽」「御璽」の順で退出した

は「賢所《かしこどころ》」に奉安されて移動されなくなるなどして、それからは「剣璽渡御《とぎょ》の儀」が行われるようになった。その次第は『貞《じょう》観《がん》儀式』や『北山抄《ほくざんしょう》』などの儀式書に記されている。

現在では、剣璽は「皇室経済法」第7条によって「皇位とともに伝わるべき由緒ある物」とされている。12ページより詳しく紹介するが「宮中三殿」などもその「由緒ある物」に含まれる。

なお、剣璽の「剣」は先述のように天叢雲剣の「写し」だが、この写しが作られるようになった経緯も平安時代初期に成立した『古語拾遺《こごしゅうい》』に記されている。ちなみに、天叢雲剣そのものは名古屋に鎮座する熱田神宮に祭られている。その経緯も日本《やまと》武尊《たけるのみこと》の話として『日本書紀』などの第12代・景行《けいこう》天皇条に記されている。

その後、午前11時10分過ぎからは、同じ松の間で「**即位後朝見の儀**」が行われた。これは、即位後初めて国民の代表に会われる儀式である。

三権の長や閣僚、地方自治体の代表ら292人が参列する中、天皇陛下と皇后陛下がご入場。皇后陛下は歴代皇后に受け継がれてきたティアラを着けられ、ローブ・デコルテと呼ばれる白いロングドレス姿である。その後ろを秋篠宮皇嗣・同妃両殿下はじめ成年皇族方が続かれた。

正面の壇上の席の前に両陛下が立たれると、天皇陛下は即位後初めてのおことばを述べられた（8ページに全文）。その後、安倍首相が「国民代表の辞」を述べ（9ページに同）、儀式は約7分で終了した。なお、この朝見の儀も国事行為として行われた。

その後、両陛下はいったん赤坂御所に戻られた。午後には吹《ふき》上《あげ》仙《せん》洞《とう》御所を訪ねられ、上皇・上皇后両陛下に即位をご報告。その後、宮殿に移られて、皇族方や元皇族、宮内庁職員などから祝賀を受けられた。

テレビでは朝から晩まで即位関連のニュースが流され、天皇陛下の車列を上空から追う映像さえ流された。街角では新聞の号外も配られ、日本中が祝福ムードに溢れていた。

赤坂御所と皇居の間を車で移動される際には、沿道に集まった人々ににこやかに手を振って応えられていた両陛下。見事に晴れあがった春の清々しい「御《み》代《よ》替《が》わり」の一日であった。

※儀式次第は124ページの「剣璽等承継の儀の細目について」、125ページの「即位後朝見の儀の細目について」を参照

令和元年5月1日、三権の長や閣僚、地方自治体の代表ら292人を前におことばを述べられる天皇陛下。奥には常陸宮・同妃両殿下、三笠宮妃殿下、寛仁親王妃殿下、彬子・瑶子両女王殿下が参列されている（皇居・宮殿「松の間」、写真／宮内庁提供）

「即位後朝見の儀」の天皇陛下のおことば

日本国憲法及び皇室典範特例法の定めるところにより、ここに皇位を継承しました。

この身に負った重責を思うと粛然たる思いがします。

顧みれば、上皇陛下には御即位より、三十年以上の長きにわたり、世界の平和と国民の幸せを願われ、いかなる時も国民と苦楽を共にされながら、その強い御《み》心を御自身のお姿でお示しになりつつ、一つ一つのお務めに真摯に取り組んでこられました。上皇陛下がお示しになった象徴としてのお姿に心からの敬意と感謝を申し上げます。

ここに、皇位を継承するに当たり、上皇陛下のこれまでの歩みに深く思いを致し、また、歴代の天皇のなさりようを心にとどめ、自己の研鑽《さん》に励むとともに、常に国民を思い、国民に寄り添いながら、憲法にのっとり、日本国及び日本国民統合の象徴としての責務を果たすことを誓い、国民の幸せと国の一層の発展、そして世界の平和を切に希望します。

令和元年5月1日12時30分過ぎ、桜田門から皇居を出る天皇陛下が乗られた車にスマートフォンを向ける人たち

令和元年5月1日正午頃、即位された天皇陛下を一目、拝見しようと皇居・二重橋前に集まった人たち

令和元年5月1日15時前、上皇・上皇后両陛下にご挨拶のため皇居に向かわれる両陛下

令和元年5月1日15時30分過ぎ、皇族各殿下や元皇族、宮内庁職員などから祝賀を受けられる両陛下（皇居・宮殿「松の間」）

令和元年5月1日15時30分過ぎ、秋篠宮皇嗣・同妃両殿下から祝賀を受けられる両陛下（皇居・宮殿「松の間」）

国民代表の辞

安倍晋三内閣総理大臣

謹んで申し上げます。

天皇陛下におかれましては、本日、皇位を継承されました。国民を挙げて心からお慶《よろこ》び申し上げます。

ここに、英邁《えいまい》なる天皇陛下から、上皇陛下のこれまでの歩みに深く思いを致し、日本国及び日本国憲法にのっとり、日本国及び日本国民統合の象徴としての責務を果たされるとともに、国民の幸せと国の一層の発展、世界の平和を切に希望するとのおことばを賜《たまわ》りました。

私たちは、天皇陛下を国及び国民統合の象徴と仰ぎ、激動する国際情勢の中で、平和で、希望に満ちあふれ、誇りある日本の輝かしい未来、人々が美しく心を寄せ合う中で、文化が生まれ育つ時代を、創り上げていく決意であります。

ここに、令和の御代《みよ》の平安と、皇室の弥栄《いやさか》をお祈り申し上げます。

令和元年5月1日13時過ぎ、渋谷のハチ公前では天皇陛下即位の号外が配られた

令和元年5月4日、ご即位奉祝のために京都御所に記帳に集まった人たち

一般参賀に臨まれ、にこやかに手を振られる両陛下はじめ皇族方（皇居・長和殿　ベランダ）。1回目は三笠宮妃殿下もお出ましになり、2回目までは常陸宮・同妃両殿下、3回目までは寛仁親王妃殿下、彬子女王殿下、高円宮妃殿下、承子女王殿下もお出ましになった。気温が上昇した中での一般参賀だったが、最終回の前には雷が接近しているとの予報があり、両陛下のご配慮で、お出ましの時間を早められたという

一般参賀――5月4日

5月4日には、一般参賀が行われ、宮殿「長和殿《ちょうわでん》」のベランダで両陛下はじめ皇族方が参賀者に応えられた。即位された陛下が公式行事として一般の国民の前に出られる初めての機会で、午前10時から6回行われた。

皇居周辺には早朝から多くの人が詰めかけて長い列ができた。宮内庁によると参賀者は計14万1130人に上り、平成2年11月に実施された上皇陛下のご即位に伴う一般参賀（お出ましは計8回）の約11万人を上回った。また、平成の御代で最も多かった平成31年の新年一般参賀者数15万4800人に次ぐ人数となった。参賀にはアメリカ、ドイツ、フランス、中国などのメディアの姿もあり、海外での関心の高さもうかがえた。

この日は東京都で最高気温が6月上旬並みの24・8度にまで上昇。熱中症とみられる症状で倒れる参賀者が続出し、約120人が救護室で診察を受けた。陛下は午後2時以降のおことばで、「このように暑い中」と、この状況での参賀に感謝を表す一言も加えられた。

国民から祝意を受けられる一般参賀は、通常は新年1月2日と天皇誕生日に実施される。起源は昭和23年（1948）1月1日で、現在のように両陛下が出席されることはなく、皇居内で記帳を受け付けるだけだった。昭和天皇は当時、その様子を宮内庁庁舎の屋上からご覧になっていて、同26年から香淳皇后と庁舎のバルコニーに立ち、参賀に応じられるようになった。宮殿の建設に伴う中断を挟み同44年1月から現在の形式になった。

一般参賀でのおことば1回目

この度、剣璽等承継の儀、及び即位後朝見の儀を終えて、今日、このようにみなさんからお祝いいただくことをうれしく思い、深く感謝いたします。

ここにみなさんの健康と幸せを祈るとともに、我が国が諸外国と手を携えて世界の平和を求めつつ、一層の発展を遂げることを心から願っております。

秋篠宮皇嗣・同妃両殿下

天皇・皇后両陛下

常陸宮・同妃両殿下

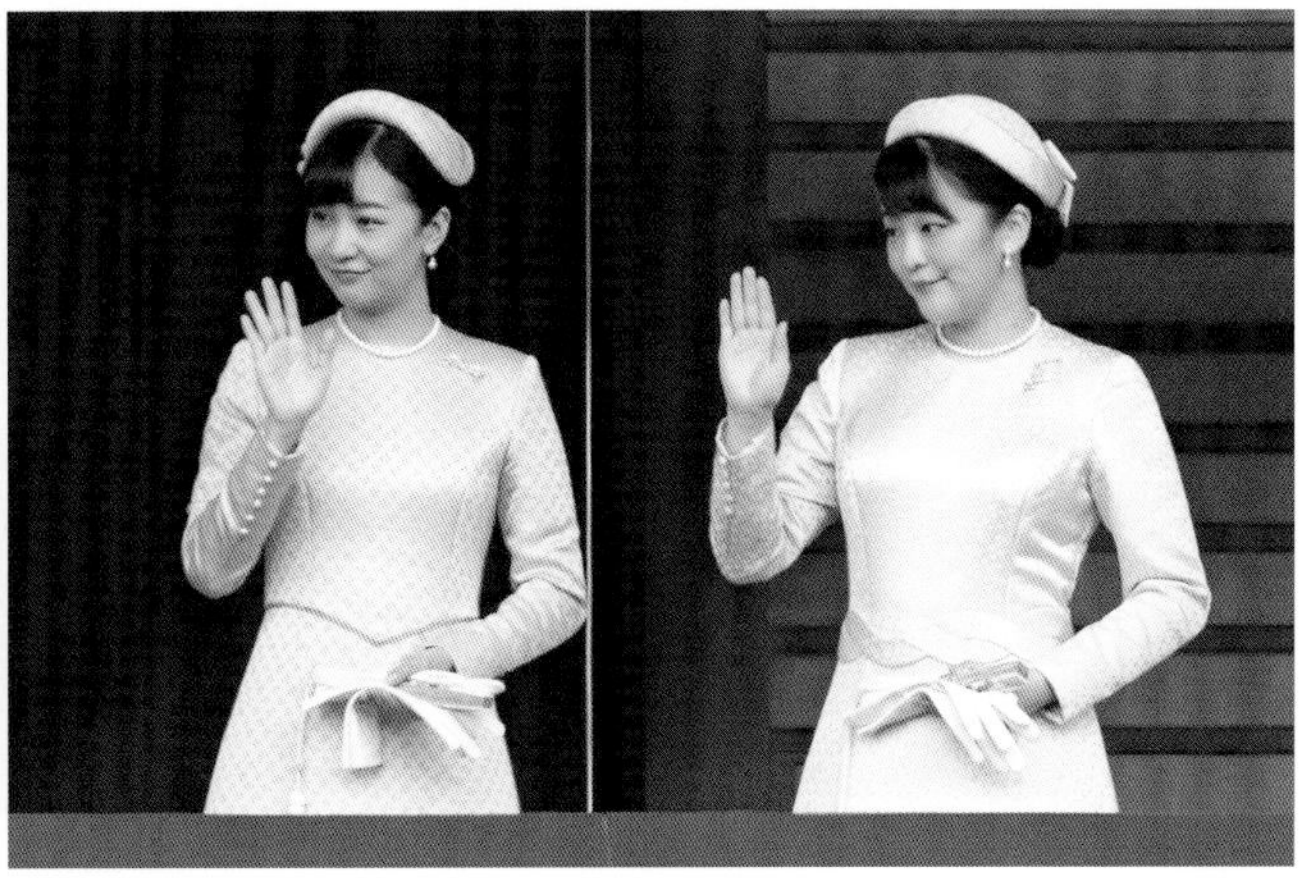

眞子・佳子両内親王殿下

高円宮妃殿下、承子女王殿下

三笠宮妃殿下、寬仁親王妃殿下、彬子女王殿下

令和元年5月8日、「賢所に期日奉告の儀」で賢所の回廊を進まれる天皇陛下。祭儀には秋篠宮皇嗣・同妃両殿下、眞子・佳子両内親王殿下、寛仁親王妃殿下、彬子女王殿下、高円宮妃殿下、承子女王殿下が参列された（宮中三殿、写真／次ページ含め宮内庁提供）

◆賢《かしこ》所《どころ》に期日奉告の儀――5月8日

5月8日には「賢所に期日奉告の儀」と「**皇《こう》霊《れい》殿《でん》神《しん》殿《でん》に期日奉告の儀**」が執り行われた。秋に執り行われる「即位の礼」と「大嘗祭」の期日を天皇陛下が賢所と皇霊殿、神殿に奉告される祭儀で、皇后陛下も拝礼された。

この賢所、皇霊殿、神殿は皇居内にあり宮中三殿とも称される。賢所は皇祖神の天照《あまてらす》大御《おおみ》神《かみ》をお祭りし、皇霊殿は歴代天皇および皇族方の御《み》霊《たま》を、神殿は天《てん》神《じん》地《ち》祇《ぎ》・八《や》百《お》万《よろずの》神をお祭りしている。中央に鎮座するのが賢所で、向かって左が皇霊殿、右が神殿である。

賢所には、先に記した三種の神器のうちの「鏡」の写しがお祭りされている。『古事記』『日本書紀』などに記載があるように、天照大御神より皇室のご祖先に三種の神器が授けられた時に「この鏡を私だと思って祭るように」と命じられたことによる。

その神鏡は、平安時代の初期より内裏《だいり》が整備されるとともに「温《うん》明《めい》殿《でん》」という御殿でお祭りされるようになる。そして、明治2年（1869）、東京奠《てん》都《と》とともに京都から現在の皇居に遷座された。

神殿も『日本書紀』などにその由来が書かれていて、平安時代の10世紀に編纂された『延《えん》喜《ぎ》式《しき》』にも関連のことが記されている。

歴代天皇の御霊は中世中期より、京都御所の「お黒《くろ》戸《ど》」というところで女官たちにより仏式で供養されていた。また、〝神祇行政〟を担ってきた白川家では神式で歴代天皇をお祭りしていたことが江戸時代の文献に出ている。

そして、明治維新を迎えると、明治天皇は「王政復古の大号令」を発せられ、そのことを奉告するため八百万神と歴代天皇をお祭りし、拝礼された。このことが、皇居での皇霊殿と神殿のご造営と祭祀につながったのである。

賢所に期日奉告の儀では、天皇陛下は午前10時半にお出ましになられた。身に着けられているのは天皇のみに着装が許される「黄《こう》櫨《ろ》染《ぜんの》御《ご》袍《ほう》」だ。これは、

5月8日、賢所での参拝を済まされ退出される天皇陛下。手には笏（しゃく）を持たれている（賢所）

5月8日、賢所での参拝を済まされ退出される皇后陛下。手には檜扇（ひおうぎ）を持たれている（賢所）

平安初期の嵯峨天皇の時に定められたご祭服である。

もともとは黄の染料である櫨《はぜ》と赤の染料である蘇芳《すおう》で染められたこのご祭服には、桐・竹・鳳凰《ほうおう》・麒麟《きりん》の瑞祥《ずいしょう》の文様が織り出されている。冠は「立纓《りゅうえい》の御《おん》冠《かんむり》」である。また、侍従が奉持して前後を行くのは、先述した「剣璽」で、「剣」は「宝剣《ほうけん》」とも呼ばれる。

天皇陛下は一礼して御簾《みす》の中に入られると、内陣《ないじん》で拝礼の後、「御告文《おつげぶみ》」を奏されたという。

天皇陛下が退出されると、皇后陛下がお出ましになった。御《おん》五衣《いつつぎぬ》の上に御《おん》小袿《こうちぎ》を重ね、御《おん》長袴《ながばかま》を着けられている。御小袿には萌黄《もえぎ》色で亀甲《きっこう》の地文の生地に、白で「向かい鶴と松の丸」の上文《うわもん》が施されている。髪は大垂《おおすべ》髪《らかし》で釵子《さいし》を着けられている。内陣まで進まれ拝礼されたという。

幄舎《あくしゃ》には秋篠宮皇嗣・同妃両殿下はじめ皇族方、安倍首相はじめ三権の長や国務大臣、地方自治体の代表などが参列した。賢所の後、皇霊殿、神殿でもほぼ同様に祭儀が執り行われた。

なお、5月1日にも「**賢所の儀**」と「**皇霊殿神殿に奉告の儀**」があり、皇位を継承されたことが奉告され、「賢所の儀」は3日にわたって行われた。いずれも宮中祭祀に奉仕する掌典長《しょうてんちょう》の代拝によって執り行われた。

※儀式次第は126ページからの「賢所の儀（第１日）」「皇霊殿に奉告の儀」「神殿に奉告の儀」「賢所の儀（第２日）」「賢所の儀（第３日）」「賢所に期日奉告の儀」「皇霊殿に期日奉告の儀」「神殿に期日奉告の儀」を参照

令和元年5月8日に執り行われた「神宮神武(じんむ)天皇山陵(さんりょう)及び昭和天皇以前四代の天皇山陵に勅使発遣(ちょくしはっけん)の儀」。山陵とは歴代天皇などの墓所のことである。写真は、神宮(伊勢神宮)への勅使が召されたところ。勅使とは天皇陛下のお遣いのことで、この儀式の時は、衣冠単(いかんひとえ)姿で剣を佩(は)くこととされている。写真には写っていないが画面手前の壁沿いに神宮と各山陵へのお供え物である幣物(へいもつ)を納めた柳筥(やないばこ)が置かれており、陛下が儀場に入って来られると、まず、白布の上を進まれご覧になる(宮殿「竹の間」、写真/宮内庁提供)

令和元年5月8日の「神宮神武天皇山陵及び昭和天皇以前四代の天皇山陵に勅使発遣の儀」の模様。神宮へ参向する勅使にだけ「よく申して奉れ」との仰せがある。陛下の傍らに控えている侍従が奉持しているのは、天皇の印である「御剣(ぎょけん)」で、「剣璽」の宝剣とは異なる(皇居・宮殿「竹の間」、写真／次ページ含め宮内庁提供)

◆神宮神武《じんむ》天皇山陵《さんりょう》及び昭和天皇以前四代の天皇山陵に勅使《ちょくし》発遣《はっけん》の儀 ―― 5月8日

5月8日午後には「神宮神武天皇山陵及び昭和天皇以前四代の天皇山陵に勅使発遣の儀」が行われた。神宮とは伊勢神宮のことで、山陵は歴代天皇などの墓所、また、勅使とは天皇陛下のお遣いのことである。

つまり、神宮と初代・神武天皇、そして、昭和天皇、大正天皇、明治天皇、孝明天皇のそれぞれの陵《みささぎ》に、「即位礼」と「大嘗祭」を行う期日を奉告し、「幣物《へいもつ》」を供えるために勅使を派遣される儀式である。幣物とは、まさしくお供え物のことだ。

神宮は皇祖神である天照大御神をお祭りしている。先に、宮中三殿の賢所では、三種の神器の「鏡」の写しをお祭りしていると記したが、その「鏡」そのもの、つまり「八咫鏡《やたのかがみ》」をお祭りしているところが神宮である。その経緯については『日本書紀』や『古語拾遺』などの第10代・崇神《すじん》天皇と第11代・垂仁《すいにん》天皇のところに詳しい記載がある。

午後2時、大礼委員や勅使が所定の席に着いた後、天皇陛下がお出ましになった。身に着けられているのは裾を長く引いた「御引直衣《おひきのうし》」で、鎌倉時代以降、天皇のみが用いた祭服である。

式次第によれば、前ページの写真説明に記したように、まず、白布の上を進まれて幣物をご覧になって席に着かれ、神宮に参向する勅使をお召しになる。次に宮内庁長官の奉仕により、「御祭文《ごさいもん》」が勅使に授けられる。そして、ここで神宮への勅使にのみ陛下から「よく申して奉《たてまつ》れ」との仰せがあるという。これは平安時代後期に成立した朝廷の儀式の解説書『江家次第《ごうけしだい》』にも記載がある伝統のおことばだ。

次に、掌典の奉仕によって廊下に置かれていた辛櫃《からひつ》に幣物が納められ、勅使は幣物を奉じて儀場である「御殿」を退出した。

続いて、神武天皇山陵及び昭和天皇以前四代の山陵に参向の勅使を順にお召しになって御祭文が授けられ、それぞれ幣物を奉じて退出し、天皇陛下が退出

宮殿「竹の間」にお出ましになった陛下。袍は白、単(ひとえ)と袴は赤の御引直衣(おひきのうし)を身に着けられていた

宮内庁長官の奉仕により「御祭文(ごさいもん)」を受け取る勅使

(上)令和元年5月10日、「即位礼及び大嘗祭期日奉告祭」で皇大神宮(こうたいじんぐう)での奉幣が終わって退出してきたところ。中重(なかのえ)での祭儀中は勅使は剣を外しており、神宮神職により奉持されて退出してきた。その後、第一別宮・荒祭宮(あらまつりのみや)での祭儀を終え、神前を退く際に再度、帯剣した。(下)参進する勅使と辛櫃(撮影／北野謙)

されて儀式は終了した。

その2日後の10日に執り行われたのが、「**神宮に奉幣の儀**」と「**神武天皇山陵及び昭和天皇以前四代の天皇山陵に奉幣の儀**」である。

「神宮に奉幣の儀」は、黒田清子祭主《さいしゅ》はじめ小松揮世久《きよひさ》大宮司《だいぐうじ》以下神宮神職の奉仕のもと、名称を「即位礼及び大嘗祭期日奉告祭」として斎行された。

豊受《とようけ》大神宮（外宮《げくう》）では午前4時から「大御饌《おおみけ》」が執り行われた後、午前7時から「奉幣」が斎行された。天皇陛下からの幣物を納めた辛櫃を先頭に、勅使が第二鳥居で修祓《しゅはつ》を受けて中重《なかのえ》に参進。神宮神職が幣物を奉り、勅使が内玉垣南御門《うちたまがきみなみごもん》手前に鋪設《ふせつ》された座で、即位礼及び大嘗祭の期日を奉告する旨の御祭文を奏上した。続いて、第一別宮の多賀宮《たかのみや》でも同様に祭儀が行われた。

この祭儀の歴史は古く「由奉幣《よしのほうへい》」と呼ばれた古代に遡る臨時祭である。即位、大嘗祭、天皇の元服のそれぞれについて、行われる事由と期日とを神宮などに告げ奉る臨時の奉幣のことで、戦国時代に途絶えたが江戸時代に復興した。

この祭儀において、勅使は2日前の「勅使発遣の儀」と同じように威儀を正して帯剣している。そこが神宮の他の勅使参向のお祭りとは違うところで、参進中は帯剣し、ご正宮《しょうぐう》の御垣内《みかきうち》では外される。これを解剣《げけん》という。

続いて、皇大《こうたい》神宮（内宮《ないくう》）では午前11時から「大御饌」、午後2時から「奉幣」が執り行われ、第一別宮の荒祭宮《あらまつりのみや》でも引き続いて祭儀が行われた。神宮では同日から同月16日にかけて、別宮《べつぐう》・摂社《せっしゃ》・末社《まっしゃ》・所管社のすべてでこの祭儀が斎行された。

奈良県にある畝傍山《うねびやま》東北《うしとらのすみの》陵《みささぎ》（神武天皇山陵）での「奉幣の儀」は、同日午前10時から執り行われ、奏楽《そうがく》の中、神饌《しんせん》が供された後、掌典が祝詞《のりと》を奏上。続いて陛下よりの幣物が奉られ、勅使が玉串を奉って拝礼し、御祭文を奏上した。また、東京の武蔵野陵《むさしののみささぎ》（昭和天皇山陵）では午前10時から、多摩陵（大正天皇山陵）では午後2時から同様に「奉幣の儀」が斎行された。京都の後月輪東山陵《のちのつきのわのひがしのみささぎ》（孝明天皇山陵）でも午前10時から、伏見桃山陵（明治天皇山陵）でも午後2時から祭儀が斎行された。

※儀式次第は127ページの「神宮神武天皇山陵及び昭和天皇以前四代の天皇山陵に勅使発遣の儀」「神宮に奉幣の儀」「神武天皇山陵に奉幣の儀」「昭和天皇山陵に奉幣の儀」「孝明天皇山陵に奉幣の儀」「明治天皇山陵に奉幣の儀」、128ページの「大正天皇山陵に奉幣の儀」参照

斎《さい》田《でん》点《てん》定《てい》の儀 ―― 5月13日

大嘗祭《だいじょうさい》は天皇が即位後に執り行われる一代一度の特別の祭典である。初代・神武天皇以来の伝統を持つとされ、第40代・天《てん》武《む》天皇や第41代・持統《じとう》天皇の頃に制度的に固まったとされている。

大嘗祭には多くの諸儀が伴う。同年11月14日から15日にかけて斎行される「大嘗宮《だいじょうきゅう》の儀」では、天皇陛下が初めて新穀を皇祖《こうそ》及び天神地祇《てんじんちぎ》に供えられて自らも召し上がり、国家・国民のためにその安寧と五穀豊穣などを感謝し祈念される。その大嘗宮の儀において供えられる新穀を供する「斎田」を選ぶ祭儀が、「斎田点定の儀」である。

それは、亀の甲を焼いて神意を占う亀卜《きぼく》によって斎田を供する2か所の「斎国」を決めるというものだ。亀卜についても日本は伝統を保ってきた。その選ばれた斎国を「悠紀《ゆき》国」「主基《すき》国」といい、その地方から、さらに「悠紀田」「主基田」が卜《ぼく》定《じょう》されたようである。この「悠紀」は「清浄な」といった意味で、「主基」は「それに次ぐ」意味ともされている。

どの範囲を斎国にするかについては歴史的な変遷がある。京都で大嘗祭が行われることが前提となっていた旧皇室典範では、京都以東以南を悠紀地方、京都以西以北を主基地方とし勅定《ちょくじょう》することが定められていた。平成度においては、東京で執り行うこととなり、新潟・長野・静岡県を結ぶ線で東西を二分して、その3県を含む東側の18都道府県を悠紀地方、西側の29府県が主基地方と決められた。

ちなみに平成度において卜定されたのは悠紀地方が秋田県、主基地方が大分県だった。昭和度は悠紀地方が滋賀県、主基地方は福岡県、大正度はそれぞれ愛知県と香川県に卜定された。

様々な古典や儀式書に次第が残っている大嘗祭。戦国時代に中断するなどのことはあったが江戸時代中期には再興して現在に至っている。その大嘗祭の諸儀の最初のものがこの斎田点定の儀だ。

宮内庁は儀式に先立って、諸

令和元年5月13日、斎田点定の儀で神殿前の「斎舎（さいしゃ）」に移動する衣冠姿の掌典長や掌典（写真／このページすべて宮内庁提供）

縦24㎝、横15㎝、厚さ1.5㎜の駒形に加工された亀の甲

斎田点定の儀に使われる道具。
亀の甲をあぶる火をおこすための火鑚（ひき）り具や火をたくための火炉（かろ）など

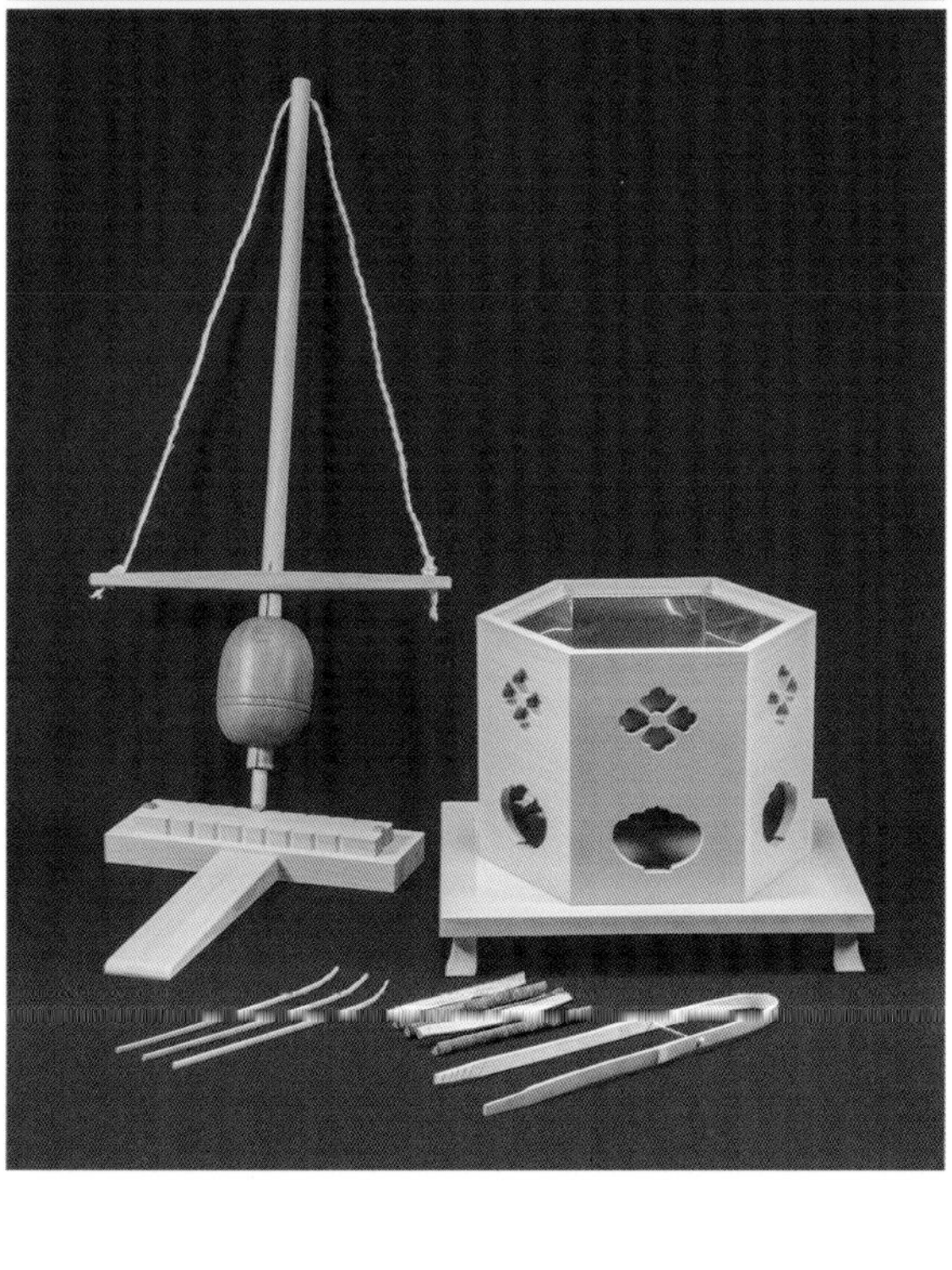

準備を進めてきた。昨年秋には国内最大のアオウミガメの繁殖地で、特別に捕獲が認められ保全活動を行っている東京都小笠原村に協力を依頼。甲羅を購入し、都内のべっ甲職人に依頼し、縦24㎝、横15㎝、厚さ1・5㎜の駒形に加工したものを10枚確保したという。また、それを焼くための波々迦木《ははかぎ》（上溝桜《うわみずざくら》）も準備した。

次第によれば、5月13日の午前、宮中三殿の神殿では、神楽歌が奏される中、神饌が奉られ掌典長が祝詞を奏上した。大礼委員が幄舎《あくしゃ》に着床した後、掌典長や掌典が神殿前庭に設けられた「斎舎《さいしゃ》」に移動。その幕内で午前10時から斎田点定の儀式が執り行われ40分ほどで終了した。

亀卜の結果は宮内庁長官と大礼委員会が確認した後、長官を通じて宮殿・表御座所《おもてござしょ》の天皇陛下へと伝えられた。その上で御裁可を仰ぎ、悠紀地方は栃木県、主基地方は京都府に決定した。

その後、宮内庁から両府県へと伝えられ、協力を依頼した。斎田の詳細は、前回通り、防犯上などの理由から直前まで伏せられたが、いよいよ大嘗祭の本格的な準備が始まったのである。

※儀式次第は128ページの「斎田点定の儀」参照

掌典によって樹てられた榊の近くに斎鍬（いみくわ）で穴を穿つ出仕（しゅっし）。その位置は悠紀殿・主基殿の四隅にあたり柱が立てられる位置である

大嘗宮が建てられる場所に設けられた斎場。手前が幄舎（あくしゃ）で、奥の中央寄り右が「悠紀の祭舎」（ゆきのさいしゃ）、左が「主基（すき）の祭舎」。その外側にあるのは神への捧げものを入れておくための神饌舎（しんせんしゃ）

土地の神を鎮（しず）める鎮め物「五色の薄絁」（うすあしぎぬ）を坑（あな）に納める掌典

大《だい》嘗《じょう》宮《きゅう》地鎮祭 ——7月26日

大嘗宮とは大嘗祭が斎行される祭場のことだ。

大嘗宮は平安時代初期以降、大内裏《だいだいり》朝堂院《ちょうどういん》内に造営されてきたが、平安末期の朝堂院焼亡後は多少の変遷もあった。明治度では初めて東京の御所内の吹上御苑《ぎょえん》で行われ、大正・昭和度は京都の大宮《おおみや》御所内で行われた。今回は平成度と同様に皇居・東御苑で斎行される。

平安時代中期に編纂された律令の施行細則『延喜式《えんぎしき》』巻七の「践祚《せんそ》大嘗祭」には「凡《およ》そ大嘗宮を造るには、祭りに前《さきだ》つこと七日」、つまり、7日前に地鎮祭を行い造営を完成させる、とある。しかし、『即位禮《れい》大嘗祭平成大禮要話』（鎌田純一著・錦正社刊）によれば「その用材調達、また技術面にも大きな変化があり、その三ヶ月前には着工しなければならず」とあるように、令和の今回も、およそ3か月前に斎行された。

五色の薄絁《うすあしぎぬ》を納め、榊を樹《た》てて穴を穿《うが》つ

大嘗宮は約90m四方の区画に大小40近い建物が建てられる。その中心となるのが神事が執り行われる悠紀殿《ゆきでん》と主基殿《すきでん》だ。大嘗宮地鎮祭の斎場となった東御苑には、その悠紀殿と主基殿の内陣《ないじん》の中心となる場所に白黒の幕に覆われた祭舎《さいしゃ》が設けられていた。その祭舎の周りの四方には斎竹《いみたけ》が立てられ、紙垂《しで》を付けた注連縄《しめなわ》が張られている。

悠紀殿などが建つ大嘗宮の東側の一帯を「悠紀院」、主基殿などが建つ西側の一帯を「主基院」という。これは平安時代前期に編纂された儀式書『貞観《じょうがん》儀式』や先の『延喜式』にも記載がある。よく目を凝らすと、悠紀院・主基院の東北・東南・西南・西北の四隅に盛り砂が設けられている。その前には方形の坑《あな》が穿《うが》たれているようだ。また、悠紀殿と主基殿の中心に設けられている祭舎の中にもその坑と盛り砂が設けられているという。

午前10時、真夏の日差しが照りつける中、大嘗宮地鎮祭「悠紀殿の儀」「主基殿の儀」が始まった。まず、祭りを掌る掌典《しょうてん》2人を筆頭に掌典補たちが斎場に入ってきて、悠紀院・主基院の南側に設けられているやはり白黒の幕に覆われた幄舎《あくしゃ》の席に着いた。続いて、大礼委員と参列の諸員が同じ幄舎の席に着いた。

奏楽が流れる中、悠紀の祭舎に神饌《しんせん》と幣物《へいもつ》が奉られた。祭舎に祭られているのは土地の神様である。同じように主基の祭舎に献饌《けんせん》が行われた後、悠紀、主基の順で祝詞《のりと》が奏上された。その後、諸員が拝礼、幣物と神饌が撤せられた後、始まったのが「地鎮の儀」である。

まずは、掌典が3人の掌典補を率いて悠紀院の東北の角に設けられている坑へと向かった。3人の掌典補が手にしている三方《さんぼう》には、それぞれ榊などの祓具《はらえぐ》、幣物、そして「五色の薄絁」の「鎮《しず》め物」が載せられている。鎮め物とは、土地の神を鎮めるために埋めるもので、五色の薄絁とは、青・赤・白・黒・黄の絁（絹布）のことだ。とはいえ、白い料紙のようなもので包まれていて、その色を目にすることはできない。

掌典が東北の坑を榊で祓い、米、塩、切麻《きりぬさ》、酒を散じた後、幣物と絁を納めていく。そして、出仕《しゅっし》により盛り砂を崩して坑が埋められていった。次に、東

写真は京都府南丹市八木町（なんたんしやぎちょう）の大堰川の八木河原で行われた主基斎田抜穂前一日大祓

南の隅へと進んで同じ所作が行われ、西南、西北へと場所を移動し、最後に祭舎の中で鎮め物を納めて坑が埋められた。納められた鎮め物は、東北が青、東南が赤、西南が白、西北が黒で中央が黄色という。続いて主基院においても同様に神事が執り行われた。

次に、先ほど祝詞をあげた掌典が掌典補と出仕を率いて悠紀の祭舎に進み、掌典補は榊が載せられた三方を奉持し、出仕は斎鍬《いみくわ》を手にして、祭舎の東北の位置へと進んだ。ここは悠紀殿の東北隅の柱を立てる位置という。そこで掌典により榊が樹《た》てられ、出仕により斎鍬で8回、穴が穿たれた。次に悠紀殿の東南隅、西南隅、西北隅に移動して同じ所作が繰り返された。続いて、主基殿でも同様に地鎮の儀が執り行われ、参列者と奉仕員が退下して地鎮祭は終了した。

◆斎田《さいでん》抜穂《ぬきほ》前《まえ》一日《いちにち》大祓《おおはらえ》 ―9月26日

大嘗祭には多くの諸儀が伴うが、この斎田抜穂前一日大祓もその一つだ。

11月14日から15日にかけて斎行された「大嘗宮の儀」では、天皇陛下が初めて新穀を皇祖および天神地祇に供えられて自らも召し上がり、国家・国民のために安寧と五穀豊穣などを感謝し祈念された。その大嘗宮の儀において供えられる新穀を供したのがこの「斎田」で、斎田を奉出した2か所の「斎国」は5月13日の「斎田点定《てんてい》の儀」により卜定《ぼくじょう》された。

その選ばれた斎国を「悠紀国」「主基国」といい、それぞれ栃木県、京都府が選ばれ、その地方から、さらに「悠紀斎田」「主基斎田」が決められた（住所など詳細は145ページに記載）。

斎田抜穂前一日大祓は両地方で、9月26日15時の同時刻から行われた。「抜穂」とは、古くは稲は刈り取らず、穂のみを抜き取っていたことに由来するという。翌日に控えた「抜穂の儀」を前にして、関係者をお祓いし抜穂の清浄を期すものだ。

ご即位の諸儀については平安時代に編纂された律令《りつりょう》の施行《しこう》細則『延喜式』や儀式書『貞観儀式』など多くの古典に記されている。この儀についても記述があり、「抜穂の儀」に先立ち水際《みずぎわ》で大祓が行われ、これを「河頭ノ祓」「河臨ノ祓」といった。

その記載通り、斎場である祓所《はらえど》は、栃木県は斎田近くの鬼怒川《きぬがわ》の河畔に、京都府は大堰《おおい》川《がわ》の河原に設けられた。白黒の幕に覆われた天幕張りの斎場にまずは宮内庁の大礼委員がモーニング姿で着床した。続いて斎田の所有者である大田主《おおたわし》と丹精を尽くした10人の奉耕者《ほうこうしゃ》が白《はく》張《ちょう》姿で所定の位置に着く。大田主は白張の下に黄単《きひとえ》も着けている。

次に勅使である抜穂使《ぬきほし》が4人の随員を従えて参進してきた。皇室祭祀に奉仕する掌典が務める抜穂使は衣冠、随員は布衣《ほい》姿である。抜穂使が随員に「祓の事」を命じると、「大祓の詞《ことば》」を奏上し、大麻《おおぬさ》を執って抜穂使、大田主、奉耕者の順で修祓《しゅばつ》。その大麻と紙に包まれた絹と麻が祓物《はらえつもの》として川に流され、各々、祓所を退出して祭儀は終了した。

※儀式次第は135ページの「大嘗宮地鎮祭」、136ページの「斎田抜穂前一日大祓」参照

主基斎田の抜穂の儀の斎場。悠紀斎田でも同じ構造の斎場が設けられた

勅使随員によって斎田のお祓いが行われた（主基斎田）

抜穂の儀で刈り取った稲を４束にまとめる大田主と奉耕者たち（主基斎田）

抜穂の儀で刈り取った稲を三方に載せる大田主（悠紀斎田）

◆斎田抜穂の儀 ——9月27日

翌27日の抜穂の儀も悠紀・主基両地方で、同時刻の10時から行われた。両地方とも斎田脇には四方に斎竹《いみたけ》が立てられ、注連縄が張り巡らされて斎場が設けられていた。斎場内には、白黒幕に覆われた天幕が5棟、建てられている。北から神殿、中央東が神饌所《しんせんじょ》で西が稲実殿《いなのみでん》、東南・西南のものが幄舎《あくしゃ》である。

この斎場や神殿なども歴史的な由来がある。『貞観儀式』の記述を要約すると、大祓を行い、斎田が卜定された時、大祓を行い、斎田・斎場の各四隅に木綿《ゆう》を付けた榊を挿《さ》し立て聖地の標示とし、八《はっ》神殿《しんでん》や稲実殿《いなみのとの》などの殿舎が建てられた、とある。この時の斎場は「稲実《いなみ》殿地《とののところ》」と呼ばれて田の西に設けられ、祭りの場であるとともに神聖な作業場でもあった。

祭儀は大礼委員が幄舎に着床するところから始まった。斎場入り口で手水《てみず》を終え、大田主と奉耕者が幄舎内の所定の位置に着くと、勅使と随員が参進してきた。装束は昨日と同じである。祭員や参列者の修祓が行われ、続けて、斎田、神殿、稲実殿、神饌所、稲実殿内の農具が祓われた。次に抜穂使が神殿で神様をお招きする詞《ことば》を奏上。随員によってお供え物である神饌と幣物《へいもつ》が奉られ、抜穂使が祝詞を奏上した。

この時、神殿にお招きしたご祭神は、古くはこの神殿を「八神殿」と称したと記したように、御《み》歳神《としのかみ》や高御魂《たかみむすびの》神、庭高日《にわたかびの》神、大《おお》御食《みけつ》神などの八神である（『延喜式』）。

次に、抜穂使が大田主に「抜穂の事」を命じると、大田主と奉耕者が三方《さんぽう》と農具を手に斎田へと向かい稲穂を刈り取った。刈り取られた稲穂は4束にまとめられ、三方に載せて再び斎場へと向かい、中央に設けられた案《あん》（台）上に奉安された。それを抜穂使が点検し、稲穂は稲実殿へと納められたのである。その後、抜穂使、大田主、大礼委員などが拝礼、ご祭神をお戻しする詞が奏上されて神饌が撤せられ、祭儀は50分ほどで終了した。

この後、斎田の稲はすべてが収穫された。栃木県からは「とちぎの星」、京都府からは「キヌヒカリ」、それぞれ精米１８０kgと玄米7・5kgである。

悠紀主基両地方新穀供納《きょうのう》 ――10月15日

(右)斎庫に辛櫃で新穀を運ぶ
悠紀斎田の大田主と奉耕者
(下)掌典により祓い清められる新穀

斎田から収穫された新穀を大嘗宮内に納める祭儀が「新穀供納」である。大小40近い建物から成る大嘗宮において、新穀が保管される殿舎が北西隅に位置する斎庫《さいこ》である。祭儀は、斎庫前の受取所を「斎舎《さいしゃ》」として、まず、悠紀地方の新穀供納が午前10時前から行われた。

斎舎には新穀が納められた9個の素木《しらき》の箱が案上に整然と並べられている。9時40分頃、白い祭服姿の掌典たちが参進してきて斎庫の扉を開き、お祓いを行った。次に、モーニングコート姿の大礼委員が進んできて所定の位置に着床した。後ろには大田主の関係者も続いている。

10時頃に入ってきたのが、新穀を別個に納めた辛櫃《からひつ》を奉舁《ほうよ》する奉耕者と大田主である。装束は抜穂の儀の時と同様だ。新穀は悠紀・主基両地方より慎重に護送されてきた。当日朝、大田主や奉耕者は大嘗宮が建設中の皇居東御苑内に立地する宮内庁楽部《がくぶ》の庁舎内で改めて装束を整え、斎庫に参進してきたのだ。

辛櫃は斎舎の一番前に奉安され、その後、蓋が外された。あらかじめ置かれていた素木の箱の蓋も大田主や辛櫃奉舁者の手によって開かれ、新穀が大礼委員によって点検されていった。出来たばかりの斎庫の壁と素木の箱が瑞々しい。その後、掌典が榊を執り新穀が祓い清められ、掌典補《しょうてんほ》の奉仕で辛櫃のものも含めて箱ごと斎庫に納められていった。斎庫の扉が掌典たちによって閉じられて、祭儀は10時20分頃に終了した。引き続き、主基地方新穀供納も11時30分頃より同様に執り行われた。

古には、この新穀は悠紀・主基両地方の斎場で乾燥させた後、「御稲韓櫃《みしねのからひつ》」と竹籠に納められ、300人もの人々に舁《かつ》がれて京の都に運ばれた。そして「北野斎場」というところで大嘗宮の儀まで保管された。

昭和度には、新穀は陸路・海路で厳重に運ばれ、100名以上の人々によって12の辛櫃が斎舎の前まで奉舁されて祭儀が行われている。

※儀式次第は136ページからの「抜穂の儀」「新穀供納」参照

即位礼当日賢所大前《おおまえ》の儀

—10月22日

ご即位を内外に広く宣明《せんめい》する「即位礼正殿の儀」当日は祝日扱いの休日となった。朝から、すべてのテレビ局が皇居内外の様子を中継し、海外メディアも大きく報道した。この日、まず行われたのが即位礼当日賢所大前の儀である。

先述の通り、賢所とは皇居内にあり、皇霊殿《こうれいでん》、神殿と共に宮中三殿とも称される。賢所は皇祖神の天照大御神《あまてらすおおみかみ》をお祭りし、皇霊殿は歴代天皇および皇族方の御霊《みたま》を、神殿は天神地祇《てんじんちぎ》・八百万《やおよろずの》神をお祭りしている。

その賢所に、陛下自ら即位礼を行うことを奉告されるのがこの儀式である。神楽歌《かぐらうた》が奏される中、掌典たちにより賢所の御《み》扉《とびら》が開かれて神饌、幣物が供えられた後、掌典長が祝詞を奏上。大礼委員、安倍首相はじめ三権の長、国務大臣などが幄舎の席に着き、秋篠宮皇嗣・同妃両殿下、眞子・佳子両内親王殿下、彬子・瑶子両女王殿下、高円宮妃殿下、承子女王殿下が着床された。

午前9時、天皇陛下が回廊に姿を現された。身に着けられているのは立纓《りゅうえい》の御冠《おんかんむり》と純白・練絹《ねりぎぬ》の帛御袍《はくのごほう》である。この日、東京は時折、烈しい雨が降っていた。雨脚で景色は白く煙り、雨音が響く中、侍従に奉持された「宝剣《ほうけん》」と「神璽《しんじ》」が陛下の前後を行く。この宝剣と神璽は歴代天皇に受け継がれてきた「三種の神器」のうちの「天叢雲剣《あめのむらくものつるぎ》」の写しと「八尺瓊勾玉《やさかにのまがたま》」だ。これに「八咫鏡《やたのかがみ》」を加えたものが三種の神器である。この「鏡」と「剣」と「勾玉」は「天岩戸《あめのいわと》」や「天孫降臨《てんそんこうりん》」といった日本神話に登場し、皇室のご祖先に授けられたものである。

儀式次第によれば、この後、天皇陛下は内陣の御座《ぎょざ》に着かれ、剣璽は案上に奉安された。ご拝礼の後、「御告文《おつげぶみ》」を奏され、

※儀式次第は137ページの「即位礼当日賢所大前の儀」「即位礼当日皇霊殿に奉告の儀」「即位礼当日神殿に奉告の儀」参照

即位礼当日賢所大前の儀に臨まれる天皇陛下と皇后陛下。
写真右は宮中三殿で、
中央に鎮座するのが賢所（かしこどころ）、
向かって左が皇霊殿（こうれいでん）、右が神殿
（前ページ下と下写真／宮内庁提供）

即位礼のことをご奉告。女性の内掌典《ないしょうてん》が奉仕する「御鈴《おすず》の儀」の後、退出された。次に皇后陛下がお出ましになった。装束は帛御五衣《はくのおんいつつぎぬ》・同御唐衣《からごろも》・同御裳《も》で、内陣の御座に着かれ、ご拝礼の後、ご退出。続いて、庭上で皇族方が拝礼され、諸員も拝礼した。その後、**「即位礼当日皇霊殿に奉告の儀」「即位礼当日神殿に奉告の儀」**がほぼ同様に執り行われた。

◆即位礼正殿の儀
―10月22日

午前11時頃、皇居内の宮殿には、国内のノーベル賞受賞者や各界の代表に加え、外国王族はじめ191の国や機関からの代表者など1999人の参列者が続々と集まってきていた。平成度には約160の国の代表者が参列したが、日本が承認する国が増えたため、参列する国の数も増えたのだ。都内では、大規模な交通規制が実施され、約2万6000人もの警察官が動員されて厳重な警備態勢がしかれていた。

13時前、正殿・松の間では天皇陛下が昇られる高御座《たかみくら》と皇后陛下がお立ちになる御帳台《みちょうだい》が威容を誇っていた。高御座の高さは約6・5m、重さ約8t。八角形の天蓋《てんがい》の頂上と外周に飾られた9つの鳳凰《ほうおう》が金色に輝いている。麒麟《きりん》などが描かれた台座の上に八角形の床板が2段に重ねられ、朱色の欄干《らんかん》が周囲にめぐらされている。御帳台は高さ約5・7mと少し小ぶりだが、構造は高御座とほぼ同じだ。

高御座は遅くとも奈良時代から使われていたとされる。文書《もんじょ》に絵図も残っており、明治42年（1909）に制定された『登《とう》極令《きょくれい》』の附式には形状が詳しく規定されている。御帳台は大正天皇の即位礼の時に初めて設けられ、現在の高御座も大正2年に復元されたものだ。

平成の即位礼の後、それぞれ解体されて京都御所の紫宸殿《ししんでん》で保管されてきたが、一昨年9月、皇居内へ陸送された。前回から約30年が経過し、漆の塗りは色褪せ、金具も劣化していたため、国内トップ級の職人が希少な国産漆や純度の高い金箔を用いて

皇居・宮殿「中庭（ちゅうてい）」に立てられた「萬歳旛（ばんざいばん）」

正殿正面には京都御所の正殿・紫宸殿（ししんでん）を模して18段の大階段が設けられ、軒下には縫帽額（ぬいのもこう）という布帛（ふはく）が掛けられた

高御座に昇られた天皇陛下と御帳台に立たれた皇后陛下。今回の即位礼正殿の儀では、それぞれの御帳(みちょう)が開かれて、初めて両陛下のお姿を拝することができた。なお、平成度には、高御座と御帳台の京都御所からの移送は過激派の攻撃対象となり、陸上自衛隊のヘリコプターが用いられた

秋篠宮皇嗣・同妃両殿下と眞子・佳子両内親王殿下。秋篠宮殿下は皇太子の装束とされる「黄丹袍(おうにのほう)」を召されて、女性皇族方はいわゆる十二単を着けられている(写真/宮内庁提供)

修復。高御座と御帳台、合わせて約3000の部品を、釘《くぎ》を使わずに接合した。改めて組み立てられたものは、鏡のような光沢を放つまでに仕上がった。

　その高御座と御帳台の前には、宮殿の回廊を進んでこられた秋篠宮皇嗣・同妃両殿下はじめ皇族方が整然と並んでいらっしゃる。秋篠宮殿下は皇太子の装束とされる「黄丹袍《おうにのほう》」をお召しになり、歴代皇太子に伝わる「豊《ぶん》後国行平御太刀《ごのくにゆきひらおんたち》」を佩《は》かれている。陛下から先月、譲り受けられたものだ。常陸宮殿下は勲章を付けた燕尾服姿で陪席されている。

　女性皇族方は五衣《いつつぎぬ》・唐衣《からぎぬ》・裳《も》のいわゆる十二単を召されている。既婚と未婚で長袴《ながばかま》の色が異なるというが、十二単の着用は即位儀礼とご結婚の時に限られる。

　譲位された上皇・上皇后両陛下とご高齢の三笠宮妃殿下は参列されなかった。

　松の間の西側脇にはモーニングコート姿の安倍首相はじめ三権の長、束帯《そくたい》姿の宮内庁長官や侍従次長などが整列している。

　本来なら、「威儀《いぎ》の者《もの》」と呼ばれ、帯剣し弓矢を持った武官装束の者や「威儀物捧持者」と呼ばれる文官姿の者たち60人が中庭《ちゅうてい》に並び威厳と彩りを添えるはずだったが、雨のため宮殿内に規模を縮小して参列した。ちなみにこの役は宮内庁や内閣府の職員が任じた。また、参列者に起立・着席や敬礼の合図を送る伝統楽器「鉦《しょう》」や「鼓《こ》」も左右に3基ずつ並ぶはずだったが、束帯を身に着けこれらを扱う宮内庁楽部《がくぶ》職員と共に数を減らして回廊などに配置された。

　雨風の中でも中庭に立てられて威厳を添えたのが「旛《ばん》」と呼ばれるのぼり旗だ。奈良時代には朝廷の儀式に用いられたとされ、装束と同様、中国風のものが長く使われたが、明治以降は日本風に改められた。中央に2本掲げられた最も大きい「萬歳《ばんざい》旛」には、時の首相が揮毫《きごう》した「萬歳」の文字が刺繍されている。さらに、金糸で太陽を刺繍した赤字錦《あかじにしき》の旛と、銀糸で月を刺繍した白地錦のものの他に、皇室を象徴する菊花章の入った大錦《だいきん》旛と、青・黄・赤・白・紫の五色の中錦《ちゅうきん》旛、小錦《しょうきん》旛が並んでいる。正殿正面には京都御所の正殿・紫宸殿を模して18段の大階段が設けられ、軒下には

常陸宮・同妃両殿下と寛仁親王妃殿下、後列は左から彬子女王殿下と瑶子女王殿下、高円宮妃殿下と承子女王殿下。女性皇族方が額に付けられているのは釵子(さいし)である(写真／宮内庁提供)

縫帽額《ぬいのもこう》という布帛《ふはく》が掛けられている。

多くの参列者たちは中庭を囲むようにして着席し、設置された大小30台のモニターにも目を移しながら松の間を見つめ、固唾を呑んで開始の時を待っていた。

平成度と違うところは「宸儀初見《しんぎしょけん》」の復活

13時過ぎ、「カーン」という鉦の音が鳴り響いた。参列者が起立すると、高御座と御帳台それぞれの紫の御帳《みちょう》が侍従と女官2人ずつの手によってゆっくりと開けられた。

そこには、天皇にしか着装が許されない立纓の御冠と「黄櫨《こうろ》染御袍《ぜんのごほう》」を身に着けられた天皇陛下と、髪を大垂髪《おおすべらかし》に結《ゆ》い、御五衣・御唐衣・御裳姿の皇后陛下が真正面を見据えて立たれていた。

黄櫨染御袍には桐・竹・鳳《ほう》凰《おう》・麒麟《きりん》の瑞祥《ずいしょう》の文様が織り出されている。皇后陛下がお召しになっている十二単の一番上の御唐衣は白と萌葱《もえぎ》色で、その下の白と薄紫色の御表着《おんうわぎ》には、皇后陛下のお印《しるし》・ハマナスの紋《もん》が入っている。

いつのまにか雨風は止み、雲間からは日が差している。この時、上空には虹もかかっていたという。「トーン」という鼓の合図により参列者が敬礼した。内閣総理大臣が陛下の前に進むと、天皇陛下が侍従の奉仕により「おことば」が書かれた紙を受け取られ、ゆっくりと力強く述べられた。

その趣旨は憲法と皇室典範特例法の定めにより即位したことを宣言され、「国民の幸せと世界の平和」を常に願うというものだった（31ページに全文）。陛下の傍らには宝剣と神璽、そして、天皇の印《いん》である「御璽《ぎょじ》」、国の印である「国璽《こくじ》」が置かれている。

次に安倍首相が「一同こぞって心からお慶《よろこ》び申し上げます」と「寿詞《よごと》」を述べ（31ページに全文）、ご即位を祝して万歳を三唱した。参列者が唱和する万歳三唱に合わせて陸上自衛隊の礼砲が鳴り響く。礼砲の数は21発。その数は国によって多少の違いはあるものの、天皇や国家元首の場合は21発、首相や副大統領は19発などと決まっている。また、この時は宮殿から約850m離れた北の丸公園の駐車場で礼砲が放たれたため、無

安倍首相が寿詞(よごと)を述べると万歳三唱が行われ、それに合わせて礼砲が放たれた。皇居前には多くの国民が詰めかけスマートフォンで写真を撮り、万歳を三唱した。また、即位礼正殿の儀に合わせて恩赦も発表された(写真／宮内庁提供)

線で連絡をとりながら呼吸を合わせた。

この「寿詞」にも歴史的な由来がある。古くは、即位や大嘗祭の時に、神祇のことに携わった「中臣氏《なかとみ》」が「天神寿詞《あまつかみのよごと》」を述べた。その全文は、近衛《このえ》天皇の康治《こうじ》元年(1142)11月12日に奏されたものが、左大臣・藤原頼長《よりなが》の日記『台記別記《たいきべっき》』に収められている。内容は、「この大嘗にて聞《きこ》しめされた、そのお喜びを天神からのお言葉として、天皇に申し上げます」というたものである。

儀式はその後、首相が所定の位置に戻り、高御座と御帳台の御帳が閉じられて、鉦の合図で参列者が着席した。侍従が奉持する剣璽、国璽・御璽とともに天皇陛下が回廊を経て退出され、皇后陛下も続かれた。皇族殿下方も退出され13時半過ぎに即位礼正殿の儀は終了した。

元来、天皇の位を受け継ぐ「践祚」と、位についたことを明らかにする「即位」とは別個のものではなかった。

しかし、文武《もんむ》天皇の皇位継承(697年)は、持統《じとう》天皇からの譲位を受けての即位だったため、践祚と即位とが期日を別にして行われた。その後、奈良時代末期に光仁《こうにん》天皇から譲位を受けて践祚された桓武《かんむ》天皇もこの例に倣い、践祚から13日後に大極殿《だいこくでん》で即位された。以後、これが慣例となり、践祚の際に、剣璽をいったん新帝に渡されることになった。

今回の即位礼正殿の儀が、平成度と大きく違う所は「宸儀初見《しんぎしょけん》」が復活されたことだ。これは、陛下が高御座に昇壇後、御帳が開かれて初めて参列者が天皇のお姿「宸儀」を拝見することだ。

このことは平安時代前期の『貞観儀式』に記載があり、以後はこの方式で行われてきた。しかし、挙行の舞台を京都・紫宸殿から東京の皇居・宮殿に移した平成度には、参列者に見えやすいよう事前に回廊を進んでいただく形をとった。今回は、前回よりも多くなったモニターなどを活用し、登壇後の陛下のお姿をより目にすることができるようにして、「松の間」の後方から入られる形をとった(139ページ参照)。なお、江戸時代までは、天皇の姿は女官が翳《さしは》という大きな扇で隠していたが、明治からは御帳を開く形となっている。

※儀式次第は140ページの「即位礼正殿の儀の細目について」、「儀じょう」「礼砲」の実施要綱は144ページ参照

おことばを述べられる天皇陛下。前で拝聴しているのは安倍首相

即位礼正殿の儀の天皇陛下のおことば

さきに、日本国憲法及び皇室典範特例法の定めるところにより皇位を継承いたしました。ここに「即位礼正殿の儀」を行い、即位を内外に宣明いたします。

上皇陛下が三十年以上にわたる御在位の間、常に国民の幸せと世界の平和を願われ、いかなる時も国民と苦楽を共にされながら、その御《み》心を御自身のお姿でお示しになってきたことに、改めて深く思いを致し、ここに、国民の幸せと世界の平和を常に願い、国民に寄り添いながら、憲法にのっとり、日本国及び日本国民統合の象徴としてのつとめを果たすことを誓います。

国民の叡智《えいち》とたゆみない努力によって、我が国が一層の発展を遂げ、国際社会の友好と平和、人類の福祉と繁栄に寄与することを切に希望いたします。

参列者は宮殿の中庭(ちゅうてい)を取り囲む回廊や廊下から正殿「松の間」の式典を見つめた

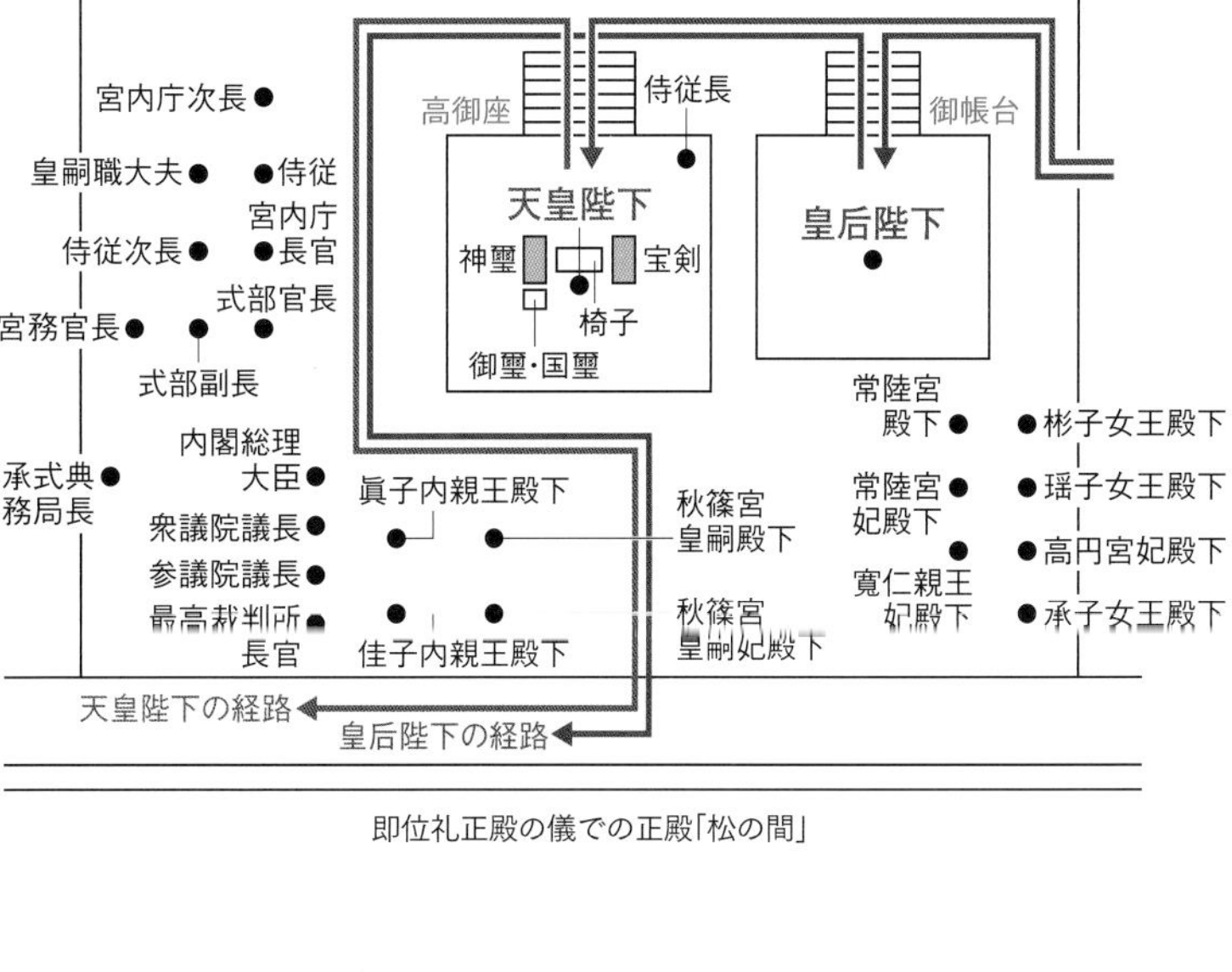

即位礼正殿の儀での正殿「松の間」

内閣総理大臣の寿詞

謹んで申し上げます。

天皇陛下におかれましては、本日ここにめでたく「即位礼正殿の儀」を挙行され、即位を内外に宣明されました。一同こぞって心からお慶《よろこ》び申し上げます。

ただいま、天皇陛下から、上皇陛下の歩みに深く思いを致され、国民の幸せと世界の平和を常に願い、国民に寄り添いながら、日本国憲法にのっとり、象徴としての責務を果たされるとのお考えと、我が国が一層発展し、国際社会の友好と平和、人類の福祉と繁栄に寄与することを願われるお気持ちを伺い、深く感銘を受けるとともに、敬愛の念を今一度新たにいたしました。

私たち国民一同は、天皇陛下を日本国及び日本国民統合の象徴と仰ぎ、心を新たに、平和で、希望に満ちあふれ、誇りある日本の輝かしい未来、人々が美しく心を寄せ合う中で、文化が生まれ育つ時代を創り上げていくため、最善の努力を尽くしてまいります。

ここに、令和の代《よ》の平安と天皇陛下の弥栄《いやさか》をお祈り申し上げ、お祝いの言葉といたします。

饗宴の儀で両陛下は宮殿の「竹の間」で出席者と挨拶を交わされた。写真は親交の深いオランダのウィレム・アレクサンダー国王・マクシマ王妃両陛下と（次ページ含め写真はすべて宮内庁提供）

饗宴《きょうえん》の儀

──10月22日、25日、29日、31日

天皇陛下のご即位を披露し、祝福を受けられる饗宴の儀は22日夜から31日まで4回に分けて行われた。即位礼正殿の儀の参列者や配偶者らを招待し、両陛下と秋篠宮皇嗣・同妃両殿下をはじめとする皇族方が陪席し食事をともにされた。

22日の即位礼正殿の儀の夜の饗宴の儀には、国王や元首ら各国の要人が招かれ、安倍首相はじめ三権の長と配偶者も出席した。出席者数は海外賓客約250人と国内参列者を合わせた約300人。祝宴は19時半頃から始まった。燕尾服姿の天皇陛下と白のロングドレス姿の皇后陛下は「竹の間」で出席者と挨拶を交わされた。陛下は最高位の大勲《だいくん》位《い》菊花《きっか》章頸飾《しょうけいしょく》を、皇后陛下は皇后に受け継がれてきたティアラを華やかに着けられている。

出席者は「松の間」に移動し、高御座と御帳台を観覧し、「春秋の間」では食前酒を楽しんで、宮内庁楽部による舞楽「太平《たいへい》楽《らく》」を鑑賞した。太平楽は矛や太刀を持って舞う勇壮な舞楽で、古来、即位の式などで舞われてきた。

その後、既に春秋の間に入られていた皇族殿下方と出席者が「豊明殿《ほうめいでん》」に入られ、両陛下もその他の参列者とともに豊明殿に入られ食事となった。豊明殿は宮殿内で最も広い部屋で宮中晩餐会などで使われる。シャンデリアが輝く会場には流麗な雅楽の調べが流れ、菊やアイビーなどの草花を配した華やかな宴席が設けられた。天皇陛下は隣のブルネイのボルキア国王陛下と、皇后陛下はスウェーデンのカール16世グスタフ国王陛下と和やかに懇談された。

国内外から広く賓客を招く饗宴の儀の料理は、平成の祝宴を踏襲し、宮中晩餐会のようなフランス料理ではなく日本料理となった。国賓が訪れた際に開かれる宮中晩餐会よりも規模が大きな祝宴のため、コンパクトに提供できる日本料理が選ばれたのだ。各国の宗教や食文化に配慮したメニューも準備された。

外国元首らが招かれた22日の献立は前菜、酢の物、吸い物、加薬ご飯、焼き物、揚げ物、果物など9品目。鯛の姿焼きや牛

宮殿の「春秋の間」では宮内庁楽部により勇壮な「太平楽（たいへいらく）」が披露された

肉アスパラガス巻きなど、平成の献立をベースにした通常メニューの他、魚介や肉の代わりに野菜や湯葉などを使った「菜食主義」向けのメニューや、イスラム教の教義に則して処理した「ハラルミート」と呼ばれる肉を使用したメニューも用意された。もちろん、箸の他、スプーンやフォークも置かれた。

　食事を終えると、再び春秋の間に移り、食後の飲み物を楽しみながら懇談する「後席《こうせき》」となった。着席の食事とは違って立食形式でより自由な懇談の機会が用意されたのだ。最後に、両陛下と皇族殿下方が出席者と挨拶を交わされ、23時半頃に饗宴の儀は終了した。記念品として海外賓客に贈られたのは、菊花紋章に鳳凰をあしらったボンボニエール（銀製の菓子器）であった。

宮殿の「春秋の間」で親交の深いブータンのワンチュク国王・ペマ王妃両陛下と挨拶を交わされる秋篠宮皇嗣・同妃両殿下

正殿「松の間」では高御座と御帳台の披露も行われた。なお、高御座と御帳台は東京国立博物館で令和元年12月と令和2年1月に一般公開された

　饗宴の儀の第2日の25日は、国会議員や海外日系人を招いて着席形式で行われ、第3、4日の29、31日には各界代表を招いて立食形式で催された。計4回の開催で内外の賓客約2000人が出席。平成度は4日間で計7回開催し、約3400人を招いたが、皇后陛下のご体調も考慮し規模が縮小された。なお、即位礼正殿の儀と饗宴の儀は国の儀式である国事行為として行われた。

　また、23日の日中には両陛下が赤坂御所で「即位の礼に際しての外国王族をお招きする茶会」を催された。この茶会には秋篠宮・同妃両殿下、眞子・佳子両内親王殿下、寛仁親王妃殿下、彬子・瑶子両女王殿下、高円宮妃殿下、承子女王殿下も陪席され、上皇・上皇后両陛下も途中参加された。平成度においても上皇・上皇后両陛下は饗宴の儀（第1日）の翌日に外国王族とお会いになっていた。

　23日夜には即位礼に参列した外国の元首、王族、首相その他の外国代表、駐日大使などのための「**内閣総理大臣夫妻主催晩餐会**」がホテルニューオータニ東京で開催された。これは政府主催行事として行われた。

「豊明殿(ほうめいでん)」で行われた饗宴。天皇陛下の隣はブルネイのボルキア国王陛下、皇后陛下の隣はスウェーデンのカール16世グスタフ国王陛下(次ページ含め写真はすべて宮内庁提供)

饗宴の儀に出席した王族や外国の元首らに贈られたボンボニエール。鳳凰の模様があしらわれた直径6㎝、高さ3㎝ほどの純銀製

饗宴の儀(22日)の献立

[前菜]かすご鯛姿焼　海老鉄扇(てっせん)　鮑塩蒸
　　百合根　鴨錦焼　黄柚子釜(きゆずがま)
　　篠鮟肝(しのあんきも)　栗　胡瓜
[酢物]魚介酢漬　スモークサーモン　帆立貝
　　鮃(ひらめ)　公魚(わかさぎ)
[焼物]牛肉アスパラガス巻　ブロッコリー　生椎茸
　　小玉葱　小トマト
[温物]茶碗蒸　鱶鰭(ふかひれ)　舞茸　三つ葉
[揚物]三色揚　蟹　鱚(きす)　若鶏　紅葉麩
　　慈姑(くわい)　銀杏　松葉そば
[加薬飯]鯛曽保呂(そぼろ)　筍　椎茸
　　干瓢(かんぴょう)　錦糸玉子　紅生姜
[吸物]伊勢海老葛打(くずうち)　松茸　つる菜
[果物]イチゴ　マスクメロン　パパイヤ
[菓子]和菓子

各界代表を招いて立食形式で行われた
饗宴の儀（第３日）

饗宴の儀（第３日）で参列者から
祝福を受けられ乾杯される両陛下

饗宴の儀（第４日）でおことばを述べられる天皇陛下。
この日は皇后陛下はじめ女性皇族方は和服での出席となった

※儀式次第は142ページの「饗宴の儀の細目について」、「儀じょう」「内閣総理大臣夫妻主催晩餐会の細目について」は144ページ参照

即位礼に参列された外国王室の方々

宮殿長和殿より即位礼正殿の儀を見守られるブルネイのボルキア国王陛下、マティーン王子殿下(左の二方)、スウェーデンのカール16世グスタフ国王陛下、ヴィクトリア皇太子殿下(中央の二方)、エスワティニのムスワティ3世国王・王妃両陛下(右の二方)

ブータン
ワンチュク国王・ペマ王妃両陛下

カタール
タミーム首長殿下

オランダ
ウィレム・アレクサンダー国王・マクシマ王妃両陛下

ルクセンブルク
アンリ大公殿下

トンガ
トゥポウ6世国王・王妃両陛下

モロッコ
ムーレイ・ラシッド王子殿下

カンボジア
ノロドム
シハモニ国王陛下

バーレーン
サルマン皇太子殿下

スペイン
フェリペ6世国王・
レティシア王妃両陛下

デンマーク
フレデリック皇太子・メアリー同妃両殿下

マレーシア
アブドラ第16代国王・
王妃両陛下

モナコ
アルベール2世公殿下

イギリス
チャールズ皇太子殿下

ヨルダン
フセイン皇太子殿下

リヒテンシュタイン
アロイス皇太子殿下

レソト
レツィエ3世国王・マセテナ王妃両陛下

ベルギー
フィリップ国王・
マティルド王妃両陛下

ノルウェー
ホーコン皇太子殿下

祝賀御列《おんれつ》の儀 ——11月10日

天皇・皇后両陛下は10日午後、皇居・宮殿から赤坂御所までをパレードする祝賀御列の儀に臨まれた。秋晴れの下、約4・6kmのコースの沿道には約11万9０００人が集まり、両陛下は約30分のパレードの間、絶えず手を振り笑顔で応えられた。

両陛下のパレードは、平成5年6月のご結婚以来。即位礼正殿の儀と合わせて10月22日に行われる予定だったが、台風19号による甚大な被害状況を鑑みて約3週間延期されていた。

午後3時前、安倍首相、菅官房長官が宮殿・南車寄《くるまよせ》の所定の位置に着いた後、陛下は燕尾服に勲章、皇后陛下は白のロングドレスとティアラに勲一等宝冠章《くんいっとうほうかんしょう》を身に着けお出ましに。宮内庁楽部により国歌が演奏された後、新調されたトヨタ・センチュリーのオープンカーにご乗車。新たに作曲された奉祝行進曲「令和」が演奏され、宮内庁や皇宮警察職員約６００人が拍手で見送る中、出発された。

パレードの車列は秋篠宮皇嗣・同妃両殿下のお車のほか、首相、宮内庁長官らの車など約50台、約４００mに及んだ。

両陛下が乗られたオープンカーの後部座席は前席より4cmほど高く、背もたれの角度も後ろに25度傾けて固定され、お姿がよく見えるように工夫が施されている。警視庁や国会議事堂正門前などを平均時速10kmで進み、人々は日の丸の小旗を振り、笑顔で手を振りながらスマートフォンのカメラを向けた。祝福に対し、皇后陛下が目元を押さえる仕草を見せられる時もあった。

途中の12か所では陸海空の各自衛隊、海上保安庁、警視庁、東京消防庁などの音楽隊が両陛下のご結婚を記念して作曲された「新・祝典行進曲」を演奏するなど華やかに祝賀ムードを演出した。両陛下の車は午後3時半過ぎ、お住まいの赤坂御所にご到着。正門前では自衛隊の儀《ぎ》仗《じょう》隊約１２０人の敬礼で迎えられ、皇宮警察本部音楽隊による「君が代」などの演奏を聞かれた後に御所へと入られた。

警視庁は沿道近くの約40か所で手荷物検査にあたり、応援部隊を含め約2万６０００人態勢で警備にあたった。大きなトラブルはなく、上皇陛下のご即位時を２０００人ほど上回る人出となった。このパレードも各テレビ局は生中継を行った。ＮＨＫ総合の特別番組で午後3時からの1時間の平均視聴率はビデオリサーチ調べで関東地区は27・4%、関西地区は23・0%に上った。なお、祝賀御列の儀も国事行為として行われた。

※「祝賀御列の儀の細目について」は141ページ、「儀じょう」や「奏楽」「と列」の実施要綱は144ページ参照

奉祝行進曲「令和」を作曲したのは宮内庁楽部指揮者の北原幸男さんだ。「新しい時代に勇気や希望を感じてもらえたら」と北原さん。なお、パレードの出発時間は延期に伴い日没時間を考慮して30分前倒しされた。新調されたオープンカーは令和元年11月28日から令和2年1月5日まで東京・元赤坂の迎賓館で本館正面に展示された。京都迎賓館では1月9日から3月17日まで展示された

令和元年11月8日の「神宮に勅使発遣の儀」の模様。この儀式の時は、勅使は衣冠単姿で剣を佩くこととされている（写真／宮内庁提供）

◆神宮に勅使発遣の儀 ——11月8日

11月14日から15日にかけて行われる「大嘗宮の儀」を前にして11月8日に行われたのが神宮に勅使発遣の儀である。

神宮とは伊勢神宮のことで、皇祖神である天照大御神をお祭りしている。その神宮に「大嘗祭を行う」ことを奉告し、幣物《へいもつ》を供えるために勅使を発遣するのがこの祭儀だ。

その祭儀の次第は、即位礼と大嘗祭を行う「期日」を奉告するため令和元年5月8日に行われた「神宮神武《じんむ》天皇山陵《さんりょう》及び昭和天皇以前四代の天皇山陵に勅使発遣の儀」と同じである。ちなみに、山陵とは歴代天皇などの墓所のことで、つまり、神宮と初代・神武天皇、昭和天皇、大正天皇、明治天皇、孝明《こうめい》天皇の陵《みささぎ》に勅使を発遣するのがこの儀式だった。

その次第の要旨は以下である。午前10時、鎌倉時代以降、天皇のみが用いた祭服である「御引《おひき》直衣《のうし》」を身に着けて天皇陛下がお出ましになる。陛下は幣物をご覧になって席に着かれ、次に宮内庁長官の奉仕により、「御《ご》祭文《さいもん》」が勅使に授けられる。そして、ここで陛下から勅使に「よく申して奉《たてまつ》れ」との伝統のお言葉の仰せがある。次に、辛櫃《からひつ》に幣物が納められ、勅使は幣物を奉じて儀場を退出し、天皇陛下が退出される。

そして、6日後の大嘗宮の儀当日に執り行われたのが、「**大嘗祭当日神宮に奉幣の儀**」である。

この祭儀は、黒田清子祭主《さいしゅ》はじめ小松揮世久大宮司《きよひさだいぐうじ》以下神宮神職の奉仕のもと、名称を「大嘗祭当日祭」として斎行された。

豊受《とようけ》大神宮（外宮《げくう》）では午前4時から「大御饌《おおみけ》」が執り行われた後、午前7時から「奉幣」が斎行された。天皇陛下からの幣物を納めた辛櫃を先頭に、勅使が第二鳥居で修祓《しゅはつ》を受けて中重《なかのえ》に参進。神宮神職が幣物を奉り、勅使が御祭文を奏上した。続いて、第一別宮の多賀宮《たかのみや》でも同様に祭儀が行われた。

この祭儀において、勅使は6日前の「勅使発遣の儀」と同じように威儀を正して帯剣《たいけん》している。勅使は5月の「即位礼及び大嘗祭期日奉告祭」でも太刀を佩《は》いて参向していたが、今回は5月の衣冠単とは違って束帯《そくたい》を着装しており、さらに威儀を正した形となっていた。

続いて、皇大《こうたい》神宮（内宮《ないくう》）では午前11時から大御饌、午後2時から奉幣が執り行われ、第一別宮の荒祭宮《あらまつりのみや》でも引き続いて祭儀が行われた。神宮では同日から同月20日にかけて、別宮《べつぐう》・摂社《せっしゃ》・末社《まっしゃ》・所管社のすべてで大御饌・奉幣が執り行われた。

なお、天皇陛下は「大嘗祭当日奉幣」のため、掌典長を通じて全国の勅祭《ちょくさい》社に幣帛料を供えることを伝えられた。勅祭社とは例祭や臨時祭に勅使が参向して幣帛が供えられる神社のことである。

大嘗祭前二日御禊《ごけい》
大嘗祭前二日大祓

——11月12日

いよいよ大嘗宮の儀まであと2日となったこの日。13時から宮殿「竹の間」で行われたのが「御禊」で、天皇・皇后両陛下のためのお祓い行事である。

この行事は、古くは京都の河原に天皇陛下がお出ましになって修された。平安時代中期の『拾遺和歌集』には「豊の御禊《とよのみそぎ》」ともあるが、通常は「ごけい」と称し「河原の大祓」ともいった。東山天皇の貞享《じょうきょう》4年（1689）の大嘗祭以後は、清涼殿《せいりょうでん》の東庭または昼御座《ひのおまし》（ひのござ）で行われ、明治4年（1871）の大嘗祭でも宮殿内で行われた。

今回の御禊は平成度に引き続き、前例により「節折《よおり》」に準じて行われた。節折とは宮中の恒例祭祀の一つで6月と12月の晦日に行われる天皇陛下のためのお祓い行事である。これは「御《ご》服《ふく》」と呼ばれる絹や「御麻《みぬさ》」などで陛下を祓うものだ。『皇室の祭祀』（鎌田純一著・神社本庁研修所発行）によれば、それらのものは古くより大川端に放たれることとされ、明治4年6月には、浜離宮まで奉持し、乗船して海に流したが、戦後は地形の変化などにより他所で流しているという。

当日、天皇陛下は御直衣《おのうし》という装束でお出ましになった。

また、14時から行われたのが大嘗祭前二日大祓である。これは、皇族殿下はじめ関係諸員のお祓いを行うものだ。皇居正門前を祓所《はらえど》とし、参列されたのは常陸宮殿下である。御麻《みぬさ》に祓の稲がさしはさまれ、大祓詞《おおはらえことば》が奏上されて、殿下と大礼委員などをお祓いし、その後、祓《はらえつ》物《もの》が大河に放たれたという。

なお、古には大嘗祭が行われる前には「大祓使」が卜定され、各地に差遣されて全国規模で大祓が厳重に執り行われていた。

令和元年11月12日の14時から行われた大嘗祭前二日大祓では、皇居正門前を祓所（はらえど）とし、常陸宮殿下が参列された。その後、祓物（はらえつもの）は大河に放たれたという

令和元年11月14日、黒田清子祭主はじめ小松揮世久（きよひさ）大宮司以下神宮神職の奉仕のもとに執り行われた「大嘗祭当日祭」の内宮の「大御饌」の模様（右）。勅使は黒い束帯を着装しており、さらに威儀を正した形となっていた（写真／神宮司庁提供）

 ※儀式次第は152ページの「神宮に勅使発遣の儀」「大嘗祭前二日御禊」「大嘗祭前二日大祓」、「大嘗祭当日神宮に奉幣の儀」は153ページ参照

大嘗祭前一日鎮魂《ちんこん》の儀 ―11月13日

大嘗宮の儀前日の13日には「鎮魂の儀」が行われた。大嘗祭のすべての行事が滞りなく無事に行われるよう天皇陛下はじめ関係諸員の安泰を祈念する儀式である。

大嘗祭は天皇即位後に斎行の年を決めて行われる初めての新嘗祭だ。古くは大嘗祭と新嘗祭に明確な区別はなく、史料の上で区分が明らかなのは『日本書紀』の持統天皇4年（690）の大嘗祭からである。

平安時代中期に編纂された『延喜式』では践祚大嘗祭と恒例の新嘗祭は明確に分けられていて、天皇が崩御された時には諒闇《りょうあん》（喪）1年を経た年の11月の下《しも》の「卯日《うのひ》」に斎行され、7月以前に譲位があった場合にはその年の同日に行われることが規定されていた。なお「卯日」が3日あった場合は中《なか》の卯日に斎行された。また、祭祀は潔斎の期間によって大祀《たいし》（1か月）、中祀《ちゅうし》（3日）、小祀《しょうし》（1日）に分けられていたが、大嘗祭は唯一、大祀と位置づけられていた。

また、律令時代の「神祇令《じんぎりょう》」に規定されていたように大嘗祭と新嘗祭の前日に必ず行われてきたのが「鎮魂祭」である。それは「みたましずめ」の儀であり、「みたまふり」の意味を持つともされる。前記『皇室の祭祀』によれば、魂を身体に鎮め、活力を取り戻す儀とされていて、その鎮魂祭がこの「鎮魂の儀」なのである。

祭儀は16時から、宮中三殿構内の「綾綺殿《りょうきでん》」で、神楽歌が奏される中、掌典たちにより「糸結《いとむすび》」や「御衣振動《ぎょいしんどう》の儀」などが斎行されて終了した。

大嘗祭前一日大嘗宮鎮祭《ちんさい》 ―11月13日

11月13日の大嘗祭前一日大嘗宮鎮祭の模様。悠紀殿、主基殿と廻立殿（かいりゅうでん）、東西南北の各神門で執り行われた。床などには防護シートがはられていた

「鎮魂の儀」と時間は前後するが、同日の14時から行われたのが大嘗祭前一日大嘗宮鎮祭である。完成した大嘗宮の安寧を祈念する行事である。

大嘗宮は7月26日の「大嘗宮地鎮祭」後、約3か月をかけて完成した。約90m四方の敷地に大小40近い建物が造営され、それらの総面積は約2700㎡だ。大嘗宮の主要な殿舎は「供饌《きょうせん》の儀」が執り行われる悠《ゆ》紀殿《きでん》と主基殿《すきでん》、また、両陛下がご潔斎やお召し替えをされる廻《かい》立殿《りゅうでん》である（45ページ図参照）。

悠紀殿・主基殿は、ともに面積が109㎡で、棟木までの高さは9・6m、屋根上の千木《ちぎ》までの高さは10・8mだ。その千木の形状は前例を踏襲して悠紀殿が伊勢の皇大神宮（内宮）と同じで水平に加工された内削《うちそ》ぎ、主基殿が豊受大神宮（外宮）と同じで垂直に加工された外削《そとそ》ぎとされた。廻立殿は面積117㎡で棟木までの高さは8・4mである。また、全体として、皮付きの丸太を用いる黒木造りや、扉・壁の畳表《たたみおもて》張り、外壁などに榊ではなく椎の枝が挿されたのは『延喜式』以来の例による。

しかし、人件費や材料費の高騰などにより、上記の主要三殿は萱葺《かやぶ》きから板葺きへと変更し、全体的に工法・材料などが見直された。規模そのものも前回より2割ほどの縮小となった（117ページに詳細）。

さて、「鎮祭」は掌典および掌典補が悠紀殿南階《なんかい》の下に並んだ後、掌典補が悠紀殿内陣の四隅《よすみ》に賢木《さかき》を立て、掌典が掌典補を率いて四隅に米・塩・切麻《きりぬさ》を散《さん》供《ぐ》。神饌が奉られた後、掌典が祝詞を奏上した。

その後、主基殿でも同様の祭儀が行われ、さらに、東西南北の各神門《しんもん》、廻立殿では中央の御間と西に位置する御湯《おゆ》殿、東の御間でほぼ同様の祭儀が行われた。

これは『貞観儀式』『延喜式』でも規定され、平安時代初期に書かれた『古語拾遺』が強調しているように、大嘗宮完成の際に必ず斎行された各殿、御門の安泰を願う祭儀「大殿祭《おおとのほがい》」と「御門祭《みかどまつり》」である。

大嘗宮の儀斎行後の11月16日には**「大嘗祭後一日大嘗宮鎮祭」**が上記と同様の次第で執り行われた。

また、鎮祭に先立つ10月30日と11月12日に「庭積《にわづみ》の机代物《つくえしろもの》」が納められた。これは、大嘗宮の儀において供えられる各都道府県の特産品で、悠紀・主基両殿の「南庭」の帳舎の「机の上」に供進されることから、このように名称されたものという。

都道府県知事に斡旋を依頼し、農業団体などの推薦を受け、精米1・5kgと精粟0・75kg、農林水産物5品以内の供納を受ける。

これらは、悠紀斎田・主基斎田からの米と粟と合わせて、すべて宮内庁が買い取った。30日には米と粟が、12日には特産品が生産者により宮内庁に誇らしげに届けられた（その明細は148ページに掲載）。

庭積（にわづみ）の机代物（つくえしろもの）の受納の模様。10月30日が米・粟で、11月12日が特産品の納入だった。丁寧にお辞儀をし、お礼を述べているのは宮内庁の式部官長。庭積の机代物は平成度においては、儀式後すべて埋納されたが、今回は食品ロスが問題化していることから見直すこととされ、埼玉・国立障害者リハビリテーションセンターに提供されることになった。傷みにくい精米・大豆・鰹節など29品目が提供された

※儀式次第は152ページの「大嘗祭前一日鎮魂の儀」、153ページの「大嘗祭前一日大嘗宮鎮祭」「大嘗祭後一日大嘗宮鎮祭」を参照

「大嘗宮の儀」直前の11月14日午後に撮影された大嘗宮(写真/共同通信社)

大嘗宮の儀の前日・午前に大嘗宮は報道陣に公開された。皮付きの丸太を用いる黒木造りや、扉・壁の畳表(たたみおもて)張りなどがよくわかる。南北の神門に置かれる神鉾・神楯もあった。大嘗宮は大嘗祭斎行後、11月21日から12月8日までの18日間、一般公開され約78万人が訪れた。これは、同日数公開された平成度の約44万人を大きく上回った。また、大嘗宮の解体後の木材は、平成度はほとんどが焼却処分されたが、一部の廃材を除きバイオマス発電で再利用されることになった

大嘗宮平面図

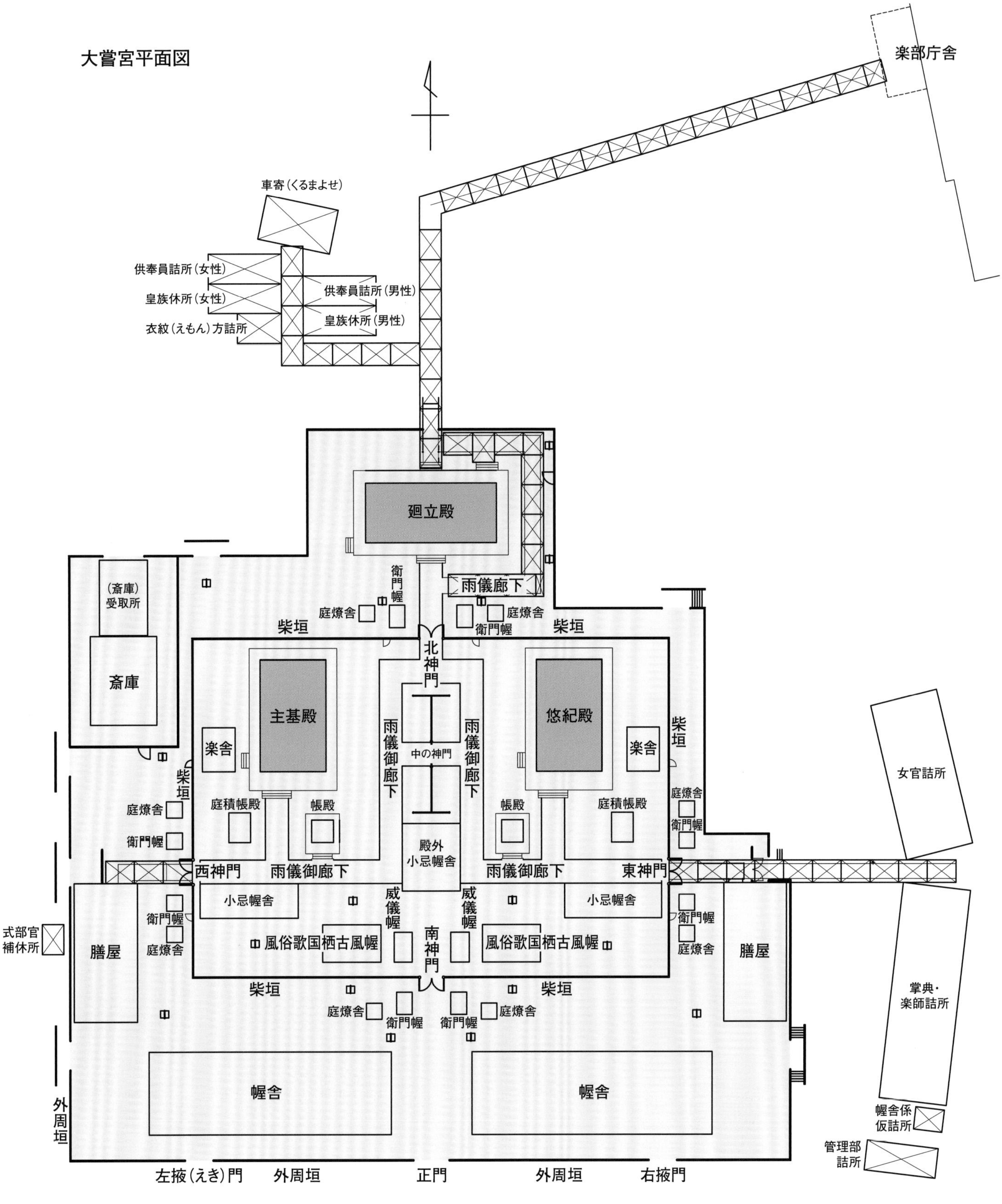

凡例 天幕
黒木灯籠

[悠紀殿・主基殿]供饌の儀において、天皇陛下が神饌をお供えになり、ご拝礼の上、御告文(おつげぶみ)を奏され、自らも召し上がる殿舎。[廻立殿]大嘗宮の儀に先立ち、両陛下がご潔斎やお召し替えをされる殿舎。[雨儀御廊下(うぎおろうか)]祭儀中に天皇陛下が通られる屋根の付いた廊下。[帳殿(ちょうでん)]皇后陛下がご拝礼のためにお出ましになる殿舎。[小忌(おみ)幄舎]男性皇族が参列される殿舎。[殿外小忌幄舎]女性皇族が参列される殿舎。[膳屋(かしわや)]神饌を調理する建物。東の膳屋は悠紀殿まで、西の膳屋は主基殿まで行列が立てられ神饌が運ばれる。[楽舎(がくしゃ)]楽師が奏楽を行うところ。[庭積帳殿]庭積机代物が供えられる殿舎。[風俗歌国栖古風幄(ふぞくうたくずのいにしえぶりのあく)]楽師が悠紀地方および主基地方の風俗歌と国栖の古風を奏する殿舎。[威儀幄]威儀の者が着座する建物。[衛門(えもん)幄]衛門が着座する建物。[斎庫]新穀を保管する建物。[幄舎]参列諸員が参列する建物。[黒木灯籠]皮付き丸太で造られた灯籠。

(31ページから57ページまでの図版製作/ミューズグラフィック)

大嘗宮の儀 ——11月14日、15日

大嘗宮の儀の当日朝、まず行われたのが「**大嘗祭当日賢所大《おお》御饌《みけ》供進の儀**」である。これは、賢所に大嘗祭を行うことを奉告し御饌を供える祭儀で、掌典などにより「天皇御代拝」で執り行われた。続いて、「**大嘗祭当日皇霊殿に奉告の儀**」と「**大嘗祭当日神殿に奉告の儀**」がほぼ同様に行われた。

そして、いよいよ大嘗宮の儀が夕刻より始まった。これは、天皇陛下が大嘗宮の悠紀殿・主基殿において初めて新穀を皇祖および天神地祇に供えられ、自らも召し上がり、国家・国民のためにその安寧と五穀豊穣などを感謝し、祈念される祭儀である。

日没後、かがり火と灯籠の薄明りの中に、大嘗宮が幻想的に浮かびあがっている。ヤチダモの丸太が鳥居形に組まれた東西南北の「神門」には庭燎《ていりょう》がたかれ、静寂の中に、パチパチと音が響く。側には矢を背負い、弓を持った衛門《えもん》が並び、厳粛な雰囲気を漂わせている。神門を繋ぐように巡らされた柴垣の外では、510人の参列者が天幕の2つの幄舎に分かれて座り、

しんと冷えた空気の中で息をこらして見守っている。18時過ぎの南神門あたりの光景である。参列したのは安倍首相はじめ三権の長や閣僚、各省庁の事務次官ら幹部、都道府県の知事と各界の代表者などである。主基殿供饌の儀にも425人が引き続き参列した。

発表された次第や前出の『即位禮大嘗祭　平成大禮要話』、『改訂増補　御大礼を考へる』(神社本庁刊)などによれば、これより先、16時30分頃に衛門20人が南北の神門に左右3人ずつ、東西の神門に同2人ずつ着いた。装束は帯剣の束帯で、清浄を表す小忌衣《おみごろも》を着けている。続いて火炬手《ひたき》が8か所の庭燎の位置に着いた後、17時頃から始められたのが掌典たちによる「神座奉安《しんざほうあん》」である。

既に悠紀殿・主基殿の内陣の所定の位置には「八重畳《やえだたみ》」が敷かれている。午前中に、壁面から寸法を測り古来の位置に敷いておいたものだ。その上に「御衾《おんふすま》」をおかけし、「御単《ひとえ》」を奉安して、「御櫛《くし》」「御檜扇《ひおうぎ》」を入れた「打払筥《うちはらいばこ》」を置き、御裾《すそ》の方に「御沓《くつ》」を入れた「御沓筥」を奉安する(147ページ図参照)。この神座は「寝座」とも記されてきたが、あくまで「神の座」である。

続いて、その神座下手左右に「繒服《にぎたえ》」「麁服《あらたえ》」をそれぞれ「細籠《ほそめかご》」に入れて案に載せて献じる。この繒服は「和妙《にぎたえ》」、つまり絹の神服《かんみそ》で、麁服とは「荒《あら》妙《たえ》」、つまり麻の神服のことである。古来、繒服は「三河(愛知県)の赤引糸《あかひきの》」で織られ、麁服は阿波国(徳島県)で織り上げられた。今回も、平成度に引き続き愛知県豊田市稲武町《いなぶちょう》の一般社団法人古橋会《ふるはしかい》と徳島県美馬《みま》市木屋平《こやだいら》の三木信夫氏により納入された。悠紀殿に続いて主基殿でも、この神座の奉安がなされ、神様が両殿に降臨されたこととなる。そして、掌典たちにより悠紀・主基両殿には斎火の灯燎《とうりょう》・庭燎が点けられたのである。

神秘的な〝古代の世界〟に引き込まれていく

ちょうどその頃、天皇陛下、皇后陛下は「頓宮《とんぐう》」から、このために設けられた廊下を通り、廻立殿に入られた。ここからが祭儀は「**悠紀殿供饌の儀**」となる。そのお姿を拝することはかなわないが、天皇陛下は西側の

令和元年11月14日、悠紀殿供饌の儀で大嘗宮の廊下にお出ましになった天皇陛下。鳳凰の飾りのついた御菅蓋(おかんがい)を差し掛けられ、陛下の前を剣璽が行く。陛下の前で葉薦が敷かれ、その上を陛下は進まれていく

悠紀殿供饌の儀で大嘗宮の廊下にお出ましになった皇后陛下。脂燭の灯りに照らされてお姿が浮かび上がっている。身に着けられているのは白の十二単である

「小忌御湯《おみのおゆ》」を供される部屋に潔斎のために入られ、中央の部屋で侍従の奉仕により御祭服《ごさいふく》を召される。冠は幘《さく》の御冠《おんかんむり》である。これは、ご親祭のときに後ろの細長い纓《えい》が支障を来すのを避けるため、畳み込んで幘と呼ばれる白平絹《へいけん》で結わえて留めたものである。皇后陛下は東側の部屋に入られ帛御五衣《はくのおんいつつぎぬ》・同御唐衣《からごろも》・同御裳《も》の装束を身に着けられる。

一方、その頃、膳屋《かしわや》では楽師により「稲春歌《いなつきうた》」が発せられ、「采女《うねめ》」と呼ばれる女性により稲春がなされる。稲春歌は、悠紀・主基地方の地名を入れ、歌人により新しく詠まれるもので、それぞれの地方の里謡《りよう》を参考にして宮内庁楽部により作曲される。稲春に際して用いられる臼と杵の形状や、膳屋での配置は147~148ページに記した通りだ。装束も同ページに記したように、掌典と楽師は束帯に小忌衣を着けている。采女は顔の横に下げる糸状の髪飾りである日蔭絲《ひかげのいと》と挿頭《かざし》の花である心葉《こころば》を付け、紅の切袴《きりばかま》、帛衣《はくぎぬ》に雲形松《うんぎょうまつ》を描いた衣と青海波《せいがいは》が画かれた唐衣《からぎぬ》風のものを着け、その上に蝶模様の青摺りの襅《ちはや》を着けている。

もちろんこれは儀礼としての稲春というが、古には実際に稲春が行われ、御飯を炊いて神膳が調理されていた。次に庭積の机代物が置かれ、掌典長が悠紀殿に進み祝詞を奏上する。

そして、18時半前、廻立殿で身を清められ、大嘗祭と恒例の新嘗祭でしか着用されない純白・生絹《すずし》の最も神聖な御祭服に身を包まれた陛下が、悠紀殿へと向かう廊下にお出ましになった。式部官長の先導で、侍従らが敷く「御莚道《ごえんどう》」の上を静々と進まれていく。板張りの通路には、あらかじめ白い布が敷かれているが、陛下が進まれる前に、さらにその上に葉薦《はごも》が敷かれ、通られた後に、その葉薦が巻き取られていくのだ。

供奉《ぐぶ》の秋篠宮皇嗣殿下は廻立殿東側の廊下より続いて進まれてくるようだ。そのお列は147ページに掲載した通りだ。

陛下の前を剣璽を持つ侍従が行き、陛下の頭上には、鳳凰の飾りが付いた大きな菅笠《すげがさ》「御菅蓋《おかんがい》」が差し掛けられている。その「御綱」を張る侍従も左右に続く。浄闇《じょうあん》の中、茅を束ねた「脂燭《ししょく》」の炎に照らされ、陛下の姿が少しずつ露わになるにつ

れ、参列者は神秘的な〝古代の世界〟に引き込まれていった。

18時35分過ぎ、いよいよ陛下は悠紀殿の中へ進まれ、帳《とばり》が閉じられた。次第によれば、剣璽が外陣の案上に奉安され、陛下は外陣の御座に着かれたという。秋篠宮殿下と諸員は悠紀殿南の「小忌幄舎《おみのあくしゃ》」に着床された。

次に白い十二単姿の皇后陛下がお出ましになり悠紀殿脇の「帳殿《ちょうでん》」に入られた。供奉の秋篠宮皇嗣妃殿下はじめ眞子・佳子両内親王殿下、寛仁親王妃殿下、彬子・瑶子両女王殿下、高円宮妃殿下、承子女王殿下と諸員は悠紀殿南西の「殿外小忌幄舎《でんがいおみのあくしゃ》」に入られた。

奈良・吉野に古くから伝わる歌「国栖《くず》の古風《いにしえぶり》」の後、悠紀地方・栃木の「風俗歌《ふぞくうた》」が奏でられ、低く長い声が響いてくる。国栖の古風の歌詞は149ページに記したが、第15代・応神天皇ゆかりの歌であり、古くより大嘗祭や諸節会《せちえ》で奏されてきた。風俗歌は、稲春歌と同じように悠紀・主基地方の地名を入れて詠まれ楽部により作曲される。

その歌が終わると、皇后陛下が帳殿でご拝礼。秋篠宮・同妃両殿下はじめ皇族方も拝礼され

弓矢や剣は帯びていないものの、
衛門と似た出で立ちの楽師たち

腰に剣を佩き束帯姿で弓矢を持つ衛門(えもん)たち。清浄を表す白い小忌衣(おみごろも)を着け、冠は日蔭鬘(ひかげのかずら)で飾られている

夕刻、大嘗宮に入っていく
火炬手(ひたき)たち

悠紀殿供饌の儀で供奉の秋篠宮皇嗣殿下が進まれていく。高感度のカメラでもここまでしか捉えられない

た。皇后陛下は、お出ましの時と同じお列で廻立殿へと戻られた。

千年も久しく 万年も久しく

次は「神饌行立《ぎょうりゅう》」である。しかし、庭燎や脂燭などの灯りしかなく、離れたところからでは詳細は分からない。遠く神楽歌の調べが聞こえてきた。

神饌行立とは、行列を成し神饌を本殿に持ち運ぶことをいい、脂燭を執る掌典補を先頭に、膳屋から悠紀殿へ静かに南庭廻廊を進むという。掌典は全員黒《くろ》袍《はう》・束帯の上に小忌衣を着け、冠にはやはり清浄を表す日蔭《ひかげの》蔓《かずら》を付けている。采女は先述した通りの出で立ちで、掌典補も袍の色の違いはあるにせよ束帯姿に威儀を正し小忌衣を着けている。

先頭の脂燭を持つ掌典補の次を行くのが「削木《けずりぎ》」という60cmほどの棒を持った警蹕《けいひつ》役の掌典だ。警蹕とは畏《かしこ》みを促す声のことだが、この掌典が悠紀殿南階下まで進んだ時に、警蹕を唱え、それを合図に神楽歌が楽舎で奏し始められる。それを聞かれた陛下が、外陣の御座から

悠紀殿供饌の儀で廻立殿を出て進まれる天皇陛下（写真／宮内庁提供）

内陣の御座へと進まれる。

行立は、お手水の道具である「海老鰭盥槽《えびのはたふね》」、水差しの「多志良加《たしらか》」を執る掌典が続き、次に、「陪膳《はいぜん》の采女」「後取《しんどり》の采女」と8名の采女が神饌を捧げて進む。この陪膳の采女と後取の采女は、陛下の供饌の儀の介添えを奉仕する采女たちである。これら10人の采女たちが以下のものを捧げて進む。それは、小刀・楊枝《ようじ》などを納めた「御刀子筥《おんかたなばこ》」、手拭きの白布を納めた「御巾子筥《おんたなごいばこ》」、神饌・神酒の下敷きに用いる薦筵《こもむしろ》である「神食薦《かみいすごも》」、陛下が御直会《おんなおらい》で用いられる薦筵の「御食薦《みすごも》」、竹を曲げて作った箸を納めた「御箸筥《おんはしばこ》」、供饌の儀の時の槲《かしわ》でできた盤《さら》を納めた「御枚手筥《おんひらてばこ》」、蒸した米と粟の御飯を槲の葉で筥《はこ》形に作った窪手《くぼて》に盛った「御飯筥《おものばこ》」、調理した鯛、烏賊《いか》、鮑《あわび》、鮭を窪手に盛った「鮮物筥《なまものばこ》」、干鯛、堅魚《かつお》、蒸鮑、干鯵《ほしあじ》を窪手に盛った「干物筥《からものばこ》」、干柿《ほしがき》、搗栗《かちぐり》、生栗、干棗《ほしなつめ》を窪手に盛った「御菓子筥《おんくだものばこ》」である。さらに、掌典1人が「蚫《あわびの》汁《し》漬《る》」、同1人が和布《わかめ》の煮物を窪坏《くぼつき》に盛った「海藻《めの》汁《し》漬《る》」、掌典補2人が羹《あつもの》を盛る空の窪坏「空盞《こうさん》」、同2人が鯛

悠紀殿供饌の儀で供奉のため進まれる秋篠宮皇嗣妃殿下。小忌衣を着けられ頭には日蔭絲(ひかげのいと)をつけていらっしゃる

主基殿供饌の儀で供奉のため廊下を進まれる佳子内親王殿下

主基殿供饌の儀で供奉のため廊下を進まれる眞子内親王殿下

の羹を2つの窪坏に盛り、2つの土堝《どか》に納めて机に置いた「御《おん》羹《あつもの》八足机《はっそくづくえ》」、掌典補2人が白酒《しろき》、黒酒《くろき》を入れた平居瓶《ひらいがめ》2つずつを載せた「御酒《みき》八足机」、同2人が米と粟を煮た御粥を窪坏に盛り土堝に納めて載せた「御《お》粥《かゆ》八足机」、同2人が御直会に用いる白酒、黒酒を平居瓶に盛って載せた「御直会《おんなおらい》八足机」を舁《か》いて総勢27人で行立するのである。

一切うかがい知ることのできない「秘事」とされる供饌の儀は、四隅に灯籠の明かりがともる約8m四方の内陣で行われる。内陣には陛下の御座と神座が二つ設けられている。一つは先述した御衾《おんふすま》をおかけし御単《おんひとえ》を奉安した神座で、もう一つは陛下のご親供を受けられるための神座である。それは、伊勢の方向を背にして設けられている。つまり、御座は伊勢の方向に向けられていて、祭儀は同方向に向けて行われるのである。

運ばれてきた神饌は陛下の前に古例の通り並べられ、陛下は竹製の御箸で、規定の数だけ「枚手《ひらて》」に盛って供せられる。要する時間は約1時間20分ほどという。そして、ご拝礼の後、

悠紀殿供饌の儀で廻立殿を出て進まれる皇后陛下。傍らには女性皇族が控えていらっしゃる（写真／宮内庁提供）

五穀豊穣と国家安寧を祈る「御《お》告文《つげぶみ》」を読み上げられる。その後、御直会となり米御飯、粟御飯を食され、白酒・黒酒も召されたという。

その後、神饌が撤せられ、御手水の後、お出ましの時と同様のお列で陛下は廻立殿にお帰りになった。その時まで神楽歌は奏され続け、その曲目は「阿知女作法《あじめさほう》」など149ページに記した通りである。

悠紀殿供饌の儀は21時20分頃に終了、引き続き14日23時半から15日午前3時半頃まで「**主基殿供饌の儀**」が悠紀殿供饌の儀と同様に斎行された。最後に奏される神楽歌の「千歳《せんざい》」は以下のような内容だ。

千年、千年、千年も久しくあるように。千年《ちとせ》の千歳《せんざい》であるように。
万年、万年、万年も久しくあるように。万代《よろずよ》の万歳《まんざい》であるように。
なお千年。なお万年。

すべてが終了して、お招きした神様にはお帰りいただき、神座は恭《うやうや》しく撤せられた。神祭りの度ごとに〝神殿〟を建て、終わって撤却した古の再現がここにある。

※儀式詳細は153ページの「大嘗祭当日賢所大御饌供進の儀」「大嘗祭当日皇霊殿に奉告の儀」「大嘗祭当日神殿に奉告の儀」、145ページの「大嘗宮の儀」参照。なお、「脂燭」と「御菅蓋」の詳細は149ページ、過去の大嘗祭での「御告文」は150ページ参照

大饗《だいきょう》の儀

—— 11月16日、18日

大嘗宮の儀が斎行された翌16日と18日の午後、宮殿・豊明殿では大饗の儀が執り行われた。天皇陛下が大嘗祭の参列者に、斎田から収穫された新穀で調製された酒と料理を賜り、ともに召し上がって安寧と豊作を祝う饗宴である。

16日正午、天皇陛下は秋篠宮皇嗣殿下の供奉の下、剣璽を捧げ持った侍従らとともに会場に入られた。続けて、皇后陛下も秋篠宮皇嗣妃殿下はじめ眞子・佳子両内親王殿下、寛仁親王妃殿下、彬子・瑶子両女王殿下、高円宮妃殿下、承子女王殿下の供奉の下、お出ましになった。

この日の出席者は安倍首相はじめ三権の長、斎田の大田主ら289人。両陛下が御座に着か

れ、剣璽が朱色の案上に置かれた後、天皇陛下は「大嘗宮の儀を終え、皆さんをお招きし、大饗を催すことを誠にうれしく思います。この機会に国民の幸せと国の一層の発展を祈ります」と、おことばを述べられた。これを受けて首相が「天皇陛下の弥栄、皇室のご繁栄を心からお祈り申し上げます」と奉答した。

陛下の御座の背後には高さ約4m幅約10mという巨大な墨絵「錦《にしきの》軟《ぜ》障《じょう》」が飾られている。この「千年松《せんねんまつ》山水の図」は大正大礼の際に描かれ、昭和と平成度にも使用されたものだ。また、上座の両壁面には六曲一双の「悠紀地方風俗歌《ふぞくうた》屏風」と「主基地方風俗歌屏風」が飾られている。栃木県と京都府の四季を主題にして描かれたもので、屏風の左右上端には和歌が書かれた色紙が貼られている。

両陛下の御座には、「御毯代《ごたんだい》」という布帛《ふはく》を染めた敷物を敷いた台の上に、朱塗りの「御倚子《ごいし》」という椅子と「御台盤《おだいばん》」という木製のテーブルが置かれている。大正の大礼時に調進されたもので、その御台盤の上には「供膳《きょうぜん》」や「御酒饌《ごしゅせん》」といった料理がずらりと並べられている（57ページ図参照）。

このうち、供膳は王朝時代の宮中の響宴料理を受け継ぐもので飾りの意味合いが強い。高く盛り付けられた白い「大飯《たいはん》」は悠紀・主基斎田の米を炊いたものだ。一方、御酒饌は実際に召し上がるための料理だ。過去に供されたものを参考に研究を重ねた前例が踏襲され、汁物、酒《しゅ》肴《こう》、作身《つくりみ》、焼物、加薬飯、温酒からなっている。供膳、御酒饌とも、両陛下に準じたものが参列者にも供された。

それらの料理の前方右には、素焼きの「瓶子《へいし》」と、蓋の上に柏の葉を被せた素焼きの「平居《ひらい》瓶《がめ》」が置かれている。中身は「白酒《しろき》」「黒酒《くろき》」である。斎田で収穫された新穀で調製された酒

陛下の背後に飾られている巨大な墨絵「錦軟障(にしきのぜじょう)」は、大正の大礼の際に帝室技芸員だった今尾景年(いまおけいねん)によって描かれた。帝室技芸員とは、帝室が保護した美術家や工芸家などのことである。奥の壁面に見えているものは、今回、新たに制作された「悠紀・主基地方風俗歌屏風」のうちの「悠紀地方風俗歌屏風」である(写真／宮内庁提供)

大饗の儀前日の夕方、豊明殿の模様。御毯代（ごたんだい）という敷物を敷いた台の上に、朱塗りの御倚子（ごいし）と木製のテーブル・御台盤（おだいばん）が置かれている。その前方左には、鷺足台と花足台が重ねて据えられ、その上に悠紀・主基両地方の風景をモチーフにした銀細工の洲浜（すはま）が光っていた

で、大嘗宮の儀でも神前に供えられたものだ。白酒はいわゆる「どぶろく」で、現在は民間の酒造メーカーに醸造が依頼されているが、黒酒は白酒に久佐木《くさぎ》という木の根の灰を混ぜたものを掌典職が調製している。

さらに、御座の前方左には、鷺足台と花足台が重ねて据えられ、その上に悠紀・主基両地方の風景をモチーフにした銀細工の「洲浜《すはま》」が置かれ、同じく銀細工で草花をかたどった「御挿《おんかざ》華《し》」が添えられていた。

古には3日にわたって饗宴が行われていた

安倍首相の奉答の後、白酒・黒酒がふるまわれ、次に、悠紀・主基地方の「献物《けんもつ》」の「色目《しきもく》」の奏上が行われた。両地方から特別に供納される特産物の品目のことである。それは『延喜式』に、「次に弁官《べんかん》が、跪《ひざまず》きて両国献ずるところの式目を奏す」（意訳）とあるのに由来する。『延喜式』のみならず、この内容は多くの古典に記されるところだ。

これは「辰日節会《たつのひのせちえ》」という饗宴で行われていた儀式の一つなのである。先に大嘗祭は「卯《うの》日《ひ》」に行われると記した。古には、大嘗宮の儀の後には3日間にわたって饗宴が行われた。つまり、「卯日」の翌日の「主基の儀」が終了した「辰日」に辰日節会が、そして次の日に「巳《みの》日《ひの》節会」、さらに3日目に「豊《とよ》明《あかりの》節会」が行われたのだ。辰日節会は悠紀節会《ゆきのせちえ》、巳日節会は主基節会《すきのせちえ》ともいった。この豊明節会が現在の宮殿「豊明殿」の名の由来でもある。辰日節会では、群臣たちが揃った饗宴の場で「供膳の儀」があり「白酒黒酒の儀」が行われたのである。

次に、両陛下に御膳と御酒が供され、会食となった。会場内に設けられた舞楽台で披露されたのは宮内庁楽部による「久米《くめ》舞《まい》」である。これは初代・神武天皇の東征に由来し、現存する日本最古の舞踊とされている。また、今回、新たに作られた悠紀・主基両地方の風俗舞、舞姫による「五節舞《ごせちのまい》」が「大歌《おおうた》」とともに奏された。最後に挿華が賜られて、両陛下が退出された。

挿華も含め、これらのことはすべて先述した節会に由来する。大饗の儀は18日にも両陛下お出ましの下、内閣法制局長官などの参列の上、同様の次第で行われた。

御挿華（おんかざし）が飾られた銀細工の洲浜。悠紀・主基地方の風景が取り入れられている。高さ15.5㎝、幅40㎝、奥行26㎝。御挿華は松と桐各1本で高さ20㎝、幅15㎝である

剣璽とともに豊明殿に入られる天皇陛下、供奉の女性皇族とともに進まれる皇后陛下

御座《ぎょざ》の布設図（御台盤《おだいばん》、御倚子《ごいし》、剣璽案《けんじあん》の配置図）

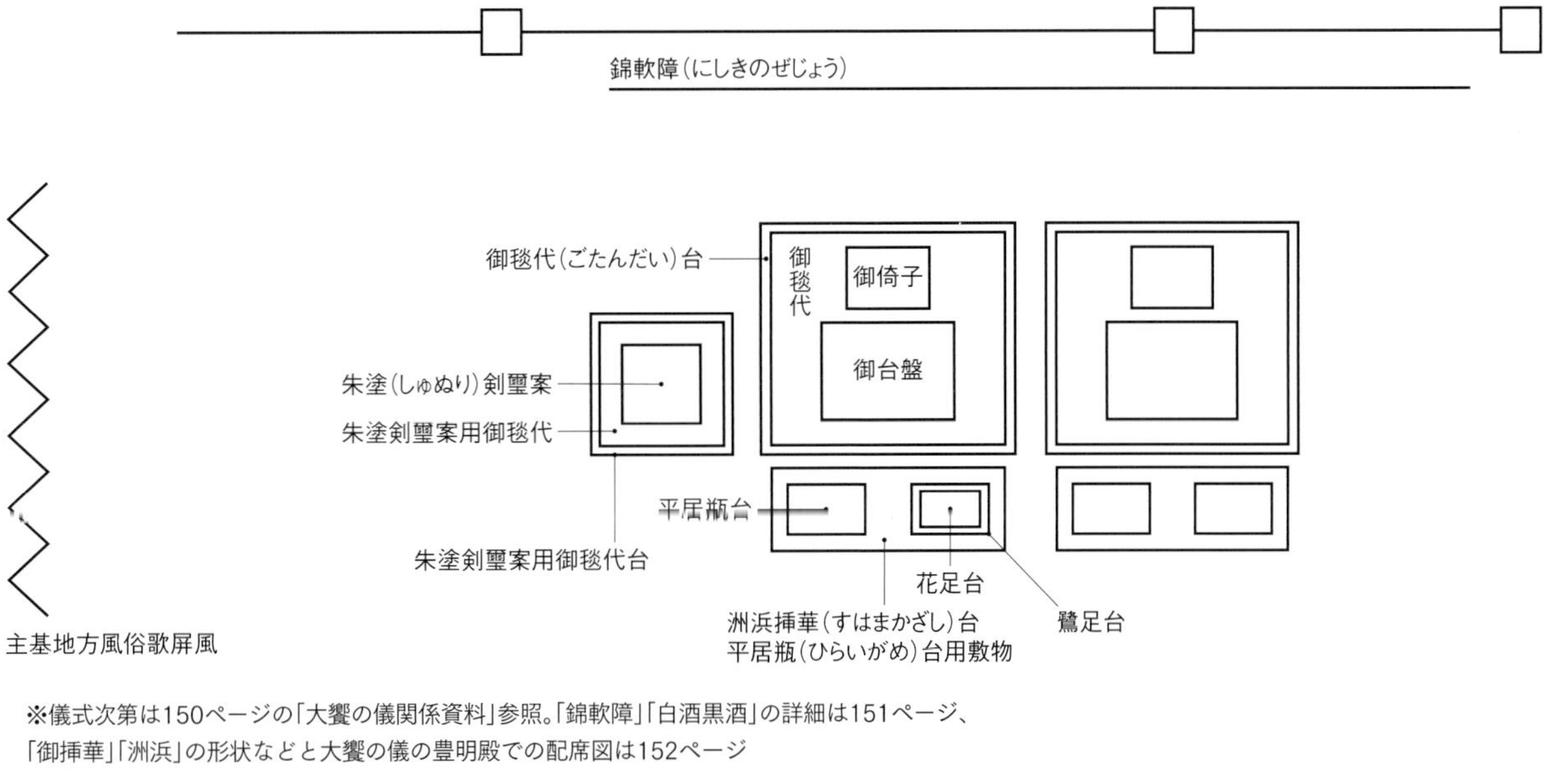

※儀式次第は150ページの「大饗の儀関係資料」参照。「錦軟障」「白酒黒酒」の詳細は151ページ、「御挿華」「洲浜」の形状などと大饗の儀の豊明殿での配席図は152ページ

両陛下の御座の前に用意されたお料理や飾り物。御台盤の上に供膳(きょうぜん)や御酒饌(ごしゅせん)が、右奥の小机には白酒・黒酒が置かれている。
このうち供膳は、右上と左上の「追物(おいもの)」＜建松(たてまつ)と平焼鯛、建松と花盛焼雉(きじ)＞、左中の「高盛(たかもり)」＜塩引鮭、巻烏賊、鱲子(からすみ)＞、右中の「平盛(ひらもり)」＜蒸鮑、巻昆布＞、中央の「大飯(たいはん)」＜斎田米(さいでんまい)＞である。その他、右の金属器に供せられているのが白味噌仕立の巻鯉(まきごい)、左の金属器が潮仕立の鯛鰭(たいひれ)の「汁物」。右の金属器の左に置かれているのが酢、醤(ひしお)、塩、酒の「四種物(よんしゅもの)」である。
御酒饌は右手前の「汁物」＜合味噌仕立の巻鱧(まきはも)と独活(うど)＞、中央奥の「取肴(とりざかな)」＜松桜梅造花建島台盛の日の出蒲鉾と松風焼合鴨、鶴亀型薯蕷羹(じょうよかん)＞、中央左の「作身(つくりみ)」＜鯛・細魚煎雲丹(さよりいりうに)和え、白糸大根、防風(ぼうふう)、紅蓼(べにたで)、花山葵＞、その右の「焼物」＜塩焼姿鯛の淡路結び金銀水引 紅白絹糸掛け 尾紙飾り＞、中央手前左の「加薬飯(かやくめし)」＜鯛曽保呂(そぼろ)、椎茸、干瓢(かんぴょう)、青豆、錦糸玉子、紅生姜＞、中央右の杯は「温酒」用である(このページの写真すべて／宮内庁提供)

参列者に贈られた挿華。純銀製で竹・梅2本を合わせたもの。高さ14.5㎝、幅8.5㎝

参列者の饗膳と酒饌。左が酒饌、右が饗膳で両陛下の御膳に準じたものが供された。右上は挿華(かざし)などご下賜の記念品。ちなみに、饗膳は右上から焼雉、左が塩引鮭、中が巻昆布、手前右が潮仕立の鯛鰭、隣が斎田米の飯。折敷の横に置かれているのは白酒・黒酒を受ける素焼きの土器である杯

久米舞は大伴氏・佐伯氏に伝えられた古式の舞である。舞人は赤色の袍（ほう）を着け帯剣して4人で舞う。歌方は赤袍または緑袍を着けて笏（しゃく）を持ち一列に並んで演奏する。久米歌（来目歌とも）は神武天皇が東征の際に、戦いに勝利して詠われたものに由来する。久米舞を奏する時に楽師が歌うのが久米歌で歌い方などに古来のものがあったと『日本書紀』は伝えている（このページの写真すべて／宮内庁提供）

悠紀・主基地方風俗舞。大正度の例により、今回も歌人が悠紀・主基地方へと赴き、風景や地名などを詠みこんで作った和歌に、宮内庁楽部の楽師によって、その地方の民謡・俚謡（りよう）および郷土舞を取り入れて作曲・振付けされた。青摺（あおずり）の単衣（ひとえ）を着けて4人で舞われる。風俗歌などについては次ページ参照

雅楽の中で唯一、女性が舞手を務める五節舞。天武天皇が吉野の山中で天女から授けられたという舞を５人の舞姫が舞う。もともとは五穀豊穣を祈願する田舞（たまい）に発するともされている。『続日本紀』には孝謙（こうけん）天皇が自ら舞ったことが記されている。五節舞では、大歌（おおうた）が奏されるが、大歌とは宮中の「大歌所」で伝習された日本古来の催馬楽（さいばら）や神楽歌、風俗歌のことである

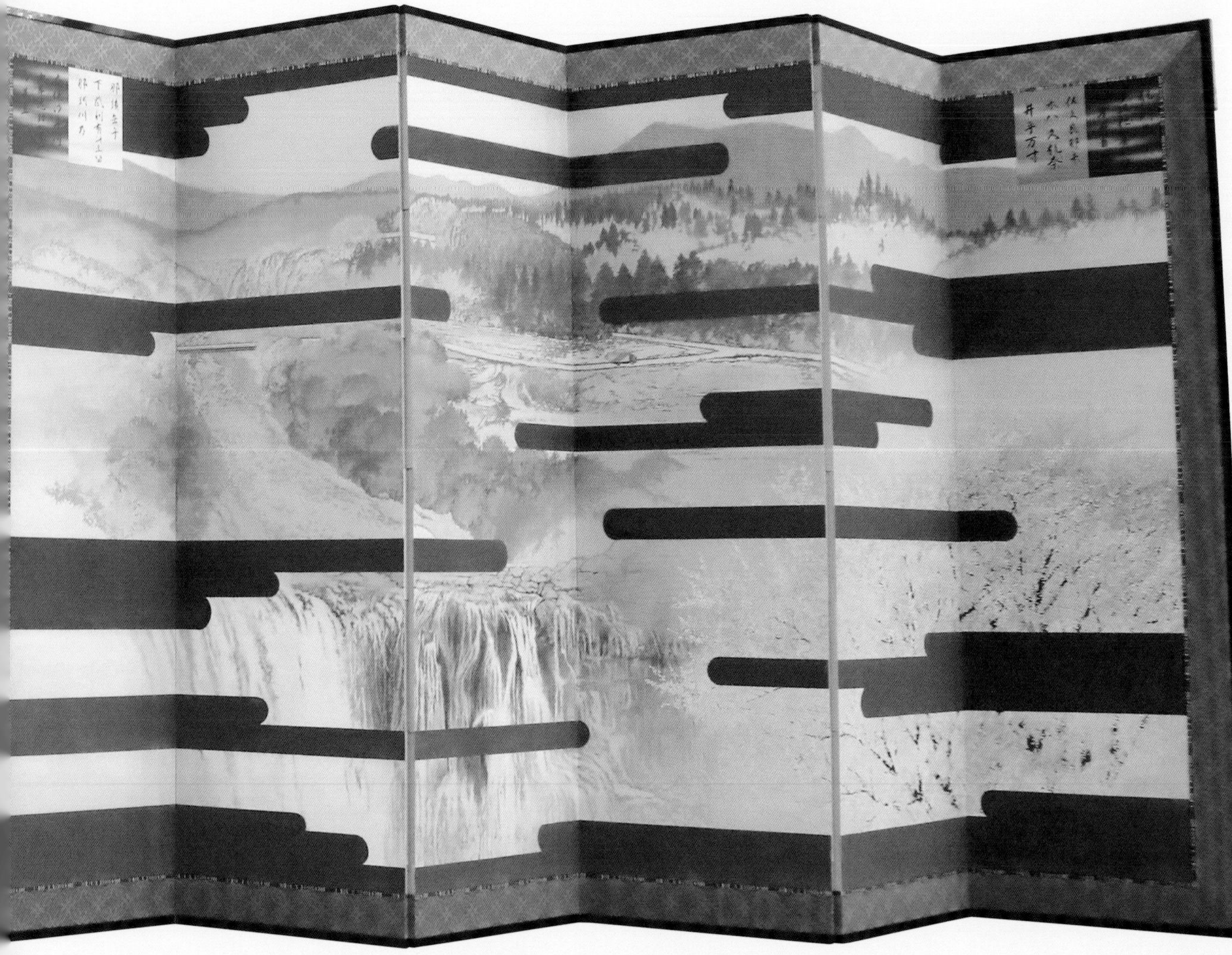

悠紀地方風俗歌屏風　画家で東京藝術大学名誉教授の田渕俊夫氏が栃木県を主題に四季の姿を描いた。春は「龍門（りゅうもん）の瀧と桜」、夏は「那須連山に那珂（なか）川」、秋は「三毳山（みかもやま）周辺の田園風景」、冬は「日光戦場ヶ原、小田代ヶ原、男体山」である。

悠紀地方風俗歌屏風には、歌人で愛知淑徳大学名誉教授の篠弘氏による四季の和歌も記されている。和歌は季節ごとに2枚の色紙に万葉仮名で揮毫され、それぞれ屏風の上隅に貼られている。また、46ページの「大嘗宮の儀」においても触れたように「悠紀殿供饌の儀」において「稲舂（いなつき）歌」と「風俗歌」が、大饗の儀では「悠紀地方風俗舞」が奏されたが、その歌詞も篠氏による。稲舂歌では斎田の所在地である「塩谷郡高根沢町」の地名、風俗歌では下野市の「天平の丘公園」、風俗舞では景勝地と祭礼が詠みこまれている。

悠紀地方風俗歌（屏風に記載）

春
龍門乃《りゆうもんの》　多岐仁加香礼留《たきにかかれる》　由不丹白尓《ゆふにじに》
佐久良那未木八《さくらなみきは》　久礼奈井乎万寸《くれなゐをます》
「色紙／紅躑躅《べにつつじ》（蘇芳《すおう》・淡紅《うすべに》）」

夏
那須岳乎《なすだけを》　下武利有斗主留《げんりうとする》　那珂川乃《なかがはの》
奈伎沙乎阿由牟《なぎさをあゆむ》　志路賀念乃美豆《しろがねのみづ》
「色紙／卯《う》の花（白・青）」

秋
三毳山乎《みかもやまを》　宇米都九子多留《うめつくしたる》　古布埃不乃《こうえふの》
奇半野可奈流八《きはやかなるは》　自矢有土乎志目寸《じやうどをしめす》
「色紙／紫苑《しおん》（紫・蘇芳）」

冬
由立計久毛《ゆたけくも》　戦場河波郎乃《せんぢやうがはらの》　毛久太宇尓《もくだうに》
男体山可良乃《なんたいさんからの》　香耶芳那阿夫流《かざはなあぶる》
「色紙／氷重《こおりがさね》（鳥の子・白）」

稲春歌（悠紀地方）
年ごとに　稲田ひろごる　高根沢
杵《きね》つく香り　町をうるほす

風俗歌（悠紀地方）
三月の　淡墨桜《うすずみさくら》を　皮切りに
咲き広がれる　天平の丘

風俗舞（悠紀地方）
那須平成の森
木道が　整備されゐて　自生する
八幡《やはた》つつじの　群落に来ぬ

鹿沼市の強飯式
大食ひを　妙見《めうけん》神社に　きそはむと
山伏つどふ　その面構《つらがま》へ

華厳の滝
空割れて　その裂け目より　こんじきに
激《たぎ》ちて落つる　華厳の滝は

湯西川温泉のかまくら祭り
河岸に　ミニかまくらの　灯《とも》されて
いにしへ偲ぶ　平家の里に

※「悠紀・主基地方風俗歌屏風」の寸法の詳細は151ページ

主基地方風俗歌屛風　画家で金沢美術工芸大学名誉教授の土屋禮一氏が京都府を主題に四季の姿を描いた。春は「醍醐寺の桜」、夏は「大文字山」、秋は「嵐山・渡月橋《とげつきょう》の紅葉」、冬は「天橋立の雪景」である。また、春・夏の背景には俯瞰の京都御所、秋・冬には嵯峨菊も描かれている

主基地方風俗歌屛風には歌人で京都大学名誉教授の永田和宏氏による四季の和歌が記されている。なお、屛風は両地方とも六曲一双、縦2・4m横4・1mで雲肌麻紙（くもはだまし）という麻と楮(こうぞ)を原料に漉かれた和紙に描かれている。歌は重ね色目色紙、金砂子蒔(きんすなごまき)に揮毫(きごう)された。また、悠紀地方の篠氏と同様に、主基地方の稲春歌と風俗歌、主基地方風俗舞の歌詞も永田氏による。稲春歌では斎田の所在地である「南丹市八木町」の地名、風俗歌では八坂神社の祭礼である「祇園祭」、風俗舞には景勝地と祭礼が詠みこまれている。

主基地方風俗歌（屏風に記載）

春

太以御慈似《だいごじに》　佐久良女提武刀《さくらめでむと》　利古奈米野《とこなめの》

多由留故戸那伎《たゆることなき》　氷徒名美都豆句《ひとなみつづく》

［色紙／桜《さくら》　桜《さくら》（淡紅梅《うすこうばい》・朽葉《くちは》）］

夏

火野都母流《ひのともる》　馬返乃波魚耶岐《まへのはなやぎ》　杵矢羽能麻池《きやうのまち》

大以毛无耳奴陀伊《だいもんじのだい》　矩規也可尓見由《くきやかにみゆ》

［色紙／新樹《しんじゅ》（水浅葱《みずあさぎ》・瓶覗《かめのぞき》）］

秋

遊琉野加似《ゆるやかに》　渡月乃芳偲乎《とげつのはしを》　九具梨湯矩《くぐりゆく》

弥都阿里毛味地波《みづありもみぢは》　伎思你制馬理津《きしにせまりつ》

［色紙／菊露《きくのつゆ》（瓶覗・水浅葱）］

冬

飛里遊有都母《ひりゆうとも》　志与宇里遊有戸茂以浮《しようりゆうともいふ》

比佐加太乃《ひさかたの》　天之橋立《あまのはしだて》　由伎偲馬久名歌《ゆきしまくなか》

［色紙／山茶花《さざんか》（朽葉・淡紅梅）］

稲春歌（主基地方）

八木の町　氷所《ひどころ》にして　稔りたる

キヌヒカリをぞ　春《つ》く音聞こゆ

風俗歌（主基地方）

辻々に　祇園囃子の　流れゐて

鉾に灯の入る　ゆふぐれの町

風俗舞（主基地方）

北野天満宮の縁日

梅の花　にほへる苑の　賑はひて

天神さんの　けふは縁日

浄瑠璃寺と九体の仏

浄瑠璃寺　九体《くたい》の阿弥陀の　真向かへる

池に若葉の　色あたらしき

下鴨・糺の森

ゆつたりと　湯川秀樹の　歩みゐし

頃と変はらず　糺の森は

太秦・広隆寺

千年の　憂ひを今に　太秦の

弥勒の指は　頬に届かぬ

即位礼及び大嘗祭後神宮に親謁《しんえつ》の儀

11月22、23日

11月22日と23日、両陛下は即位礼及び大嘗祭後神宮に親謁の儀に臨まれた。前日の夕方、臨時専用列車で三重県伊勢市・宇治山田駅に着かれた両陛下は、皇大神宮（内宮）の行在所《あんざいしょ》へ御《ご》料車《りょうしゃ》で入られた。

「神宮ご親謁」とは、天皇陛下が即位礼と大嘗祭を執り行われた後、御親《おんみずか》ら皇祖・天照大御神に奉告され、その御代の弥栄《いやさか》と人々の平安を祈念されることをいう。従って、それは天皇ご一代に一度のご参拝だ。明治42年（1909）に公布された「登極令」により大正天皇が親謁されたことを初例としている。

神宮ご親謁には「剣璽《けんじ》ご動座」が伴う。文字通り、剣璽が「動座」することが剣璽ご動座で、今回、天皇陛下の傍らには侍従が奉持する剣璽が入った箱が見られた。戦前には1泊以上の地方ご訪問にはご動座があったが、戦後はその増加により、警備上の理由から昭和21年（1946）

6月以降、中止になった。昭和49年に復活し、神宮ご参拝に限ってご動座が行われるようになった。

　また、ご親謁にあたって天皇陛下は、神宮に「神宝《しんぽう》」と「幣帛」を奉られた。これは、平安時代中期から、御代替わりに伴い、神宮はじめ諸国の50社に大神宝などを奉献する「天皇一代一度の大奉幣」が行われていたが、そのことに由来するものだ。

ひづめの音が響き渡り 金色の錺《かざり》金具がきらめく

　時折、激しい雨が降る翌22日、両陛下は9時に内宮をご出発、約30分後に豊受大神宮（外宮）に到着された。10時30分頃、天皇陛下は立纓の御冠に黄櫨染御袍、御挿鞋《おんそうかい》（沓《くつ》）というお姿に御笏《しゃく》を執られて外宮斎館を出発された。乗車されたのは幌《ほろ》の付いた儀装馬車である。

　神域を静寂が支配する中、ひづめの音が響き渡り金色の錺金具がきらめく。これは宮内庁から運ばれてきた昭和3年製造の「儀装馬車2号」である。漆塗りに金色菊葉唐草模様と金高蒔《きんだかまき》絵《え》の紋章が施されている。6頭立て4頭曳《びき》の騎馭《きぎょ》式で、平成2年に上皇陛下が臨まれたご親謁でも用いられ、今回も同様に2頭曳で使用された。

　冠にさらなる清浄を表す木綿《ゆう》蘰《かずら》を付けた神宮禰宜《ねぎ》（神職）2名の先導でゆっくりと参道を進まれていく。ご正宮《しょうぐう》の板垣《いたがき》南御門《みなみごもん》前で馬車を降り、衣冠《いかん》単《ひとえ》姿の侍従が剣璽を奉持し、御菅蓋をさしかけられて陛下は雨儀廊の中を進まれた。雨儀廊とは雨天の場合を考慮して建てられる仮設の廊下だ。屋根は板葺きで板垣南御門からご正殿《しょうでん》まで板床張りで設けられている。その上に下薦《したこも》が重ねられ、さらに麻布が敷かれた「御莚道《ごえんどう》」を陛下は歩かれていく。宮内庁式

令和元年11月23日、皇大神宮(内宮)での神宮に親謁の儀。ご正殿のご参拝を終えられ石階を降りて来られる天皇陛下

令和元年 11 月 22 日、豊受大神宮(外宮)での
神宮親謁の儀でご参拝を終えられた皇后陛下

内宮でのご親謁は、天皇陛下は儀装馬車で、皇后陛下はオープン・カーで参進された。静寂が支配する中でのご参拝だった

部官長と長官が前を行き、侍従長と大礼委員なども随従した。

次に修祓《しゅはつ》を受けられご神前へと進まれたが、ここから先は、様子を拝見することはかなわない。次第によると、これより先、両陛下からの神宝や幣物はご正殿内に奉られ、祭主は殿内に、大宮司・少宮司は階下で天皇陛下をお待ちしていた。

陛下はご正殿の御階を上られ、大床《おおゆか》のご拝座に着かれた後、掌典長から進められた御玉串を捧げられて拝礼されたという。拝礼が終わると、御玉串を掌典長に渡され、掌典長はこれを殿内の祭主に取り次ぎ、祭主は御玉串案に奉奠《ほうてん》して、陛下にご報告。天皇陛下は一礼の後、神前を下がられた。

陛下が11時頃に行在所に戻られると、皇后陛下が御料車で参進された。馬アレルギーによる失礼を心配されての御料車のご利用である。皇后陛下は御五衣、御唐衣、御裳のお姿で大垂髪の額には釵子《さいし》を付けられ、御檜《ひ》扇《おうぎ》を手に執られている。

板垣南御門で車を降りられ、衣冠単姿の侍従次長が前を行き、袿袴《けいこ》姿の女官長などの随従で参入され、陛下と同様に御玉串を捧げられて拝礼された。

晴天となった翌23日には、午前9時20分頃から天皇陛下が、10時頃から皇后陛下が「皇大神宮に親謁の儀」に臨まれた。その次第は昨日の「豊受大神宮に親謁の儀」と同様である。


空気は澄み渡り、陽光がきらめいている。天皇陛下は幌を上げた儀装馬車で、皇后陛下は祝賀御列の儀で用いられたオープン・カーで参進された。

ご親謁には、神社本庁役員や全国の神社庁長はじめ神社関係者が神域で列立し、両陛下を奉迎した。

また、神宮ではご親謁の当日に、外宮・内宮それぞれ6時から「大御饌」が行われ、祭主をはじめ大宮司・少宮司以下が奉仕して当日のご親謁の斎行を奉告した。24日から29日にかけては、別宮・摂社・末社・所管社すべてでご親謁に係る臨時祭が執り行われた。

両陛下は内宮ご親謁後の夕方に東京へと戻られたが、駅や両陛下が移動される沿道は多くの人で埋め尽くされ、県によれば3日間で約4万１０００人が奉送迎を行った。両陛下は集まった人たちに笑顔で応じられ手を振られていた。

※儀式次第は154ページの「即位礼及び大嘗祭後神宮に親謁の儀」参照

令和元年11月27日、奈良県の神武天皇山陵を
参拝された天皇・皇后両陛下

即位礼及び大嘗祭後 神武天皇山陵及び 昭和天皇以前四代の 天皇山陵に親謁の儀

——11月27、28日、12月3日

天皇・皇后両陛下は11月26日午後、臨時専用列車で近鉄橿原《かしはら》神宮前駅に到着され、集まった約500人の人たちに笑顔で手を振り祝福に応えられた。

翌27日、畝傍山《うねびやま》東北陵《うしとらのすみのみささぎ》での「**神武天皇山陵に親謁の儀**」は午前9時45分頃、奏楽の中、神饌・幣物が奉られ掌典次長が祝詞を奏上。天皇陛下はモーニングコート姿でシルクハットをお持ちになり、10時30分頃に御休所を出発された。モーニング姿の宮内庁式部官長と長官が前行し、侍従長などが随従して陵前にゆっくりと進まれた。陛下は祭舎内に設けられた御浜床《はまゆか》に立たれると、掌典次長を通じ玉串を捧げて拝礼された。

天皇陛下が御休所へと戻られると、今度は、グレーのご参拝服姿の皇后陛下がお出ましに。侍従次長が前行し女官長らが随従し、陵前へと進まれて天皇陛下と同様に参拝された。

その後、両陛下は臨時専用列車で京都府に移動され、泉涌《せんにゅう》寺の後月輪東山陵《のちのつきのわのひがしのみささぎ》で「**孝明天皇山陵に親謁の儀**」に臨まれた。神武天皇山陵に親謁の儀と同様に玉串を捧げられてご拝礼。翌28日には伏見桃山陵《ふしみのももやまのみささぎ》で「**明治天皇山陵に親謁の儀**」に臨まれた。

午後には京都御所で547人を招いての「**茶会**」を催された。これは、古来、皇室に縁故の深い近畿地方の各界の代表者を招いて行われるもので前例を

令和元年11月28日、明治天皇山陵を参拝される天皇陛下

令和元年12月3日、武蔵野陵を参拝された天皇陛下

令和元年11月27日、孝明天皇山陵で参拝に臨まれる皇后陛下

令和元年11月28日、京都で「茶会」を
催された天皇・皇后両陛下

踏襲して行われた。特設の大型テントの会場では舞楽も演じられ、両陛下は招待者と歓談された。天皇陛下は「即位礼および大嘗祭を終え、ゆかりのあるこ京都の地において茶会を催し、皆様とともにひとときを過ごすことを誠にうれしく思います。この機会に人々の幸せと地域の一層の発展を祈ります」とおことばを述べられた。両陛下は夕方に帰京された。

そして、12月3日には東京の武蔵野陵《むさしののみささぎ》と多摩陵《たまのみささぎ》で「**昭和天皇山陵及び大正天皇山陵に親謁の儀**」に臨まれた。これで、神武天皇と昭和天皇以前四代の山陵すべてを参拝された。この儀も「登極令」制定後の大正天皇からの例である。

※儀式次第は155ページの「即位礼及び大嘗祭後神武天皇山陵に親謁の儀」「即位礼及び大嘗祭後孝明天皇山陵に親謁の儀」「即位礼及び大嘗祭後明治天皇山陵に親謁の儀」「即位礼及び大嘗祭後昭和天皇山陵に親謁の儀」「即位礼及び大嘗祭後大正天皇山陵に親謁の儀」「茶会」参照

即位礼及び大嘗祭後 賢所御神楽《みかぐら》の儀

――12月4日

12月4日の午前中には「**即位礼及び大嘗祭後賢所に親謁の儀**」と「**即位礼及び大嘗祭後皇霊殿神殿に親謁の儀**」が執り行われた。儀式次第は「即位礼当日賢所大前の儀」などと同じで、天皇・皇后両陛下が拝礼され、皇族各殿下が参列された。

この日の夕方から行われたのが「即位礼及び大嘗祭後賢所御神楽の儀」である。この儀は夕方から行われ、秋篠宮皇嗣・同妃両殿下、眞子・佳子両内親王殿下、高円宮妃殿下、承子女王殿下がご参列。安倍首相はじめ三権の長ら46人も参列して行われ、両陛下が拝礼された。そして、この後、行われたのが宮内庁楽部による賢所への御神楽の奉納である。

「賢所御神楽の儀」は毎年12月中旬にも恒例祭祀として行われているが、この即位礼及び大嘗祭後の御神楽は特別のものである。「秘曲」が演奏されるのだ。

楽師には、御神楽の儀の直前に、秘蔵されている譜面が「覚えたら忘れなさい」との言葉とともに渡されるのだという。それは、人々が楽しむ芸能ではなく、天照大御神のみへの捧げものであり、真摯な祈りなのである。

18時から始まって6時間以上奏し、日付が変わってから終わる。天皇・皇后両陛下は御神楽が終わるまで赤坂御所でお慎みの時を過ごされた。これで、両陛下が実際に関わられるご即位関連の諸儀式はすべてがつつがなく終了したのである。

神代山陵《かみよのみささぎ》への一代一度の奉幣

大嘗祭の斎行の後には、大嘗宮が一般公開され多くの人が訪れたが、その後、取り壊しが始まって12月下旬には解体が終了。年が明けて令和2年2月21日午前に、その解体材の一部を焼く焼却の儀が行われた。

大嘗宮が建てられた皇居・東御苑の一角には、悠紀殿や主基殿に使われた木材や神門の一部などが集められ、直径約2メートルの穴の中に積み上げられている。そこへ、賢所で鑽《き》り出した神聖な忌火《いみび》を奉持した掌典たちが到着。忌火を脂燭に移して掌典補が二手に分かれて着火した。焼却しなかった木材の多くはバイオマス発電の燃料として再利用されたという。

28日には、東御苑で「**大嘗祭後大嘗宮地鎮祭**」が執り行われた。儀式次第は大嘗宮造営前の地鎮祭とほぼ同じであるが、内容は造営前とは異なって、滞りなく大嘗祭を行わせていただいたことへの感謝と元の状況にお戻りいただくことの祈願である。

なお、天皇陛下は3月14、16、18日の各日に鹿児島県の「神代三山陵」に奉幣を行われた。神代三山陵とは薩摩川内《せんだい》市の可愛《えの》山陵《みささぎ》と霧島市の高屋山上陵《たかやのやまのえのみささぎ》、鹿屋《かのや》市の吾《あ》平山《ひらのやまの》上陵のことで、それぞれ天孫降臨を果たされた天津日高彦火瓊瓊杵尊《あまつひこひこほのににぎのみこと》と、その御子で「山幸彦《やまさちひこ》」として知られる天津日高彦火火出見《ほほでみの》尊、さらにその御子の天津日高彦波瀲《なぎさ》武《たけ》鸕鷀《う》草葺不合《がやふきあえずの》尊をお祀りしている。なお、この鸕鷀草葺不合

令和元年12月4日、「即位礼及び大嘗祭後賢所御神楽の儀」で拝礼された両陛下。これで、両陛下が実際に関わられるご即位関連の諸儀式はすべてがつつがなく終了した（前ページの写真とも／宮内庁提供）

皇居東御苑で執り行われた大嘗祭後大嘗宮地鎮祭。地鎮祭は午前10時に始まり「悠紀殿の儀」「主基殿の儀」が順次執り行われた。掌典たちが着床し、大礼委員及び工事関係者が着床した後、奏楽の中、悠紀の祭舎、主基の祭舎の順で案上に神饌・幣物が奉られ、掌典が順次、祝詞を奏上。その後、「地鎮の儀」が行われた。場所を祓い清め、鎮（しず）め物を埋納し、斎鍬（いみくわ）で土がかけられた（詳細は20ページ参照）

尊の御子が初代・神武天皇だ。それぞれ勅使である掌典が幣帛を奉り御祭文《ごさいもん》を奏上した。この奉幣は一代一度、行われるもので、上皇陛下もご大礼終了の翌年・平成3年に行われている。

また、令和のご大礼の儀式として、4月に「立皇嗣の礼」が行われる予定だったが、新型コロナウイルス感染拡大防止を受けて延期されることが決まった。

※儀式次第は156ページの「即位礼及び大嘗祭後賢所に親謁の儀」「即位礼及び大嘗祭後皇霊殿に親謁の儀」「即位礼及び大嘗祭後神殿に親謁の儀」「即位礼及び大嘗祭後賢所御神楽の儀」、157ページの「大嘗祭後大嘗宮地鎮祭」参照

立皇嗣《りっこうし》の礼

令和元年5月1日、天皇陛下は践祚《せんそ》され天皇の位を受け継がれた。同年10月、即位を内外に宣明《せんめい》する「即位礼正殿の儀」があり、11月、ご大礼のクライマックスといえる「大嘗宮《だいじょうきゅう》の儀」が斎行された。令和2年4月には、秋篠宮殿下が皇位継承順位1位の皇嗣になられたことを内外に示す立皇嗣の礼がご大礼の一環として予定されていたが、新型コロナウイルスの感染拡大によって延期に。半年以上を経て同年11月から挙行されたその諸儀式の模様を紹介する。

令和2年11月8日、皇居・宮殿「松の間」で斎行された「立皇嗣宣明（せんめい）の儀」（写真／宮内庁提供）

神宮神武天皇山陵 昭和天皇山陵に勅使発遣の儀

11月5日、宮殿「竹の間」にお出ましになった陛下。御単（おんひとえ）と御袴は赤、御袍（ごほう）は白の御直衣（おのうし）を身に着けられていた。令和元年のご即位に際しての勅使発遣の儀で着装された「御引直衣（おひきのうし）」より裾が短く御袴も床に着かない長さのもの（写真／宮内庁提供）

立皇嗣の礼に際して、最初に執り行われたのが11月5日の「神宮神武天皇山陵昭和天皇山陵に勅使発遣の儀」である。

神宮とは伊勢神宮のことで、山陵は歴代天皇などの墓所、また、勅使とは天皇陛下のお遣いのことである。

つまり、皇祖神である天照《あまてらす》大御神《おおみかみ》をお祭りする神宮と初代・神武天皇、昭和天皇の陵《みささぎ》に、立皇嗣の礼を行うことを奉告し、「幣物《へいもつ》」を供えるために勅使を派遣される儀式である。幣物とは、まさしくお供え物のことだ。

午前11時、宮内庁長官などの大礼委員や勅使が皇居・宮殿「竹の間」の所定の席に着いた後、天皇陛下がお出ましになった。身に着けられているのは「御直《おのう》衣《し》」である。

儀式次第によれば、まず、天皇陛下が幣物をご覧になって席に着かれ、神宮に参向する勅使をお召しに。侍従長の奉仕により、「御祭文《ごさいもん》」が勅使に授けられた。

続いて、宮中祭祀に奉仕する掌典《しょうてん》により幣物が辛櫃《からひつ》に納められ、勅使は幣物を奉じて儀場を退出した。次に、神武天皇山陵と昭和天皇山陵に参向の勅使を順にお召しになって御祭文が授けられ、それぞれ幣物を奉じて退出し、天皇陛下が退出されて儀式は終了した。

そして、立皇嗣の礼の当日、11月8日に執り行われたのが**「神宮に奉幣の儀」**と**「神武天皇山陵に奉幣の儀」「昭和天皇山陵に奉幣の儀」**である。

「神宮に奉幣の儀」は、黒田清子祭主《さいしゅ》はじめ小松揮世久《きよひさ》大宮司《だいぐうじ》以下神宮神職の奉仕のもと、名称を「立皇嗣の礼につき奉告祭」として斎行された。

豊受《とようけ》大神宮（外宮《げくう》）では午前4時から「大御饌《おおみけ》」が執り行われた後、午前7時から「奉幣」が斎行された。天皇陛下からの幣物を納めた辛櫃を先頭に、勅使が第二鳥居で修祓《しゅはつ》を受けて中重《なかのえ》に参進。神宮神職が幣物を奉り、勅使が内玉垣南《うちたまがきみなみ》御門《ごもん》手前に鋪設《ふせつ》された座で、立皇嗣の礼の斎行を奉告する旨の御祭文を奏上した。続いて、第一別《べつ》宮《ぐう》の多賀宮《たかのみや》でも同様に祭儀が行われた。

皇大《こうたい》神宮（内宮《ないくう》）では午前11時から「大御饌」、午後2時から「奉幣」が執り行われ、第一別宮の荒祭宮《あらまつりのみや》でも引き続いて祭儀が行われた。神宮では同月14日までに、別宮・摂社《せっしゃ》・末《まつ》社《しゃ》・所管社のすべてでこの祭儀が斎行された。

奈良県にある畝傍《うねび》山《やまの》東北《うしとらのすみの》陵《みささぎ》（神武天皇山陵）での「奉幣の儀」は、同日午前10時から執り行われ、奏楽《そうがく》の中、神饌《しんせん》が供された後、掌典が祝詞《のりと》を奏上。続いて陛下よりの幣物が奉られ、勅使が玉串を奉って拝礼し、御祭文を奏上した。東京の武蔵野《むさしのの》陵《みささぎ》（昭和天皇山陵）でも同時刻から同様に斎行された。

11月5日の「神宮神武天皇山陵昭和天皇山陵に勅使発遣の儀」の模様。陛下の傍らに控えている侍従が奉持しているのは、天皇の印である「御剣（ぎょけん）」（写真／宮内庁提供）

11月8日、「立皇嗣の礼につき奉告祭」で皇大神宮（こうたいじんぐう）を参進する勅使と辛櫃（写真／神宮司庁提供）

◆賢所皇霊殿神殿に親告の儀

11月8日の朝、宮中では「賢所皇霊殿神殿に親告の儀」が行われた。これは、立皇嗣の礼を執り行うことを天皇陛下が賢所と皇霊殿、神殿に奉告される祭儀で、皇后陛下も拝礼された。

この賢所《かしこどころ》、皇霊殿《こうれいでん》、神殿は皇居内にあり宮中三殿とも称される。賢所は皇祖神の天照大御神《あまてらすおおみかみ》をお祭りし、皇霊殿は歴代天皇および皇族方の御霊《みたま》を、神殿は天神地祇《てんじんちぎ》・八百万神《やおよろずのかみ》をお祭りしている。中央に鎮座するのが賢所で、向かって左が皇霊殿、右が神殿である。

最初に執り行われたのが「賢所の儀」だ。儀式次第によれば、神楽歌《かぐらうた》が奏される中、掌典により御扉《みとびら》が開かれて神饌、幣物が供えられた後、掌典長が祝詞《のりと》を奏上。大礼委員が席に着き、彬眞子・佳子両内親王殿下、彬子・瑶子両女王殿下、高円宮妃殿下、承子女王殿下が幄舎《あくしゃ》に着床された。

午前9時、天皇陛下が回廊に姿を現された。身に着けられているのは天皇のみに着装が許される「黄櫨染御袍《こうろぜんのごほう》」だ。

これは、平安初期の嵯峨天皇の時に定められたご祭服である。もともとは黄の染料である櫨《はぜ》と赤の染料である蘇芳《すおう》で染められたこのご祭服には、桐・竹・鳳《ほう》凰《おう》・麒麟《きりん》の瑞祥《ずいしょう》の紋様が織り出されている。冠は「立纓御冠《りゅうえいのおんかんむり》」で、侍従が奉持しているのは、天皇の印である「御剣《ぎょけん》」だ。

天皇陛下は一礼して御簾《みす》の中に入られると、内陣《ないじん》で拝礼の後、「御告文《おつげぶみ》」を奏されたという。女性の内掌典《ないしょうてん》が奉仕する「御《お》鈴《すず》の儀」の後、退出された。

次に皇后陛下がお出ましになった。装束は御小袿《おんこうちぎ》に御長袴《おんながばかま》だ。髪は大垂髪《おおすべらかし》で御釵子《さいし》を着けられている。内陣まで進まれ拝礼の後、ご退出。続いて、庭上で皇族方が拝礼され、大礼委員も拝礼した。

その後、「皇霊殿の儀」「神殿の儀」がほぼ同様に執り行われた。

※儀式次第は165ページの「神宮神武天皇山陵昭和天皇山陵に勅使発遣の儀」、166ページの「神宮に奉幣の儀」「神武天皇山陵に奉幣の儀」、「昭和天皇山陵に奉幣の儀」、「賢所皇霊殿神殿に親告の儀」参照

11月8日、立皇嗣宣明の儀でおことばを述べられる天皇陛下。皇后陛下がお召しになっている御小袿（おんこうちぎ）には紫の五瓜（ごか）にハマナス、萌黄色の工霞（えがすみ）による上紋（うわもん）が施されている。ハマナスは皇后陛下のお印（しるし）。お印は身の回りの品などに付けられる（写真／宮内庁提供）

◆立皇嗣宣明《せんめい》の儀

立皇嗣宣明の儀は、立皇嗣の礼の中心的儀式である。文仁《ふみひと》親王殿下が皇嗣となられたことを、天皇陛下が公に宣明されるとともに、内外の代表が寿ぐ。国事行為として行われた。

午前11時、皇居・宮殿の正殿「松の間」には、皇族方が並ばれ、三権の長ら参列者が所定の位置に列立し、静寂に包まれていた。

鮮やかな洋装の皇族方は眞子・佳子両内親王殿下、常陸宮・同妃両殿下、寛仁親王妃殿下、彬子・瑶子両女王殿下、高円宮妃殿下、承子女王殿下である。

菅義偉《よしひで》首相はじめ閣僚、地方自治体や外交団の代表ら46人の参列者は約1・5mの間隔で並んでいる。新型コロナウイルスの感染防止のために、首相を除いて皆マスクを着け、戸は開け放たれている。参列者も当初予定していた約350人から絞り込まれた。マスクご着用は両陛下と秋篠宮・同妃両殿下を除き、皇族方も同様である。

午前11時、皇嗣・同妃両殿下がお出ましになった。衣冠単《いかんひとえ》姿の皇嗣職大夫《だいぶ》が前を行き、皇嗣職宮務《きゅうむ》官長と宮務官が随従する。

皇嗣殿下が身に着けられているのは皇太子（皇嗣）の装束とされる黄丹袍《おうにのほう》である。支子《くちなし》と紅花《べにばな》で染めた色に基づき「昇る朝日の色」といわれ、奈良時代の「養老律令《ようろうりつりょう》」の「衣服令」で皇太子の装束の色と規定された。冠《かんむり》は後方に曲がった垂纓《すいえい》と呼ばれる形状で、履き物は革製黒漆塗の鞾《かのくつ》である。

皇嗣妃殿下のご装束は小袿《こうちぎ》と長袴だ。小袿には淡萌黄《もえぎ》色の亀甲花菱《きっこうはなびし》地紋に、淡紫と萌黄色でヒオウギアヤメの丸と流水の上紋《うわもん》が施されている。両殿下は正面に向かって左の位置に著かれて威儀を正された。

少しの間《ま》があって、天皇・皇后両陛下が入ってこられた。前行するのは式部《しきぶ》官長と宮内庁長官で、侍従《じじゅう》長と侍従、袿袴《うちきばかま》姿の女官長と女官が随従する。

天皇陛下のご装束は黄櫨染御袍で皇后陛下は御小袿と御長袴である。正面中央の御座に立たれ、侍従長からおことばが書かれた紙を受け取られると、陛下は厳かに述べられた。

「皇室典範の定めるところによ

立皇嗣宣明の儀に臨まれた秋篠宮皇嗣・同妃両殿下。皇嗣殿下は黄丹袍（おうにのほう）を、皇嗣妃殿下は小袿（こうちぎ）と長袴（ながばかま）を召されている。小袿には、淡紫と萌黄色でヒオウギアヤメの丸と流水の上紋が施されている。ヒオウギアヤメは妃殿下のお印である

り文仁親王が皇嗣であることを、広く内外に宣明します」（全文は79ページ）

続いて、皇嗣・同妃両殿下がゆっくりと両陛下の前に進まれた。

「皇嗣としての責務に深く思いを致し、務めを果たしてまいりたく存じます」（全文は79ページ）

手元の紙から陛下へと目線を上げながら、皇嗣殿下がおだやかに決意を表明された。一礼されると、両陛下は和やかに会釈で応じられた。両殿下が所定の位置に戻られると、菅首相が天皇陛下の前に一歩進んだ。

「ここに改めて皇室の一層の御繁栄をお祈り申し上げます」（全文は79ページ）

両殿下のご活動を振り返りながらの「寿詞《よごと》」が奏上され、音一つない宮殿に響いた。

その後、両陛下が退出され、秋篠宮・同妃両殿下もご退出。前行・随従はお出ましの時と同じである。皇族方も退出され、宣明の儀は滞りなく終了した。

立皇嗣の礼の変遷と新型コロナ禍

立皇嗣の礼は、上皇陛下の譲位に伴い憲政史上初めて行われた。そのため、平成3年に行われた天皇陛下の「立太子の礼」を踏襲して斎行された。主要儀式は宣明の儀と、その後の「朝見《ちょうけん》の儀」だ。今回はコロナ禍で中止となったが、本来は、さらにその後の「宮中饗宴の儀」を合わせた3儀式が中核をなしてきた。

宮内庁書陵部が編纂した『皇室制度史料』によると、立太子の礼の原型は平安時代後期までにほぼ確立された。しかし、近代になって皇位継承順位が定まる前は、長男だからといって皇太子になれるわけではなかった。古来の儀式は、天皇の詔《みことのり》で皇太子が確定される場だったのである。平安時代前期の『貞《じょう》観《がん》儀式』には、紫宸殿《ししんでん》南庭に親王や大臣らが並ぶ中、天皇の詔を「宣命大夫《せんみょうたいふ》」（宣命使）が読み上げるといった儀式の内容が記されている。

その後、変遷を経ながらも受け継がれ、南北朝時代から約300年間途絶えたが、江戸時代の天和《てんな》3年（1683）に再興され、ほぼ同様の方式が続いた。

そして、明治22年（1889）に制定された旧皇室典範で、天

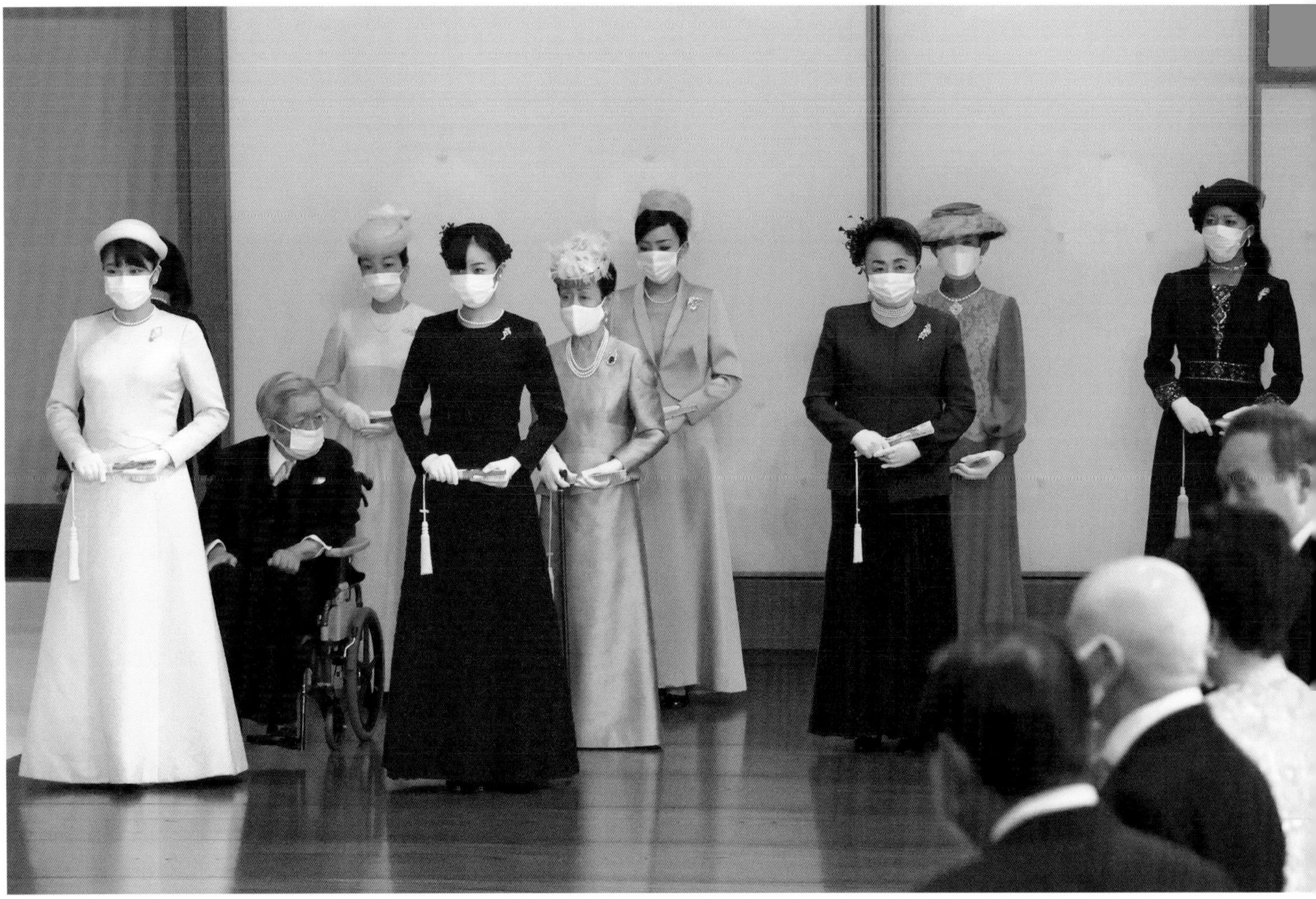

11月8日、立皇嗣宣明の儀で宮殿「松の間」の儀場に並ばれた眞子内親王殿下はじめ皇族方

皇の長男が皇位を継ぐことが明文化された。大正5年（1916）の昭和天皇の立太子の礼は、明治42年に制定された「立儲令《りっちょれい》」に基づき皇居・賢所で行われたが、それは皇太子を定める儀式ではなく、あらかじめ皇太子である事実を内外に示す場となったのである。

上皇陛下の立太子の礼は昭和27年（1952）、新憲法下で斎行された。場所を皇居・仮宮殿に移した上で「宣制の儀」（現在の宣明の儀）、「朝見の儀」「宮中饗宴の儀」の3つが国事行為とされた。宣制の儀では、かつて天皇の詔を読み上げた宣命使に倣い、宮内庁長官が昭和天皇のおことばを代読した。

平成3年に行われた天皇陛下の立太子の礼では、上皇陛下自らおことばを述べられ、当時の皇太子殿下が決意表明のおことばを述べられる形に改められ、今回に引き継がれている。

なお、明治時代以降の立太子の礼を振り返ると、儀式の形式や年齢などによって、お召し物にも変遷がある。

明治22年、当時10歳で立太子を迎えた大正天皇は、洋装で儀式に臨まれた。『大正天皇実録』などによると、学習院生徒服姿の大正天皇は、お住まいで勅使から皇太子の守り刀とされる「壺切御剣《つぼきりのぎょけん》」を受け取り、その後、陸軍の正装で宮殿を訪れ、明治天皇と面会された。

昭和天皇は「立儲令」に基づいての立太子の礼を迎えられた。しかし、当時は15歳。冠ではなく「空頂黒幘《くうちょうこくさく》」という被《かぶ》り物と、両脇の袖付けの下を縫い合わせない「闕腋《けってき》の黄丹袍」という未成年用のご装束を着けられた。

上皇陛下は18歳で立太子の礼に臨まれた。これに先立ち、同じ日に成年式が行われたため、冠と黄丹袍をご着装。天皇陛下も31歳の成年皇太子として黄丹袍を着けられた。

なお、大正天皇から天皇陛下まで、立太子時はご結婚前だった。ご夫妻で臨まれた今回の形は近代以降初めての形である。

秋篠宮・同妃両殿下は、当日の朝、赤坂御用地にあるお住まいの宮邸をご出発時、悠仁親王殿下に見送られている。また、沿道に人が集まるのを避けるため、平成3年時のような儀式的な車列を組まず、普段と同様に皇居までご移動。お祝いの記帳も見送られることとなった。

立皇嗣宣明の儀でおことばを述べられる秋篠宮皇嗣殿下

立皇嗣宣明の儀の天皇陛下のおことば

本日ここに、立皇嗣宣明の儀を行い、皇室典範の定めるところにより文仁親王が皇嗣であることを、広く内外に宣明します。

立皇嗣宣明の儀の秋篠宮皇嗣殿下のおことば

立皇嗣宣明の儀をあげていただき、誠に畏れ多いことでございます。皇嗣としての責務に深く思いを致し、務めを果たしてまいりたく存じます。

立皇嗣宣明の儀の菅義偉首相の寿詞

謹んで申し上げます。

天皇陛下には、本日ここに立皇嗣宣明の儀を挙行され、文仁親王殿下が皇嗣であることを内外に宣明されました。

一同心からお祝い申し上げます。

皇嗣殿下は、妃殿下とともに、天皇皇后両陛下や上皇上皇后両陛下をお支えになられ、被災地御訪問や国際親善をはじめ、皇室の御活動に真摯に取り組まれてこられました。

国民は、こうした御活動を通じて、両殿下が人々に親しく接せられるお姿に敬愛の念を抱いており、こうして立皇嗣の礼が挙行されますことは、こぞって喜びとするところであります。

ここに改めて皇室の一層の御繁栄をお祈り申し上げます。

立皇嗣宣明の儀で寿詞を述べる菅首相

※儀式次第は163ページの「立皇嗣宣明の儀の細目について」参照。
新型コロナ禍による儀式の変更の決定過程については161ページ参照

11月8日、宮殿「鳳凰の間」での「皇嗣に壺切御剣親授」を終え、宮殿の南車寄に出てこられた秋篠宮殿下。傍らで奉持されているのが御剣である

皇嗣に壺切御剣《つぼきりのぎょけん》親授

立皇嗣宣明の儀の直後には、皇居・宮殿「鳳凰の間」に場所を移し、皇太子の「守り刀」として伝わる「壺切御剣」を、天皇陛下が授けられる「皇嗣に壺切御剣親授」が行われた。

御剣は次の皇位継承者の印として下賜《かし》される。寛平《かんぴょう》5年（893）に宇多《うだ》天皇が後の醍醐天皇に授けたのが記録に残る最初の事例とされる。『皇室制度史料』によると、剣は史上初めて関白となった藤原基経《もとつね》が献じた。平安中期まで時期は定まっていなかったものの、平安後期から立太子の礼に合わせて授けられることが慣例化したという。

明治の「立儲令」によれば、賢所において御剣と勅語《ちょくご》を授けられる儀式が立太子の礼の中心儀式の一つとして位置付けられたが、新憲法下では、立太子の礼に伴う関連行事とされた。

儀式次第によれば、11時25分、天皇陛下が鳳凰の間にお出ましになった。前行は侍従、随従するのは侍従長と侍従で、随従の侍従が壺切御剣を奉持している。続いて、皇嗣殿下が陛下の前に進まれた。随従は皇嗣職大夫である。

次に、天皇陛下のおことばがあって、御剣が皇嗣殿下に授けられた。御剣は秋篠宮殿下から皇嗣職大夫に渡され、大夫が奉持して殿下はご退出。陛下が退出されて儀式は終了した。

御剣は通常、宮内庁が管理し、宮中の新嘗祭で、側近が奉持して皇嗣殿下に伴う。新嘗祭は恒例の宮中祭祀で最重要のものとして位置づけられる祭典である。

なお、壺切御剣親授の後、鳳凰の間では、衆参両院の議長より、両院で可決した「賀詞《がし》」を天皇陛下に奉呈した。立皇嗣の礼に際し、天皇陛下と皇嗣殿下への祝意を表したものである。

賢所皇霊殿神殿に謁するの儀

壺切御剣の親授が行われている頃、宮殿の南車寄ではリズミカルな蹄《ひづめ》の音が聞こえてきていた。2頭の馬が引く2台の馬車に前後を囲む8頭の馬が近づいてくる。これから秋篠宮殿下

皇嗣殿下が乗られ宮中三殿へと向かう儀装馬車「3号」

が宮中三殿へと移動されるのに使われる馬車列だ。

11月というのに汗ばむほど、周囲の木々も色づき始めてはいるが紅葉には程遠い。薄曇りの中に青空が覗いている。

この馬車は、宮内庁が所有する4種類の儀装馬車のうち、「3号」と呼ばれる。上皇陛下と天皇陛下の立太子の礼でも使用され、製造から90年以上が経つが、大切に修理・保管され、重要行事に華を添えてきた。

海老茶色が美しい漆塗りの車体は、全長約4・5m、幅約1・9m、高さ約2・2m、重量は約1t。車体の両側には、菊葉と唐草の模様があしらわれ、中央部分には金色の菊紋章が輝く。馬を操る御者《ぎょしゃ》が乗る台が前方に付いた座馭《ざぎょ》式と呼ばれるタイプだ。

11時47分、宮殿の扉が開き、秋篠宮殿下が黄丹袍の装束のままに出て来られた。傍らでは壺切御剣が奉持されている。殿下と御剣を乗せたそれぞれの馬車は、宮殿前を厳かに走り抜けていった。

一方、宮中三殿は鳥のさえずりだけが響く静けさである。これから秋篠宮・同妃両殿下が皇嗣・同妃として初めて拝礼される「賢所皇霊殿神殿に謁するの儀」が行われるのだ。

まずは「賢所の儀」である。儀式次第によれば、神饌、幣物が供えられた後、掌典長が祝詞を奏上。大礼委員が席に着き、眞子・佳子両内親王殿下、彬子・瑶子両女王殿下、高円宮妃殿下、承子女王殿下が着床された。

12時35分、皇嗣殿下が回廊に姿を現された。壺切御剣を捧げ持つ皇嗣職宮務官が従い、妃殿下が続かれた。裾取りの宮務官を従えながら静々と進まれる両殿下。内陣の座に着かれると、御剣は外陣に候され、両殿下が拝礼されたという。

両殿下が退出されると、庭上で皇族方が拝礼され、大礼委員も拝礼した。その後、「皇霊殿の儀」「神殿の儀」が同様に執り行われた。

今後、秋篠宮・同妃両殿下は、宮中祭祀において皇嗣・同妃として殿上で拝礼されることになる。宮中三殿などに入れるのは、正式な装束をまとった歴代天皇、皇后と皇位継承順位1位の皇嗣と同妃、祭祀に奉仕する掌典などに限られ、他の皇族方は成年式、結婚の際を除き、殿の下の庭上で拝礼される。

※儀式次第は167ページの「皇嗣に壺切御剣親授」、166ページの「賢所皇霊殿神殿に謁するの儀」参照

11月8日、「賢所皇霊殿神殿に謁するの儀」で賢所へと向かわれる秋篠宮殿下。殿下の後ろで奉持されているのが壺切御剣（写真／次ページ含めてすべて宮内庁提供）

「賢所皇霊殿神殿に謁するの儀」で賢所での拝礼を終えられ退出される秋篠宮妃殿下

「賢所皇霊殿神殿に謁するの儀」で庭上で拝礼される眞子・佳子両内親王殿下

「賢所皇霊殿神殿に謁するの儀」で幄舎（あくしゃ）の席に着かれた皇族方

11月8日、宮殿「松の間」で執り行われた「朝見の儀」で
秋篠宮皇嗣殿下におことばをかけられる天皇陛下

◆朝見の儀

16時半からは、宣明の儀の後、公式に初めて天皇陛下が皇嗣殿下に会われる「朝見の儀」が始まった。儀場は再び正殿「松の間」である。

　まずは燕尾服に着替えられた天皇陛下が、ローブデコルテを召された皇后陛下と共にお出ましになった。天皇陛下は最高位の大勲位菊花章頸飾《だいくんいきっかしょうけいしょく》を胸に掛けられ、皇后陛下は代々皇后に受け継がれてきたティアラを着け、勲一等宝冠章《ほうかんしょう》を付けられている。前行は式部官長と宮内庁長官、随従は侍従長と侍従、女官長と女官である。

　続いて、式部官長の誘導で、秋篠宮殿下と妃殿下が天皇陛下の前に進まれた。やはり燕尾服とローブデコルテのお召し物で、殿下は大勲位菊花大綬章、妃殿下はティアラと勲一等宝冠章を付けられている。

「本日は、立皇嗣宣明の儀をあげていただき、誠に畏れ入りました。皇嗣としての務めを果たすべく、これからも、力を尽くしてまいりたく存じます。ここに、謹んで御礼申し上げます」

　秋篠宮殿下が天皇陛下に「謝恩の辞」を述べられると、陛下は以下のおことばをかけられた。

「本日、立皇嗣宣明の儀が行われたことを、誠に喜ばしく思います。

　これまでに培ってきたものを十分にいかし、国民の期待に応え、皇嗣としての務めを立派に果たしていかれるよう願っています」

　次に両殿下は皇后陛下の前に進まれて、殿下が以下の謝恩の辞を述べられた。

「本日、立皇嗣宣明の儀をあげていただきましたことを、誠にありがたく存じます。ここに、謹んで御礼申し上げます」

　これに対し、皇后陛下は以下のおことばをかけられた。

「この度の御儀が滞りなく行われましたことを、喜ばしく思います。

　どうぞ、これからもお健やかにお務めを果たされますように」

　両陛下と両殿下はその後、黒豆と酒、みりんを煮た「九年《くねん》酒《しゅ》」を注いだ盃を交わされた。それぞれの席には、「御台盤《おだいばん》」と呼ばれる朱塗りの台の上に、

※儀式次第は164ページの「朝見の儀の細目について」参照

「朝見の儀」で朱塗りの台の上に並べられた伝統の料理は、ウニと魚のすり身を合わせた「雲丹蒲鉾(うにかまぼこ)」(右上)、塩をして干したブリを切り重ねた「塩引鰤(しおびきぶり)」(左上)、合鴨と鶏肉をミンチにして焼いた「付焼合鴨(つけやきあいがも)」(上中奥、写真には映っていない)など全部で8品。他には「大飯(たいはん)」(中央)と「塩茹蝦(しおゆでえび)」(右中)、「味煮筍(あじにたけのこ)」(左中)「御汁(巻鯉/まきごい)」(右)「御吸物(鯛鰭/たいひれ)」(左)が配膳された。手前中央は両細御膳箸(りょうぼそごぜんばし)と銀製箸が置かれた銀製の馬頭台(ばとうだい)である。写真は、御毯代(ごたんだい)という敷物の上に設えられた天皇陛下のお席。朝見の儀は皇族のご結婚の際にも行われる(写真/宮内庁提供)

朝見の儀を終え、宮殿を出てこられた両殿下。この日から一日をあけた11月10日午前には、天皇・皇后両陛下と秋篠宮・同妃両殿下は、皇族方はじめ元皇族、親族、関係者との祝賀のひとときを過ごされた

「雲丹《うに》蒲鉾」や「塩引鰤《しおびきぶり》」、「付《つけ》焼合鴨《やきあいがも》」など8品が並べられている。いずれも儀礼的に配膳されるものだ。食事をする所作として、両陛下が膳の上で御箸を立てられ、両殿下もそれに倣われた。最後に、両陛下から燕尾服とローブデコルテの生地の「御録」(目録)が授けられ、両陛下、両殿下の順にご退出。立皇嗣の礼に関する国事行為の儀式はすべて終了した。なお、前述のように宮中饗宴の儀はコロナ禍のため取りやめとなった。

朝見の儀が終わった後の17時13分過ぎ、茜色に染まっていた空も暗くなり、皇居には虫の音が響いている。宮殿内の内側の扉が開き、中の照明に照らされながら秋篠宮・同妃両殿下が出て来られた。

殿下は燕尾服のまま、妃殿下は白い長袖の上着を羽織られて、ティアラが煌めいている。お車が移動してきて乗り込まれると、報道陣に軽く会釈をされ、皇居を出発されていった。これから向かわれるのは、上皇・上皇后両陛下のお住まいがある東京都港区の仙洞《せんとう》仮御所である。

上皇・上皇后両陛下は、新型コロナウイルスの感染が拡大した令和2年春以降、極力、外出を控えられており、両殿下のご挨拶を受けるのは皇居から仮御所に転居された3月以来という。両殿下は17時40分頃に仮御所に到着され、18時頃に仮御所を出る際は、お車の窓を開けて沿道の人たちの呼びかけにも応じられていた。

令和4年4月21日、豊受大神宮（外宮）を
参拝された秋篠宮・同妃両殿下

◆神宮御参拝

令和4年4月21日、秋篠宮・同妃両殿下は伊勢神宮を参拝された。当初は、「立皇嗣の礼」が行われた令和2年11月8日から、間を置かずに参拝される予定だったが、コロナ禍のため延期に。感染状況が落ち着きを見せ始めた令和4年4月にようやく実現した。

20日17時頃、両殿下を乗せたお車はお泊所《とまりしょ》である皇大神宮《こうたいじんぐう》（内宮《ないくう》）の斎館《さいかん》に予定通りに到着した。

東京から車のみの移動で約8時間半。新型コロナウイルス感染症の感染拡大が落ち着き始めたとはいえ、人々が集まることを避けて鉄道は使わず、同行者を含めてのPCR検査など、対策を徹底してのご移動となった。

殿下の妹の黒田清子神宮祭主《さいしゅ》と小松揮世久《きよひさ》大宮司《だいぐうじ》、亀田幸弘少《しょう》宮司の出迎えを受け、祓い清めの修祓《しゅはつ》を受けられて斎館に入られた。斎戒の一夜を過ごされた両殿下は、翌21日の8時40分に内宮をご出発。20分後に豊《とよ》受大神宮《うけだいじんぐう》（外宮《げくう》）の斎館に到着され、殿下はモーニングコート、妃殿下は白の参拝服をお召しになり、ご正宮《しょうぐう》へと徒歩で進まれた。

最も清浄な聖域の前に立つ門の下の御拝座にて

一般の参拝は止められ、ご正宮前は静寂が支配していた。心配された雨ではあったが、明けてみれば薄曇りの日和となって少し肌寒い。時折、鳥の声が響き、静謐な時が流れている。

清浄を表す木綿鬘《ゆうかずら》を冠に付けた神宮禰宜《ねぎ》（神職）の先導でお2人が静々と歩いてこられる。皇嗣職宮務《きゅうむ》官長が前を行き、殿下、妃殿下の順である。

9時30分過ぎ、ご正宮に進まれると、まずは大麻《おおぬさ》と御塩《みしお》での修祓が行われ、外玉垣南御門《とのたまがきみなみごもん》にかけられている白い御幌《みとばり》をくぐって中重《なかのえ》へと入っていかれた。次に、内玉垣南御門の脇に設けられた手水《てみず》所に進まれ、お手水をとられた後、今度は少宮司の先導により、その門を通ってさらに奥へと入っていかれた。

しかし、ここからは様子を拝見することはかなわない。次第によると、両殿下は、ご正殿がある最も清浄な「内院《ないいん》」という聖

令和4年4月21日、皇大神宮（内宮）を参拝された秋篠宮・同妃両殿下。参道では、神宮職員、三重県知事はじめ関係者約140名が両殿下を奉送迎した

域の前に立つ瑞垣《みずがき》御門下の御拝《ごはい》座《ざ》に向かわれた。ここで、大宮司から進められた御玉串《おんたまぐし》をとられて両殿下は拝礼されたという。

両殿下からのお供え物である幣物《へいもつ》は既に殿内に奉奠《ほうてん》されている。拝礼を終えられると、その御玉串を捧げ持った大宮司が内院に参入。ご正殿の階下に控えていた祭主がその玉串を捧持して殿内の御玉串案に奉奠し、その後、階下で両殿下に一礼をもって報告した。これを受けて両殿下も一礼の上、退下《たいげ》された。

御参拝を終え、両殿下がご正宮を出て来られたのは9時40分。斎館に戻られた後、車で内宮へと向かわれた。11時35分から徒歩にて参道を進まれ外宮と同様に参拝された。参拝前には一時、土砂降りとなったが、参拝時にはあがり、薄く靄《もや》が広がる神秘的な光景が広がった。

神宮では両殿下の御参拝に先立ち、午前6時から内宮・外宮の両宮で大御饌《おおみけ》供進の儀を行い、神饌《しんせん》をお供えして当日の御参拝の旨を奉告した。また、翌22日から27日まで、別宮《べつぐう》・摂社《せっしゃ》・末《まっ》社《しゃ》・所管社すべてで御参拝を奉告する臨時祭が斎行された。

神武天皇山陵御参拝
昭和天皇山陵御参拝

令和4年4月22日、神武天皇山陵を参拝された両殿下

令和4年4月26日、昭和天皇山陵を参拝された両殿下

神宮御参拝を終えられた両殿下は、祭主以下のお見送りを受け、奈良県へと向かわれた。

翌日午前には神武天皇山陵（畝傍山東北陵《うねびやまのうしとらのすみのみささぎ》）への御参拝が行われた。御参拝に先立って祭典が執り行われ、陵前に神饌・幣物が奉られた後、皇室祭祀に奉仕する掌典《しょうてん》が祝詞《のりと》を奏上。9時半頃に、モーニングコート姿の殿下とグレーの参拝服を召された妃殿下が徒歩で参道を進まれ、陵前で掌典から玉串を受け案上に奉って拝礼された。

その後、両殿下は京都に移動され、午後には、京都市東山区の孝明《こうめい》天皇山陵（後月輪東《のちのつきのわのひがしの》山陵《みささぎ》）と英照《えいしょう》皇太后山陵（後《のちの》月輪東北陵《つきのわのひがしきたのみささぎ》）を御参拝。続いて、同市伏見区の明治天皇山陵（伏見桃山陵《ふしみのももやまのみささぎ》）と昭憲皇太后山陵（伏見桃山東陵）を参拝された。

この日、両殿下は京都大宮《おおみや》御所に初めてご宿泊、翌23日に大阪空港から飛行機で帰京された。

26日には東京都八王子市の昭和天皇山陵（武蔵野陵）を10時半頃に御参拝。続いて、同武蔵陵墓地内の大正天皇山陵（多摩陵）、貞明《ていめい》皇后山陵（多摩東陵）、香淳《こうじゅん》皇后山陵（武蔵野東陵）を参拝された。

令和4年4月26日、「令和のご大礼」が終了

同日、立皇嗣の礼関係行事を全て終えられた両殿下は、天皇・皇后両陛下と上皇・上皇后両陛下にご挨拶。宮内庁を通じ以下のご感想を発表された。

「かなり時間が経ってしまいましたが、一昨年11月に行われた『立皇嗣の礼』後の神宮ならびに山陵（神武天皇、昭和天皇）への参拝を済ませることができました。これをもって、大礼に関係する行事の全てが終了したことになり、私たちも安堵しております。

また、孝明天皇・英照皇太后、明治天皇・昭憲皇太后、大正天皇・貞明皇后、そして香淳皇后の各陵《みささぎ》にもこの機会に参拝いたしました。

いまだCOVID－19の収束が見えないこともあり、事前に感染症の専門家と相談をし、また、関係者の協力を得ながら参拝を終えることができました。関係して下さった方々に感謝しております」

これに先立つ22日には、両殿下の神宮御参拝の祭祀に奉仕した黒田清子神宮祭主が、その祭祀翌日に天皇陛下に挨拶に訪れている。

令和元年5月1日、天皇陛下は践祚《せんそ》・即位された。同日の「剣璽等承継《けんじとうしょうけい》の儀」から始まり、「即位礼正殿の儀」や「大嘗《だいじょう》祭《さい》」など多くが斎行されてきた「令和のご大礼」は、令和4年4月26日をもって全ての祭儀を終了したのである。

大礼のご装束

天皇・皇后両陛下はじめ皇族方は、御代《みよ》替わりの諸儀式に、宮中の伝統を受け継いだ「宮中装束」と呼ばれる雅やかなご装束姿で臨まれた。なかなか日にする機会の少ないこうしたご装束について、令和元年に執り行われた諸儀式で両陛下はじめ皇族方がお召しになったもののほか、侍従や女官はじめ儀式の奉仕者の装束について紹介。宮中装束の歴史や「衣《え》紋道《もんどう》」と呼ばれる着装法についても解説する。

協力／田中 潤（学習院大学史料館ＥＦ共同研究員）
図版製作／ミューズグラフィック
参考文献／『装束の知識と着法』（八束清貫著）、『有職故実図典』（鈴木敬三著）

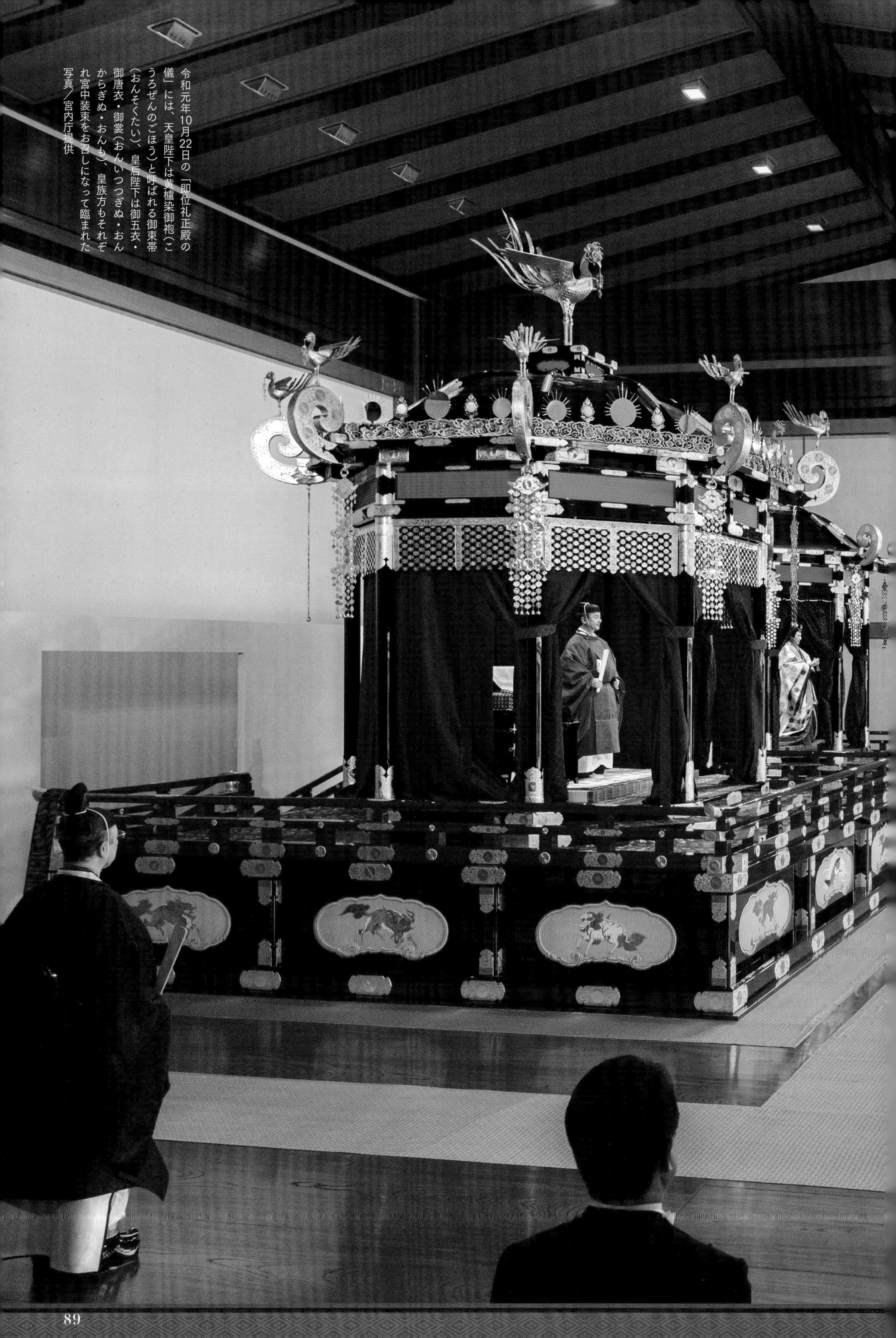

令和元年10月22日の「即位礼正殿の儀」には、天皇陛下は黄櫨染御袍（こうろぜんのごほう）と呼ばれる御束帯（おんそくたい）、皇后陛下は御五衣・御唐衣・御裳（おんいつつぎぬ・おんからぎぬ・おんも）、皇族方もそれぞれ宮中装束をお召しになって臨まれた
写真／宮内庁提供

皇后陛下

御五衣・御唐衣・御裳

おんいつつぎぬ・おんからぎぬ・おんも

着用された儀式

■即位礼正殿《せいでん》の儀（10月22日）

■即位礼及び大嘗祭《だいじょうさい》後神宮に親謁《しんえつ》の儀（11月22・23日）

写真／宮内庁提供

「五衣・唐衣・裳」は宮中装束における女子の正装で、皇后の御料のみ「御」を付ける。いわゆる十二単《じゅうにひとえ》として知られる色彩豊かな装束で、小袖《こそで》の上に長《なが》袴《ばかま》を着け、単・五衣・打衣《うちぎぬ》・表《うわ》着《ぎ》・唐衣などの衣を重ねて、腰に長い裳を引く。頭髪は大きく鬢《びん》を張り出した大垂髪《おおすべらかし》のかつらに釵子《さいし》・額櫛《ひたいぐし》などの髪上具《かみあげのぐ》を付け、手に檜扇《ひおうぎ》を持つ。この他に帖紙《たとう》（懐紙）と沓《くつ》（靴）が付随するが、実際には用いられない。長袴で覆われた足元には襪《しとうず》と呼ばれる靴下を履く。

写真では、皇后陛下の御唐衣には白地に萌黄《もえぎ》色で松喰鶴《まつくいづる》の丸文が、御表着には白地に紫色でお印であるハマナスの丸文が織り出されているのが見える。また、紫色の御打衣、「紅《くれない》の匂《におい》」と呼ばれる襲《かさね》の色目の御五衣、紅色の御単と御長袴が見える。

※各部名称は95ページの図参照

◆天皇陛下

御束帯「黄櫨染御袍」《おんそくたい こうろぜんのごほう》

着用された儀式

■賢所《かしこどころ》に期日奉告の儀（5月8日）
■即位礼正殿の儀（10月22日）
■即位礼及び大嘗祭後神宮に親謁の儀（11月22・23日）
■即位礼及び大嘗祭後賢所に親謁の儀、同皇霊殿《こうれいでん》に親謁の儀、同神殿《しんでん》に親謁の儀、同賢所御神楽《みかぐら》の儀（12月4日）

写真／宮内庁提供

「束帯」は宮中装束における男子の正装で、天皇の御料のみ「御」を付ける。単・衵《あこめ》・下襲《したがさね》などの衣や大口《おおくち》・表袴《うえのはかま》という袴を重ねた上に袍《ほう》を纏い、石帯《せきたい》というベルトで束ねた装束である。袍の襟は首上《くびかみ》、裾《すそ》についた横裂《きれ》は襴《らん》と呼ばれ、襴の左右には足さばきをよくするために蟻先《ありさき》と称する襞《ひだ》が付く。黄櫨染御袍は天皇のみが着用され、宮中祭祀でお召しになる機会は最も多い。櫨《はぜ》と蘇芳《すおう》で染めた色に基づく「黄櫨染」と呼ばれる茶褐色は太陽の光を象徴するともいわれ、地文は「桐竹《きりたけ》鳳凰《ほうおう》麒麟《きりん》」である。天皇の御下襲は裾《きょ》を後ろに長く引き、歩かれる際に「裾取り《しょ》」と呼ばれる従者が付く。上方に伸びた立纓《りゅうえい》の御冠も天皇のみが用いる。写真では見えないが御帖紙と御檜扇を懐中し、右手に御笏《しゃく》を持ち、足元は御襪の上に御挿鞋《そうかい》を履かれている。

※各部名称は94ページの図参照

宮中装束

——皇室に受け継がれる王朝美

現在の皇室に受け継がれる「宮中装束」とは、いかにして出来上がったのか。その歴史と変遷、現在の位置づけについて解説する。

衮冕《こんべん》十二章・大袖

冕冠《べんかん》

衮冕十二章・裳

孝明天皇御料の衮冕十二章（こんべんじゅうにしょう）。上衣（うわぎ）である大袖、腰に着ける裳ともに、鮮やかな赤い綾織の生地に、刺繍を施した別裂（べつぎれ）を貼り付ける。大袖の袖には衮龍（こんりょう）の文様が入り、大袖の身頃と裳には日、月、北斗七星、山、火、雉子（きじ）、虎猿など計12種の文様が入る。被り物の冕冠（べんかん）は、羅（ら）を張り四方に金銀や水晶、ガラス玉の飾りを垂らし、前方に日象形（にっしょうけい）を付ける

写真すべて宮内庁提供

日本の服制の始まり

朝廷における服装の制について遡ると、古くは推古天皇の御代《みよ》、臣下を12の等級に分け、冠と服の色を区別して規定した冠位十二階（603年）が挙げられる。その服装は隋の王朝に倣っていた。文武天皇の御代には大宝律令（大宝元年／701）により、唐の王朝に倣って服装を礼服《らいふく》・朝服《ちょうふく》・制服に分類し、宮中の重要な儀式には礼服、日常執務には朝服を着用することが定められた。平安時代に入ると、礼服は天皇の即位の儀礼に限り着用されるようになり、着用頻度の高い朝服は国風化して「束帯」に形を変えていった。

礼服の構成は、冠《かんむり》・大袖《おおそで》・小袖《こそで》・裳《も》・沓《くつ》などだが、天皇の礼服は衮冕《こんべん》十二章《じゅうにしょう》と呼ばれる特別な形式のもの。日常的には着用されなかったため、後世まで当初の形がよく伝えられ、天平4年（732）の聖武天皇の朝賀《ちょうが》（新年の拝賀）から弘化4年（1847）の孝明天皇の即位の礼まで用いられた。

一方の束帯は、いくつもの衣や袴を重ねた上に袍《ほう》を纏《まと》い、石帯《せきたい》というベルトで束ねた装束。礼服がほとんど用いられなくなると、束帯は実質上の礼装となり、重要な儀式の参列以外には束帯の略装である「衣冠《いかん》」や「直衣《のうし》」が着用されるようになった。ここでことわっておきたいのは、束帯、衣冠、直衣といった装束の名称は、1種類の衣服を指すのではなく、何種類もの衣服や冠、履き物などを組み合わせたスタイルを指すということ。たとえば袍は「うえのきぬ」とも呼び、束帯でも衣冠でも着用される上衣である。

女性の場合、男性の束帯に相当する晴《はれの》装束が、当時「女房装束」などと呼ばれた「五衣《いつつぎぬ》・唐衣《からぎぬ》・裳《も》」。対する褻《けの》装束は、唐衣と裳を着けない「小《こ》袿《うちぎ》・長袴《ながばかま》」であった。これらは男性と同じく唐様の朝服から変化したものだ。

こうした装束は男女ともに、更衣《こうい》（ころもがえ）を境に夏装束と冬装束に分けられた。素材としては同じ絹だが、夏は目の粗い穀織《こめおり》や紗《しゃ》、冬は目の詰んだ固地綾《かたじあや》といった生地が用いられた。

また、季節の移ろいは装束の色彩表現に取り入れられ、四季折々の「襲《かさね》の色目」が考案された。異なる色の衣を重ね着したり、裏地の色を見せたりすることで生まれる色の取り合わせが、男女ともに季節感やセンスの見せどころとされたのだ。

こうして平安時代末までには、今日に伝わる装束の原形が整えられたのである。

黄櫨染御袍と帛《はくの》御《おん》衣《ぞ》

装束の役割を考えるとき、体を保護するという衣服本来の機能だけでなく、

着用者の身分や職掌、年齢を可視化するという機能もまた重要だ。装束を構成する冠や衣や履き物、付属品に至るまで、その色や文様などは着用者ごとに細かく規定された。

それが顕著に表れているのが袍だろう。袍の形状には、脇を縫い合わせた縫腋袍《ほうえきほう》と脇を縫わない闕腋袍《けってきほう》の2種がある。前者は天皇や皇族ほか文官や位の高い武官、後者はそれ以下の武官が着用した。

天皇が着用する束帯の御袍には、弘仁11年（820）に嵯峨天皇が定められて以来、黄櫨染《こうろぜん》と呼ばれる櫨《はぜ》と蘇芳《すおう》で染めた色が用いられた。それ以前の日本では、白が最も貴い色とされ、天皇のお召し物にも白が用いられていた。それが、天皇の日常のご装束の色が黄櫨染と定められたことにより、白色のご装束は帛御衣（帛は白い絹布を指す語）として、天皇が新嘗祭《にいなめさい》や大嘗祭などの神事に臨まれる際のお召し物となった。また、天皇の黄櫨染御袍の地文には桐竹鳳凰麒麟《きりたけほうおうきりん》の文様が用いられた。

皇太子の袍については、色は支子《くちなし》と紅花で染めた黄丹《おうに》とされ、「窠《か》に鴛鴦《えんおうの》丸《まる》」の地文が用いられた。「窠」は、蜂の巣の形とも瓜を輪切りにした形ともいわれる。また、臣下も官位によって、四位以上が黒、五位が緋《あけ》、六位が縹《はなだ》と袍の色が定められた。

このような装束に関する規定や知識は、後世に有職故実《ゆうそくこじつ》の一部として体系化された。

桐竹鳳凰麒麟

窠《か》に鴛鴦丸《えんおうのまる》

装束の再興と礼服の廃止

室町時代末期になると、戦乱によって京都は荒廃し、朝廷は衰微。宮中装束も簡易なものとなって、天皇の黄櫨染御袍も途絶してしまった。その後、江戸時代に入り社会の安定が回復すると、朝廷の儀式や装束の再興が図られた。後西《ごさい》天皇の御代（承応3年／1654～寛文3年／1663）に黄櫨染が再興され、東山天皇のご即位（貞享4年／1687）に際して途絶えていた大嘗祭が復活、帛御衣も再興された。

同じく女房装束もいったん途絶したが、江戸時代に入って徐々に復活し、当時皇太子でいらした孝明天皇の元服の時（天保15年／1844）に、平安時代の形に戻すべく再興された。これが現在、俗に十二単《じゅうにひとえ》と呼ばれる「五衣・唐衣・裳」である。大垂髪《おおすべらかし》もまた、江戸末期に考案された髪型だ。

このように、現在に受け継がれている宮中装束は、当時の有職故実の研究家による文献や絵画、遺品の考証をふまえて再興された様式なのである。

明治時代に入り、宮中で洋装が採用されると同時に、古来の宮中装束は専ら神事に着用する服装となった。さらに、唐様《からよう》を廃し、和様《わよう》を重んじた明治の大礼（慶応4年／1868）では、天皇の装束は中国大陸に由来する礼服から、日本独自に発達した束帯の黄櫨染御袍に取って代わった。なお、江戸時代までは即位に関連した儀式への皇后のお出ましはなく、当時の明治天皇はご結婚前で皇后はいらっしゃらなかった。

大正の大礼（大正4年／1915）にあたり、初めて皇后の御帳台《みちょうだい》や「御五衣・御唐衣・御裳」が調進された。天皇の場合と異なり、皇后のご装束については色や文様に伝統的な決まりがなかったため、ご装束の色や文様は、昭憲皇太后のご遺品や過去の資料をもとに、ふさわしいものに決められた。ただし、のちに貞明皇后が懐妊されたため、大礼へのお出ましは取りやめとなっている。

昭和以降の大礼での皇后のご装束の色や文様は、大正度のものを踏襲したうえ、その時々やお好みにより若干の変更が加えられている。なお、皇嗣妃（皇太子妃）が大礼にお出ましになるのは、令和の大礼が初めてであった。

また、平成度までは、装束は大礼ごとにすべて新調され、昭和度までは、供奉《ぐぶ》職員の装束は下賜されていた。令和の大礼では、天皇・皇后両陛下、皇嗣・同妃両殿下のご装束は新調されたが、その他の皇族方や供奉職員の装束の多くは平成度のものが再利用された。

多くの神事や儀式が行われる大礼は、現在、最も宮中装束が多用される機会である。その他、皇室の婚儀や立太子の儀式、恒例の宮中祭祀でも宮中装束が用いられている。

▶王者を象徴する吉祥文の「桐竹鳳凰麒麟」は、鎌倉時代から天皇の御袍に用いられてきた。「瑞鳥である鳳凰は竹の実を食べ桐の木に棲む」という中国の故事に由来し、さらに瑞獣である麒麟を加えたもの　◀令和元年5月8日の「賢所に期日奉告の儀」では、天皇陛下は黄櫨染御袍の夏の御料をお召しに。冬の御料と異なり、御袍と下襲は穀織（こめおり）と呼ばれる透け感のある生地で裏地がなく、下襲は蘇芳色である。そのため御帖紙を懐中されているのが透けて見える

写真／宮内庁提供

御束帯［黄櫨染御袍］の各部解説

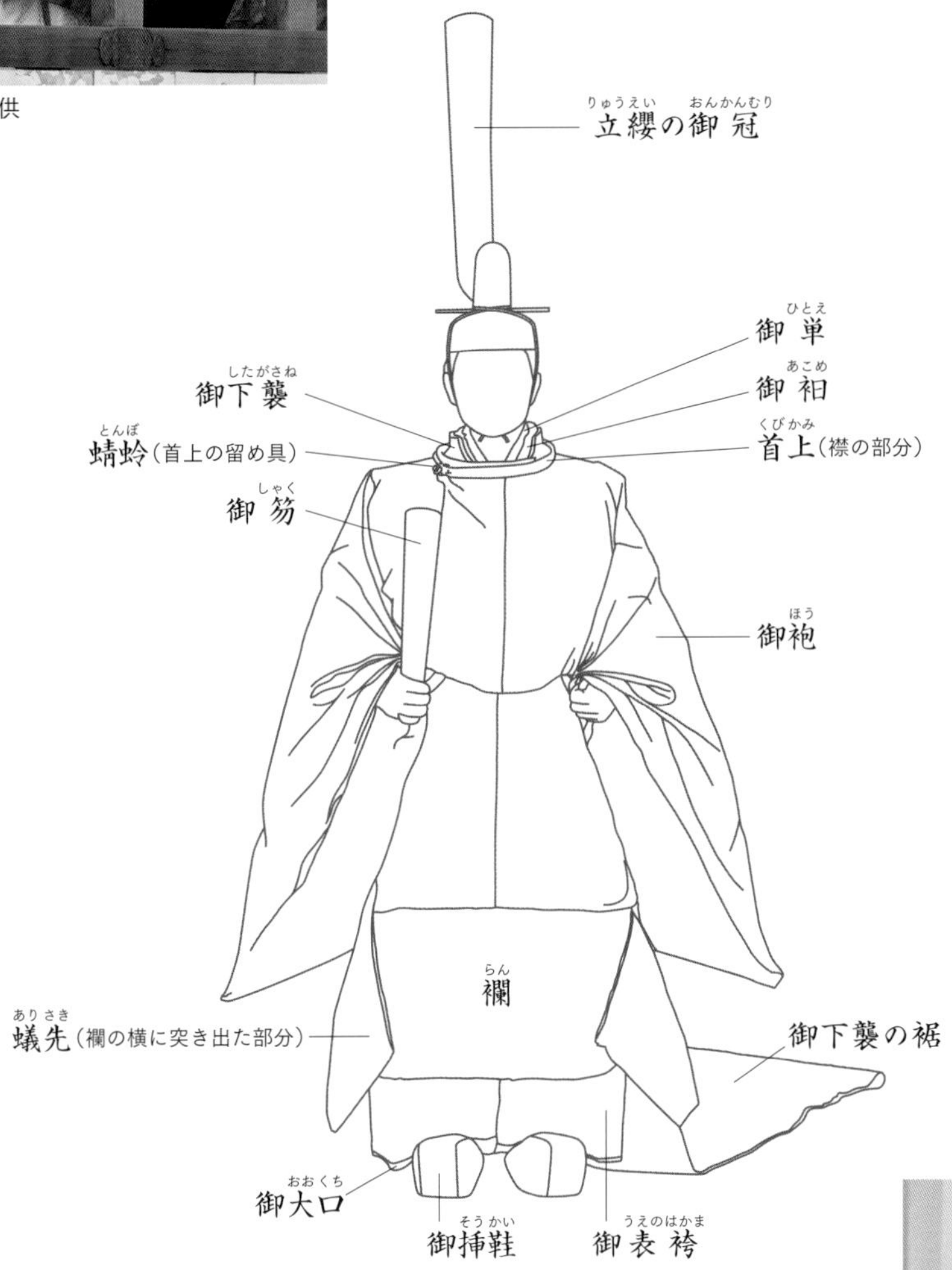

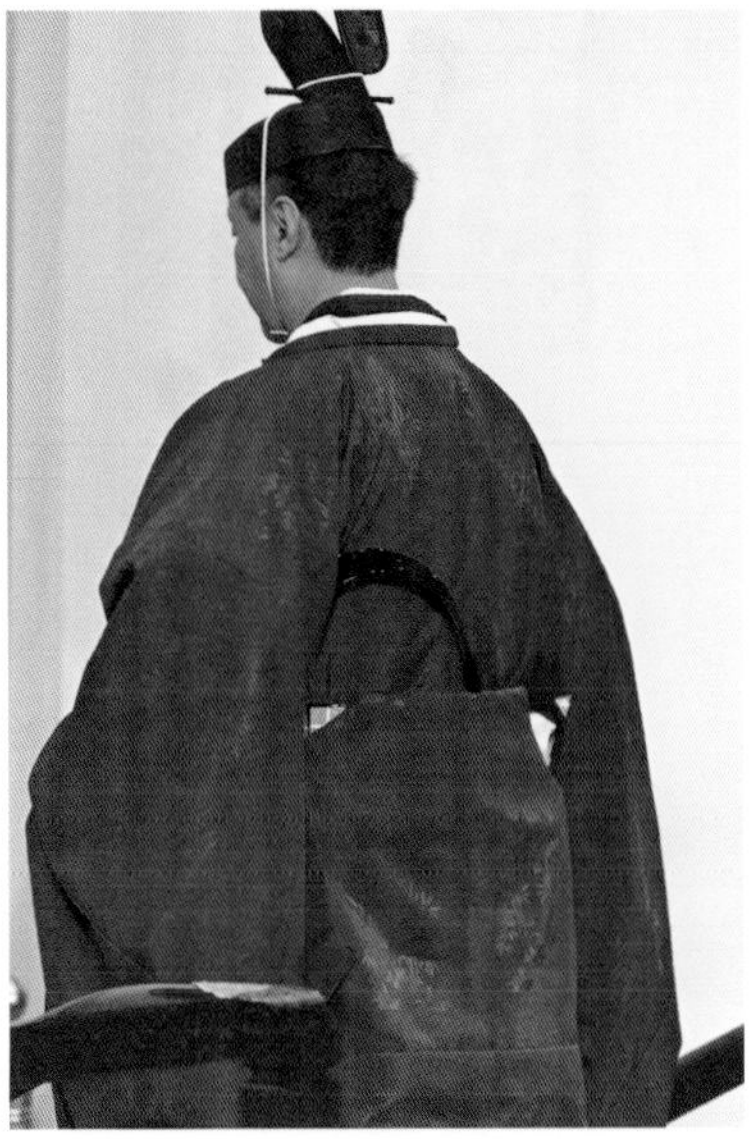

▶束帯は、石帯と呼ばれる石の飾りの付いた黒漆塗（うるしぬり）革製のベルトで背面から袍を括るのが特徴。石帯は袍を括る本帯（ほんたい）と、バックルに相当する上手（うわで）とから成り、黄櫨染御袍の御石帯は白瑪瑙（めのう）の方形の飾り石が計11個付く。写真では、袍の後ろにある格袋（かくぶくろ）と呼ばれる部分を高く折り上げ、左右の飾り石の一石半分を見せる山科（やましな）流の着装のため、本帯の大部分は隠れており、本帯と袍の間にはさんだ上手が見えている　◀御表袴は「窠（か）に霰（あられ）」文様の白浮織（うきおり）で、裾から下に重ねた赤い御大口が覗く。このように、下に重ねた裂地や裏地を少しずらして表に覗かせた部分を「おめり」という。御挿鞋は束帯にともなう天皇の履き物で、木製の浅沓（あさぐつ）に繧繝錦（うんげんにしき）を張ったもの

御五衣・御唐衣・御裳の各部解説

▶写真では、皇后陛下の御表着の表には白色の三重襷(みえだすき)に花菱地文に紫でハマナスの丸の上文(うわもん)が、裏に紫の平絹(へいけん)が見える。御唐衣の表には白色の小葵(こあおい)地文に萌黄色で向かい松喰鶴の丸の上文が、裏に小菱地文の萌黄色が見える　◀檜扇の橋(ほね)と呼ばれる檜の薄板の数は39橋。写真は妃殿下の料(三笠宮家所蔵)で、金銀の箔に極彩色で霞に松、尾長鳥が描かれる。皇后陛下の御檜扇は若干絵柄が異なり、松ではなく桐、尾長鳥ではなく鳳凰が描かれる。要(かなめ)に蝶鳥形の金具を据え、両端に糸花(いとばな)と呼ばれる松梅の造花と蜷結(になむすび)を施した六色の飾糸(かざりいと)を垂らす。儀式では閉じた檜扇に飾糸を巻き付けて持ち、開くことはない。なお、男性用の檜扇は25橋で彩色はない

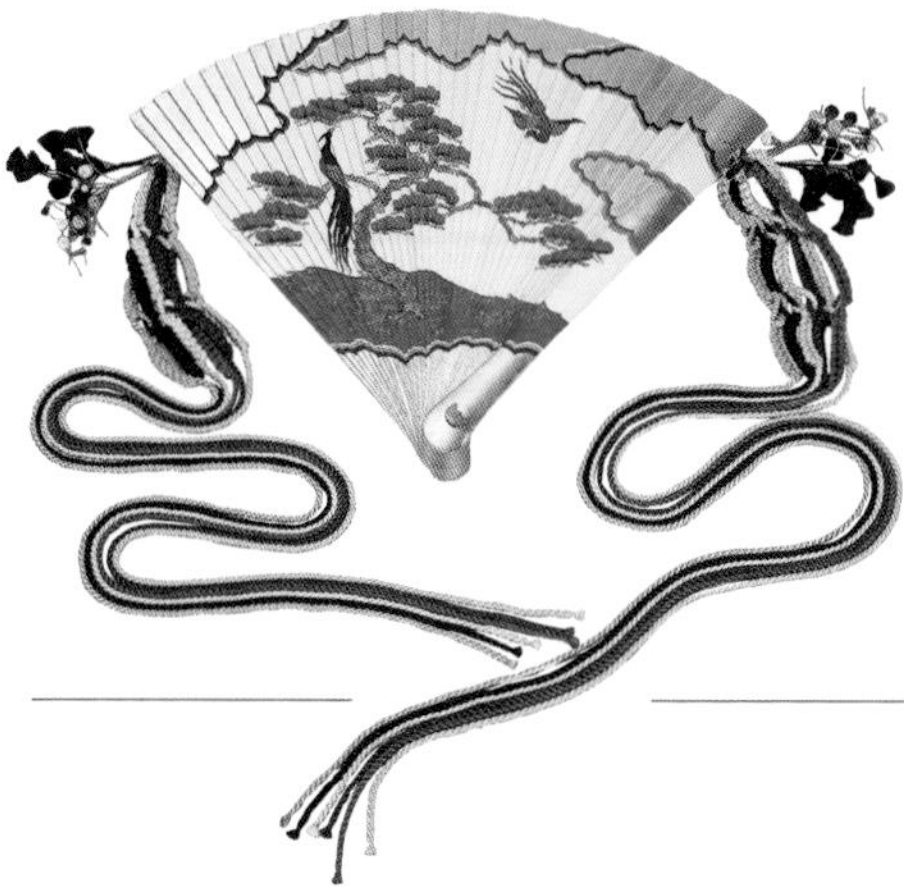

写真／有職文化研究所提供

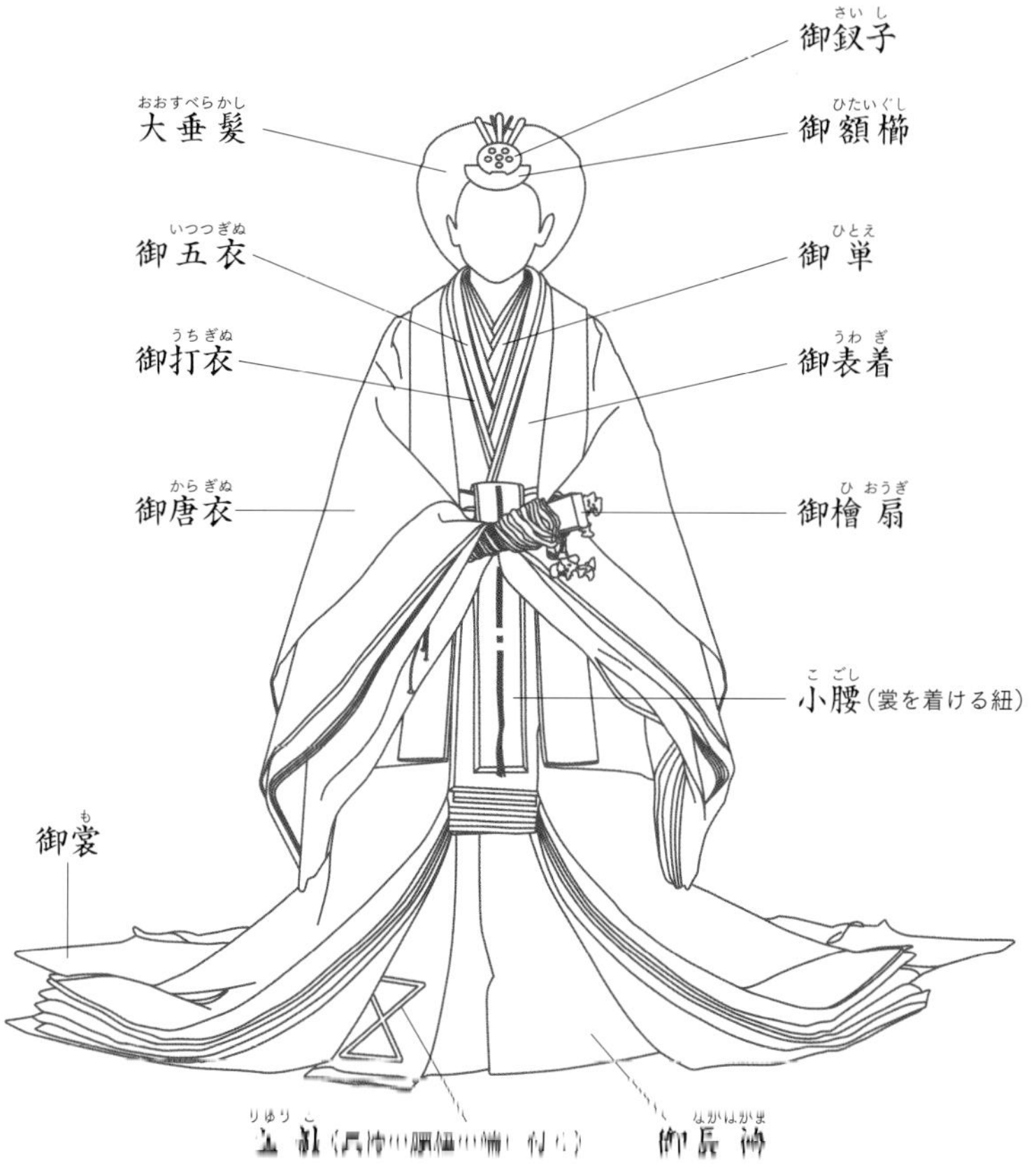

写真／有職文化研究所提供

▶襪(しとうず)と呼ばれる白平絹(へいけん)の靴下と、三山沓(みつやまぐつ)と呼ばれる三ツ山形の桐材に高麗(こうらい)文錦を張った履き物(三笠宮家所蔵)。襪は男性のものも同様である。実際には襪のみを着け、三山沓は用いない　◀腰に長い御裳を引き、裳の上に垂れる御長髢(ながかもじ)は270センチに及ぶ。裳には松に鶴が描かれ、腰に当てがう大腰(おおごし)と大腰の左右に垂らす引腰(ひきごし)は五色糸で彩られ、さらに引腰には松の刺繍が入る。裳と腰に結んで前で垂らす小腰(こごし)には唐衣と同生地を用い、五色糸を施す

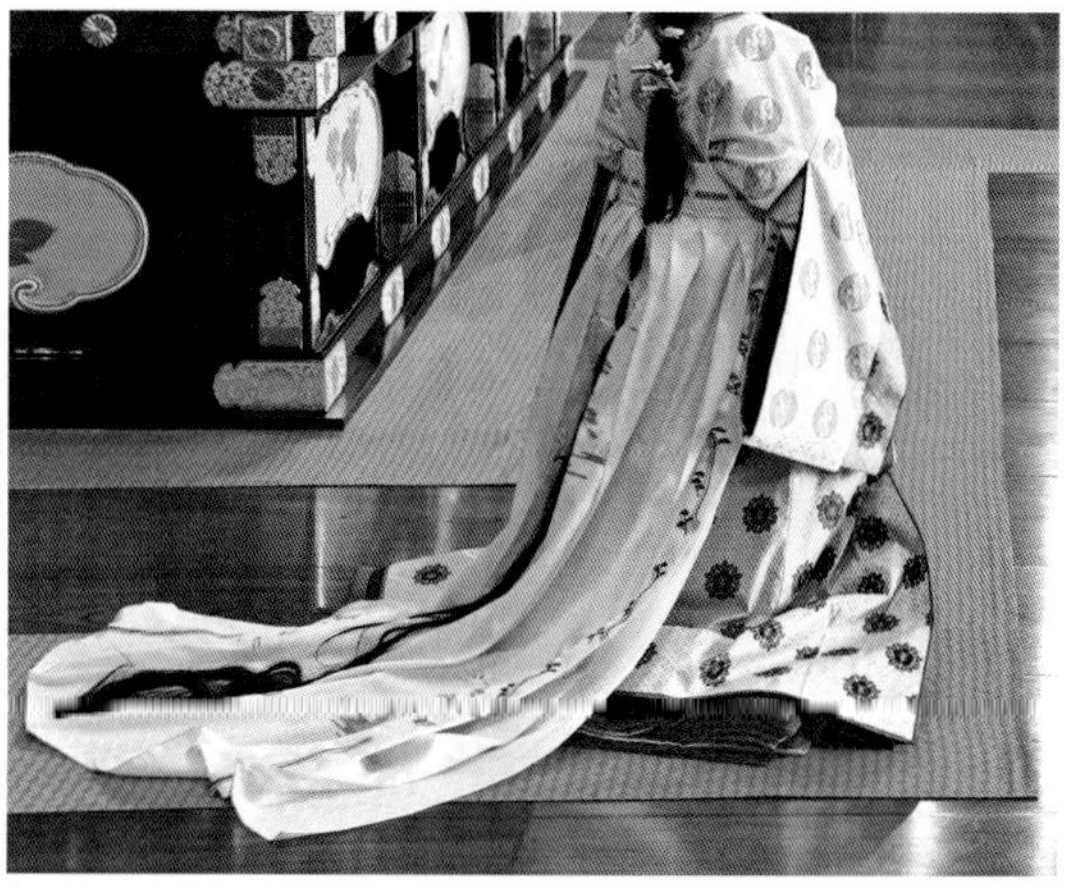

◆ 皇嗣殿下

束帯「黄丹袍」

そくたい　おうにのほう

着用された儀式

■即位礼正殿の儀（10月22日）
■大嘗宮の儀（11月14・15日）

写真／宮内庁提供

皇太子（皇嗣）のみが着用する束帯が、支子《くちなし》と紅花で染めた色に基づく「黄丹袍」だ。

黄丹袍の地文は「窠《か》に鴛鴦《えんおうの》丸《まる》」で、下襲の裾は天皇よりも70センチほど短い。冠は後方に曲がった垂纓《すいえい》と呼ばれる形状。履き物は革製黒漆塗の韡《かのくつ》で、上部には靴氈《かせん》と呼ばれる大和錦《やまとにしき》が付いており、表袴の裾を入れて履く。腰には歴代皇太子に伝授される「豊後国行平御太刀《ぶんごのくにゆきひらおんたち》」を佩《は》き、幅広の組紐に尾長鳥の刺繍を施した平緒《ひらお》を佩き緒とし、前で結び垂らす。

ちなみに令和の大礼では見られなかったが、天皇および皇太子以外の男性皇族の束帯は雲鶴《うんかく》地文の黒袍で、下襲の裾は床に届く程度の長さの纔着《さいじゃく》となる。

平成の大礼で黒袍の束帯をお召しの秋篠宮殿下と常陸宮殿下

黄丹袍の「窠に鴛鴦丸」の地文と平緒

写真／宮内庁提供

❖皇嗣妃殿下

五衣・唐衣・裳

いつつぎぬ・からぎぬ・も

着用された儀式

■即位礼正殿の儀（10月22日）
■大嘗宮の儀（11月14・15日）

五衣・唐衣・裳（十二単）の構成や形状は皇后も他の女性皇族も同じだが、色や文様が異なる。写真では、皇嗣妃殿下の表着の表には薄紅色の四花菱《よつはなびし》地文に白い「窠《か》に菊と栂《が》」の上文が、裏に紅の平絹が見える。栂は皇嗣殿下のお印である。唐衣の表には紫色の亀甲《きっこう》地文に白い「向かい尾長鳥の丸」の上文が、裏に濃紫色の小菱地文が見える。また、紫色の打衣、紅色の五衣、単、長袴が見える。

他の女性皇族方は、内親王および女王殿下と妃殿下で色が異なるが、文様は同じ（98・99ページ参照）。内親王および女王殿下は、表着の表が紅色の入子《いれこ》菱《びし》地文に白い「窠に八葉菊」の上文、裏は黄色の平絹。唐衣は表が紫色の亀甲地文に白い「雲鶴の丸」の上文、裏は紫色の小菱地文。打衣は濃色《こきいろ》、五衣は萌黄、単と長袴は濃色。妃殿下は、表着の表が二藍《ふたあい》で裏が青（現在の緑色）、唐衣は深紫色。打衣は紫色、五衣は白に蘇芳色、単と長袴は紅色である。

内親王および女王殿下の十二単の色と文様

妃殿下の十二単の色と文様

皇嗣妃殿下の十二単の色と文様

女性皇族方

五衣《いつつぎぬ》・唐衣《からぎぬ》・裳《も》

佳子内親王殿下

眞子内親王殿下

寛仁親王妃殿下

常陸宮妃殿下

写真はすべて宮内庁提供

瑶子女王殿下

彬子女王殿下

承子女王殿下

高円宮妃殿下

柔装束の束帯姿
（年中行事絵巻より）

強装束の束帯姿
（佐竹本三十六歌仙絵より）

衣《え》紋《もん》道《どう》

――体系化された審美的な着装法

宮中装束の着装は「衣紋道」として大成され、現在に受け継がれている。その発祥と変遷をたどり、流派の違いや実際の着装法について紹介する。

強《こわ》装束と衣紋道の誕生

束帯が国風化するなかで、平安後期の鳥羽上皇の院政時代（大治4年／1129〜）に、従来は柔らかい素材を用いていた冠を漆塗りの張《はり》抜《ぬき》とし、衣に糊を付け強くこわばらせる「板《いた》引《びき》」の加工を施し、威儀をつくろう「強装束」が用いられるようになった。対して、従来の柔らかい装束を「柔《なえ》装束」と呼んだ。ごわごわとして扱いづらい強装束を自力で見栄えよく身に着けるのは容易ではなく、他人の手を借りて着装することが普通になると、着装法としての「衣紋道」が生まれた。「衣紋」とは装束の着こなしのことで、装束を着せる人を「衣紋者《じゃ》」という。

衣紋道の開祖は、当時〝花園左大臣〟とも称された源有《あり》仁《ひと》とされる。後三条天皇の皇子輔《すけ》仁《ひと》親王の王子として生まれ、のちに臣籍降下して左大臣となり、鳥羽院とともに強装束を創案したとされる人物である。その後、衣紋道は大《おお》炊《い》御《み》門《かど》と徳《とく》大《だい》寺《じ》の両家に伝わり、さらに大炊御門は高《たか》倉《くら》、徳大寺は山《やま》科《しな》の両家に移った。南北朝時代には、優れた衣紋者を次々に輩出した高倉家は着装を担当し、山科家は内蔵《くらの》頭《かみ》を世襲して装束の調進を担当するようになった。

その後、宮中装束が衰退し、江戸時代に再興されて以降も、両家は衣紋の家として並び立った。装束の仕立てや着装法は「高倉流」「山科流」として、相互に差異化が図られた。なお、女性の装束については古来、両流とは別に後宮の女官たちの手で着装されてきた。江戸時代以降は衣紋者の手を借りることになったが、着装上の流派による違いはない。

明治維新後、両家の衣紋道の家職は廃止されたが、明治16年（1883）には明治天皇の旧儀保存の思し召しにより、両家に宮内省を通じて衣紋法の教授が命じられ、再び皇室における衣紋奉仕と指導にあたることとなった。以来、皇室の大礼や婚儀のほか、神宮式年遷宮、石《いわ》清《し》水《みず》祭《さい》・賀《か》茂《も》祭・春日《かすが》祭の三《さん》勅《ちょく》祭《さい》などで、両流による衣紋の奉仕が行われている。

ところで、大正の大礼までの装束に用いられていた板引の加工は、昭和の大礼以降は用いられなくなった。その理由として一説には、板引を施した装束は動くたびにガサガサと音がしてうるさかったためともいわれる。

高倉流と山科流による違い

ここで、流派による装束の仕立てや着装法の違いをいくつか紹介しておこう。

まず、仕立てでは、袍の首《くび》上《かみ》に付いた蜻蛉《とんぼ》（94ページ参照）と呼ばれる留め具の白い綴じ糸が、高倉流では斜十字(×)であるのに対し、山科流では十字(＋)である。また、女性の檜扇の糸《いと》花《ばな》(95ページ参照）は、高倉流では松・梅・橘の3種であるのに対し、山科流では松・梅の2種である。

束帯の着装については、両袖に作る襞の数が異なる。高倉流では襞が1つ（103ページ参照）、山科流では襞が2つ（91ページ参照）である。ちなみに、袖の襞は手を離しても崩れないよう縫い留めておく。また、束帯では袍の後ろにある格《かく》袋《ぶくろ》と呼ばれる袋状の部分を折って「格」を作り、その内側に石帯を嵌《は》めるのだが、このとき高倉流では格で石帯の本帯の下半分を隠し、山科流では左右の飾り石の一石半分を見せ、本帯全体を隠すのが流儀である。

また、天皇陛下が大嘗宮の儀でお召しになる御祭服《ごさいふく》（104ページ参照）では、御冠の纓を折りたたみ「御幘《おんさく》」と呼ばれる白平絹で結び留める。その結び方は、高倉流では左方で片鉤《かたかぎ》結び、山科流では真後ろで諸鉤《もろかぎ》結びとなっている。

美しい衣紋のコツ

衣紋道では、装束を着せる相手を「お方《かた》」と呼び、お方に着装することを「衣紋を上げる」という。男性のお方には男性の衣紋者、女性のお方には女性の衣紋者が奉仕する。男女ともに衣紋者はお方の前と後ろに1名ずつが付き、前は座し、後ろは立って2人1組で衣紋を上げる。前方を前《まえ》衣紋者、後方を後《うしろ》衣紋者という。

宮中装束の着装は複雑で、束帯の衣紋を覚えるだけでも少なくとも1年ほどかかる。衣紋を上げるに先立ち、お方の冠や頭髪は整えておく。衣紋は壁塗りと同じで、下から順にきちんと着けないと、最後だけきちんと着けても崩れてしまう。ポイントを押さえて手数を少なくするのがコツで、上手に着せれば美しく、崩れず、お方も苦しくないという。

着心地などを知るために、お方としての練習も必要だ。さらにいえば、お方の側も装束を着けての美しい立ち居ふるまいには経験が必要で、「お方《かた》道《どう》」なる言葉もあるという。

では、美しい衣紋とは何かといえば、束帯の場合は、袍の身頃や袖をふくらませて立派に大きく見せるのが理想だ。これは、衣紋道が強装束独特の張りのある形や直線的な美しさを追求してきたことによる。しかし、現在の柔らかい装束でこうした着装をするのは難しく、衣紋者にはさらに高度な技術が求められるようになったともいえる。さらに、袖の形が左右対称で、前後の袍のバランスが良いことも大切だ。束帯は袍の後ろの布の処理や石帯の括り方、袖の襞の作り方が難しく、これを担当する後衣紋者は前衣紋者より上手な者が務める。

一方、女性の「五衣・唐衣・裳（十二単）」の衣紋は、衣を順に紐で結んで重ねていくもの。手順は単純だが、美しく着装するには技量と経験が必要だ。裾が富士山型で、襟元や裾が均等に少しずつ見えるのが美しいとされ、女性の場合はより上手な者が前衣紋者を務める。ところで、よく話題になるのが12～13キロにもなるという十二単の重量だが、裾を引いているため全重量が肩にかかるわけではない。

令和の大礼での衣紋

現在の衣紋道は、高倉・山科の両家と宮内庁のほか、衣紋道研究会や千代田衣紋道研究会といった装束の関係者や研究者で構成される民間団体により継承されている。令和のご大礼でも、これらの組織に所属する衣紋者、総勢約180名が「衣紋方《えもんかた》」として装束の着装を分担して奉仕した。

流派については、高倉流と山科流が半々になるよう、たとえば「即位礼正殿の儀」では天皇陛下と皇嗣殿下とで分担し、「大嘗宮の儀」では悠紀殿《ゆきでん》供饌《せん》の儀と主基殿《すきでん》供饌の儀とで分担するなどした。

衣紋を上げる所要時間は、束帯・十二単ともお一方あたり20分ほど。なお、女性の整髪（かつら）は衣紋方とは別の専任者が奉仕した。「威儀《いぎ》の者」や「衛門《えもん》」（110ページ参照）は束帯の上に武具などを着けるため所要時間も多く、30分ほどかかるという。

天皇・皇后両陛下や皇族方に衣紋を上げる衣紋者は、着装の間は私語も遠慮し、着装の技術だけでなく、美しい所作も求められる。「天子南面《てんしなんめん》す」の故事に倣い、お方を北向きにすることも避けるという。

美しい装束を纏った人々が参集し、王朝絵巻さながらの雅《みやび》な光景が見られたご大礼の諸儀式。その背景には、日々技術を学び、継承に努める衣紋方の存在があったのである。

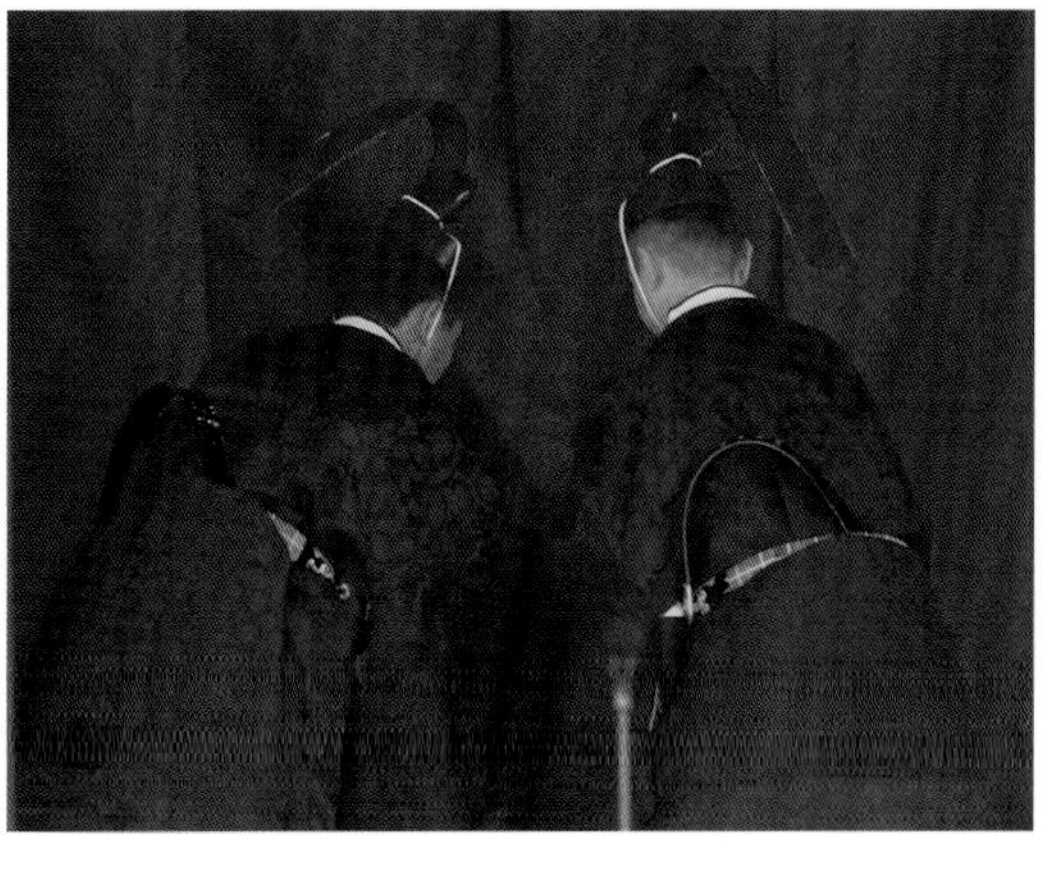

高倉流（右）では石帯の下半分を隠し、山科流（左）では石帯全体を隠す

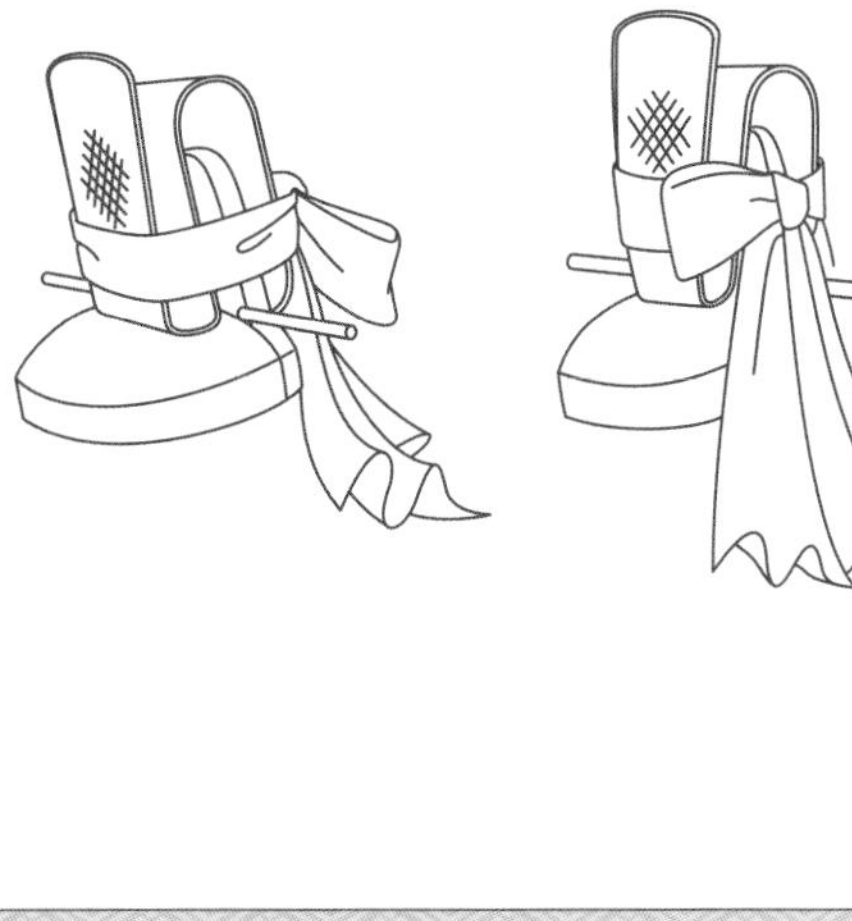

御幘（おんさく）の結び方は、高倉流は左方で片鉤結び（右）、山科流は真後ろで諸鉤結び（左）

❖皇后陛下

帛御五衣・同御唐衣・同御裳

はくのおんいつつぎぬ・おんからぎぬ・おんも

天皇の帛御袍《はくのごほう》もしくは御祭服《ごさいふく》（104ページ）に相当する皇后の御装束で、白色の御五衣・御唐衣・御裳（十二単）である。その構成や形状、各部名称は90・95ページと同じで、御長袴は薄紅色、その他は純白の平絹が用いられる。手にされた御檜扇は彩色がなく飾糸も白で、大垂髪を飾る御釵子と御額櫛は銀色である。

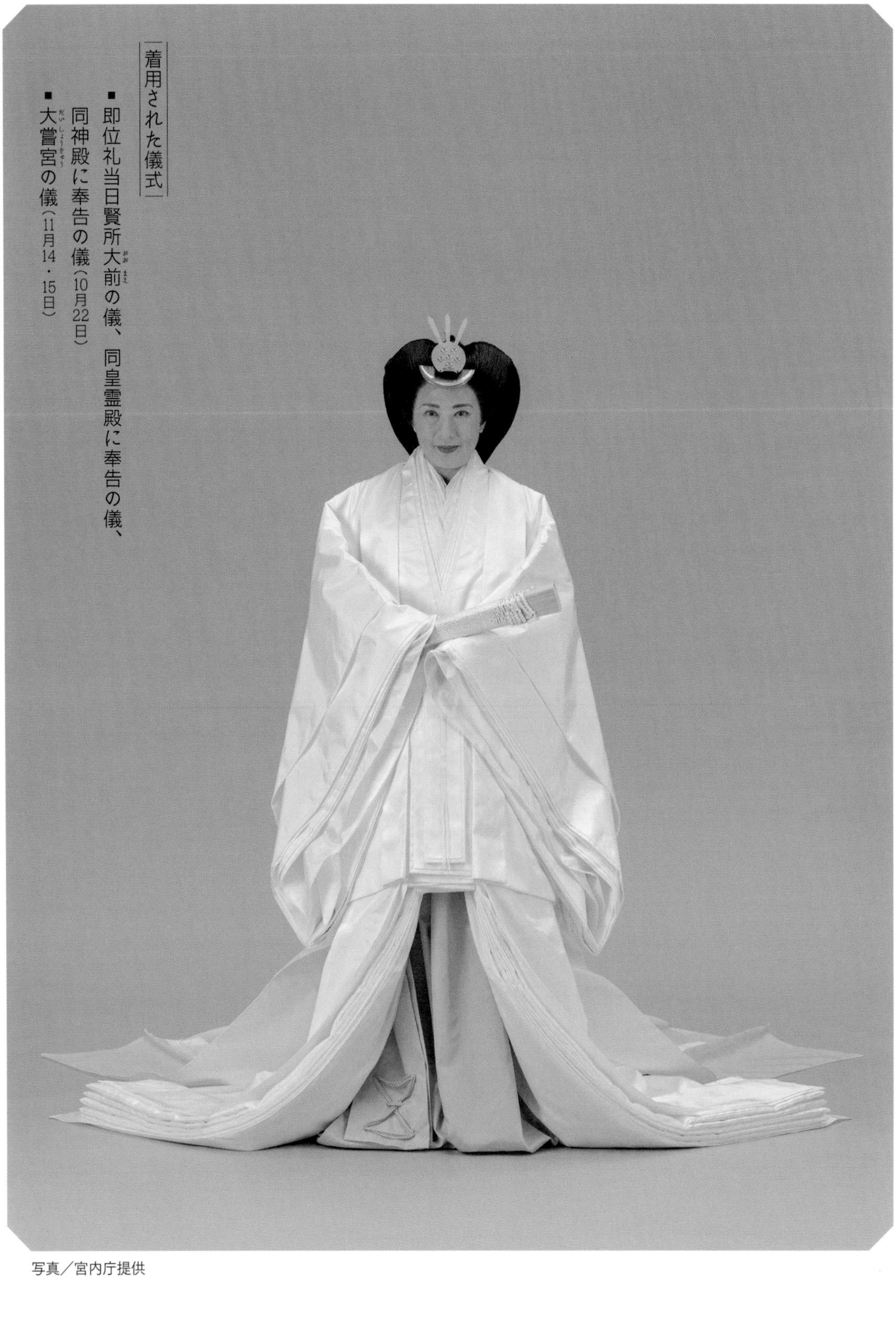

着用された儀式

■即位礼当日賢所大前《おおまえ》の儀、同皇霊殿に奉告の儀、同神殿に奉告の儀（10月22日）

■大嘗宮《だいじょうきゅう》の儀（11月14・15日）

写真／宮内庁提供

即位礼当日賢所大前の儀での皇后陛下
写真／宮内庁提供

❖天皇陛下

御束帯［帛御袍］

おんそくたい　はくのごほう

着用された儀式

■即位礼当日賢所大前の儀、同皇霊殿に奉告の儀、同神殿に奉告の儀（10月22日）

■大嘗宮の儀の廻立殿への渡御まで（11月14日）

写真／宮内庁提供

御祭服に次ぐ天皇の神事用の御装束で、最も貴い色とされる白色の御束帯が「帛御袍」である。大嘗宮の儀では、帛御袍で大嘗宮に向かわれた天皇陛下は、宮内の廻立殿《かいりゅうでん》で御祭服にお召し替えになり神事に臨まれた。帛御袍は大礼のみに用いられ、恒例の宮中祭祀では用いられない。構成や形状、各部名称は91・94ページの黄櫨染御袍と同じだが、帛御袍の場合には御表袴の裏地のみが薄紅色。その他は純白の平絹である。立纓の御冠は黒だが、黄櫨染御袍の御冠は纓に菊花紋が入るのに対し、帛御袍は無文である。御挿鞋《ごそうかい》に張られた生地も白の平絹である。

即位礼当日賢所大前の儀での天皇陛下
写真／宮内庁提供

天皇陛下 御祭服《ごさいふく》

着用された儀式

■大嘗宮の儀（11月14・15日）

大嘗宮の儀に臨まれた天皇陛下は、御祭服をお召しになり、御幘（おんさく）の御冠を着けられている。横から見た下の写真では、御袍の裾に入襴（にゅうらん）と呼ばれる襞が付いているのがわかる

天皇の神事の際のお召し物で最も清らかな御装束とされるのが御祭服だ。大嘗宮の儀で、天皇陛下は廻立殿で帛御袍から御祭服にお召し替えになり、悠紀《ゆき》殿《でん》・主基殿《すきでん》での神事に臨まれた。また、恒例の宮中祭祀では最も重要な新嘗祭《にいなめさい》でのみ用いられる。

帛御袍と同じく、御表袴の裏地のみが薄紅色、その他は純白の御束帯だが、御袍の形状が異なる。黄櫨染御袍や帛御袍が両脇を縫い合わせた縫腋袍《ほうえきほう》であるのに対し、御祭服の御袍は両脇が縫い閉じられておらず、より動きやすい形である。

また、襴（94ページの図参照）の両脇には、蟻先ではなく7つの襞のある入襴《にゅうらん》が付き、襴の後ろ中央にも8つの襞が付く。首《くび》上《かみ》に蜻蛉《とんぼ》が2か所付いているのも特異である。

素材にも違いがあり、帛御袍が精練して不純物を取り除いた練絹《ねりぎぬ》で、裏地が付くのに対し、御祭服は精練されていない生絹《すずし》で、裏地が付かない。この違いは、自然のままの絹のほうが、手を加えた絹よりも純粋で神聖であるとの古来の考え方による。

御冠は無文で、ご親祭《しんさい》のときに支障のないよう、纓を折りたたんで御幘《おんさく》と呼ばれる白平絹で結び留めるのも特徴的だ。

小忌衣《おみごろも》

帛御五衣・同御唐衣・同御裳で大嘗宮の儀に臨まれた皇后陛下。前後の供奉員は、男性は束帯に小忌衣と日蔭蔓（ひかげのかずら）、女性は十二単に小忌衣と日蔭絲（ひかげのいと）・心葉（こころば）を着けている

十二単に小忌衣と日蔭絲・心葉を着け、大嘗宮の儀に臨まれた眞子内親王殿下

大礼の最も重要な神事である大嘗宮の儀にあたり、天皇・皇后両陛下以外の皇族や供奉員は、束帯や十二単に加えて清浄を表す小忌衣を着ける。

小忌衣は羽織のような形状の白布に、皇族のものには松と菊、臣下のものには梅と柳が青摺《あおずり》され、右肩に黒と赤の2本の紐が付く。青摺の用語は、古くは山藍などの葉を白布に摺り付けて染めたことからいう。

男性は袍の上に小忌衣を石帯に挟み込んで着用し、冠には清浄を表す日蔭蔓《ひかげのかずら》と呼ばれる蔓《つる》植物を付ける。『日本書紀』などの神話には、天石窟《あめのいわや》の前で、天鈿女命《あめのうずめのみこと》が榊を鬘《かずら》とし、蘿《ひかげ》を襷《たすき》として、神がかりして舞い踊ったという記述が見える。日蔭蔓はこの故実に淵源するものだ。

女性は唐衣の上に小忌衣を羽織り、古式を残した日蔭絲《ひかげのいと》と呼ばれる伝統的な白糸の飾りと、心葉《こころば》と呼ばれる金色の梅枝の飾りを釵子に付ける。

◆天皇陛下 御引直衣《おひきのうし》

神宮に勅使発遣の儀にて　写真／宮内庁提供

着用された儀式

- ■神宮神武天皇山陵及び昭和天皇以前四代の天皇山陵に勅使《ちょくし》発遣《はっけん》の儀（5月8日）
- ■神宮に勅使発遣の儀（11月8日）

ご大礼の諸儀式のなかでも神事ではない「勅使発遣の儀」には、天皇陛下は白い御袍の裾を長く引いて着用する「御引直衣」で臨まれた。御引直衣は本来くつろいだ日常着であったが、のちに天皇や皇太子の私的行事に用いられるようになり、大正の大礼から、勅使発遣の儀での天皇のお召し物となった。御袍の形状は裾が長い点以外は御束帯のものと変わりなく、表地は白色の小葵地文、裏地は二藍《ふたあい》と呼ばれる青紫色の平絹である。

御引直衣では、御袍の下に白の長御打衣《ながのおんうちぎぬ》と紅色の長御単《ながのおんひとえ》、御長袴を用いる。

なお、「大嘗祭前二日御禊《ごけい》」（11月12日）では、天皇陛下は「御直衣」をお召しになった。御直衣の色や文様は御引直衣と同じだが、御袍は通常の長さで、御袴も床に着かない長さの御切《きり》袴《ばかま》、足元は繧繝錦《うんげんにしき》の御挿鞋《ごそうかい》（94ページ参照）を履かれる。

賢所に期日奉告の儀にて　写真／宮内庁提供

❖皇后陛下

御五衣・御小袿・御長袴

おんいつつぎぬ・おんこうちぎ・おんながばかま

「御五衣・御唐衣・御裳」に次ぐ皇后の宮中装束。「御五衣・御唐衣・御裳」は大礼や結婚の儀式でのみ着用されるが、「御五衣・御小袿・御長袴」は恒例の宮中祭祀でも着用される。構成は、「御五衣・御唐衣・御裳」から御唐衣と御打衣、御裳を除き、御小袿を加えたもの。小袿の仕立ては表着とほぼ同じだが、袖口、襟、裾まわしに、裏地をずらして表地から覗かせた「おめり」の間に、さらに中倍《なかべ》と呼ばれる別の裂地でおめりを付ける点が異なる。

写真の皇后陛下の御小袿は、表には萌黄色の亀甲地文に白で「向かい鶴と松の丸」の上文が見え、薄紅色の中倍、裏に濃色の平絹が見える。

着用された儀式

- 賢所に期日奉告の儀（5月8日）
- 即位礼及び大嘗祭後賢所に親謁の儀、同皇霊殿に親謁の儀、同神殿に親謁の儀、同賢所御神楽の儀（12月4日）

侍従

束帯

「即位礼正殿の儀」などでは、侍従は束帯を着用した。袍は輪無（わなし）唐草の地文入り黒袍。下襲の裾は床に届く程度の長さの纔着（さいじゃく）で、垂纓（すいえい）の冠（かんむり）を被り、履き物は鞾（かのくつ／96ページ参照）または黒塗革製の烏皮履（うひり）を用いた

衣《い》冠《かん》単《ひとえ》

「即位礼及び大嘗祭後神宮に親謁の儀」などでは、侍従は衣冠単を着用した。衣冠単は、束帯と同じ黒袍と紅の単に、紫色の指貫（さしぬき）と呼ばれる括り袴を着ける。垂纓の冠を被り、浅沓（あさぐつ）を履く。なお、106ページの写真の天皇陛下の後方の侍従のように、単を略した衣冠（いかん）も用いられた

女官

五衣・唐衣・裳

「即位礼正殿の儀」などでは、女官は「五衣・唐衣・裳」を着用した。写真のように、女官の唐衣は萌黄色、表着は紅色であるが、女官長のみ唐衣は蘇芳色、表着は萌黄色であった。裳は青海波(せいがいは)に海松(みる)と貝の模様が描かれている。写真は眞子内親王殿下と女官の装束を着けた秋篠宮家の嘱託の職員

袿《けい》袴《こ》

「即位礼及び大嘗祭後神宮に親謁の儀」などでは、女官は袿袴を着用した。袿(うちき)と単に切袴を着けるもので、袿は小袿(107ページ参照)と同じく中倍(なかべ)が付く。髪型は「お中(ちゅう)」と呼ばれ、髪上具は用いない。写真は袿と単をはしょり　紐でからげて着装する姿で、履(くつ)には袴と共布を用いる

威儀の者 いぎのもの

束帯［黒闕腋袍］

「威儀の者」は「即位礼正殿の儀」で宮殿中庭(ちゅうてい)に居並ぶ庭上(ていじょう)奉仕者で、令和のご大礼では雨儀のため宮殿内に規模を縮小して参列した。束帯に帯剣し弓を具した、かつての武官の装束である。袍は脇を縫わない闕腋(けってき)で、色は黒と緋(あけ)の2種があり、地文は輪無唐草である。袍の上から紅平絹の肩当(かたあて)を着け、その上に挂甲(かけよろい)と呼ばれる鎧(よろい)の一種を着る。冠は纓を輪状に巻いた巻纓(けんえい)で耳の前に半月形の緌(おいかけ)を着け、鞾(かのくつ)を履く。蒔絵の弓を手にし、背には黒袍の者は箭(や)を盛った平胡簶(ひらやなぐい)を、緋袍の者は壺胡簶を負う

写真／宮内庁提供

平成の即位礼正殿の儀での「威儀の者」。黒袍(奥)と緋袍(手前)

衛門 えもん

束帯［縹闕腋袍］

衛門は、束帯に帯剣し弓矢を具した「即位礼正殿の儀」の庭上奉仕者。縹(はなだ)色の輪無唐草地文の闕腋袍の上に、裲襠(りょうとう)を着ける。巻纓の冠に緌を着け、脛(すね)に緋平絹の脛巾(はばき)を着け、白絹糸で編んだ絲鞋(しかい)を履く。背に箭を盛った平胡簶を負う

写真／宮内庁提供

大嘗宮の儀に奉仕した際の衛門は、小忌衣と日陰蔓を着け、裲襠と脛巾は着けずに浅沓を履いた

采女《うねめ》

采女服

大嘗宮の儀で悠紀殿と主基殿に入られた天皇陛下は、数々の神饌を御手ずからお供えになった。その介添えを奉仕するのが采女と呼ばれる女官である。その装束は采女服と呼ばれ、白練絹に金銀の雲・松・椿・春草を描いた畫衣(えぎぬ)に、生絹に青海波を描いた唐衣を重ね、白生絹に蝶の模様を青摺した襅(ちはや)を羽織り、紅切袴を着ける。大垂髪に心葉と日蔭絲を着け、足元は緒太(おぶと)と呼ばれる草履である

火炬手《ひたき》

布《ふ》衫《さん》

夜間に行われた大嘗宮の儀で、庭燎(ていりょう)を焚く役を奉仕したのが火炬手である。その装束は桃花染の布衫と呼ばれる麻の闕腋袍の一種で、白布の単・袴・帯を着ける。桃色は退紅(あらぞめ)ともいい、かつて中央官庁や貴族に仕え雑役に従事した仕丁(しちょう)が用いた色である。細纓(さいえい)の冠に緌を着け、脛に菓脛巾(いちびはばき)を巻き、麻で出来た麻鞋(まかい)を履く

写真/宮内庁提供

皇室の系図

令和5年11月30日現在

□ は崩御、薨去または逝去された方

「ご即位」に関する決定事項

即位に関する各式典の大綱等は内閣総理大臣を委員長とする「皇位継承式典委員会」で決定され、宮内庁には「大礼に関する重要事項を審議し、その執行の円滑化を図るため」の大礼委員会が組織された。各府省の連絡を円滑に行うための組織が「皇位継承式典実施連絡本部」だった。なお、それらの関係資料などは首相官邸や宮内庁、関連のホームページで見ることができる。

「立皇嗣《りっこうし》の礼」の挙行日が決定

即位に関する儀式の諸準備が本格的に始まったのは平成30年秋のことだった。

10月12日午前、政府は閣議で「天皇陛下の御退位及び皇太子殿下の御即位に伴う式典委員会」を内閣に設置することを決定。これは、同年4月3日に閣議決定された「天皇陛下の御退位及び皇太子殿下の御即位に伴う国の儀式等の挙行に係る基本方針について」を踏まえたものだった。つまり、その「各式典の挙行に係る体制について」に「平成30年秋を目途とし、各式典の大綱等を決定するため、内閣に、総理大臣を委員長とする『天皇陛下の御退位及び皇太子殿下の御即位に伴う式典委員会（仮称）』を設置する」とあることによる。

この「皇位継承式典委員会」は内閣総理大臣を委員長、内閣官房長官を副委員長とし、3人の官房副長官、内閣法制局長官、宮内庁長官、内閣府事務次官の委員で構成。同日午前に首相官邸の大会議室で開かれた初会合で安倍晋三首相は「今後、各式典の次第や参列者の範囲など式典の挙行に必要な事項を順次着実に決定していきたいと考えている」「各式典が、国民こぞって寿ぐ中でつつがなく挙行できるよう、委員各位のご協力をお願いしたい」などと挨拶した。

会合では、まず杉田和博官房副長官から議事公開の取り扱いについての提案があり、委員会においての配布資料や議事概要について首相官邸ホームページでの公開が了承された。その後、山﨑重孝皇位継承式典事務局長から「資料1　これまでの決定事項及び今後の検討事項」の説明があり、杉田官房副長官や山本信一郎宮内庁長官、河内隆内閣府事務次官から関連発言があった。

この日に決定されたのは「天皇陛下御在位三十年記念式典の次第概要」と秋篠宮殿下が皇位継承順位第1位の「皇嗣」となられることを内外に示す「立皇嗣の礼の挙行日について」である。

平成30年4月3日に閣議決定された「基本方針」では「天皇陛下御在位三十年記念式典」は「国民こぞってこれを祝うため」「平成31年2月24日に、内閣の行う行事として、国立劇場において行う」とされ、「立皇嗣の礼」は「皇太子殿下が御即位された年の翌年に、国事行為である国の儀式として、宮中において行う」とされていた。

決定された天皇陛下御在位三十年記念式典の次第概要は、御在位二十年の式典を基本的に踏襲し、「御製《ぎょせい》及び御歌《みうた》朗読」が新たに加わるものとなった。また、式典参列者の推薦基準も決定した（詳細は省略）。

「立皇嗣の礼の挙行日について」は「皇太子殿下が御即位された年の翌年の4月19日に行う」ことを決定。正式に言えば「文仁親王殿下の立皇嗣宣明《せんめい》の儀及び朝見の儀は、皇太子殿下が御即位された年の翌年の4月19日に行う」である。

ちなみに「立皇嗣宣明の儀」とは、「皇嗣となられたことを公に宣明されるとともに、これを内外の代表が寿ぐ儀式」であり、「朝見の儀」は立皇嗣宣明の儀後、天皇が初めて皇嗣に会われる儀式のことである。

当初、事務局から示されたこの「4月19日」の案に対しては、杉田官房副長官などの委員から「主要な宮中行事等の日程を避け、関係の方々がつつがなく参列できる日程とする必要がある」「御即位に伴う一連の諸儀式をお済ませになった上で、気候が穏やかさを増す良い季節に執り行われることがふさわしい」といった賛同の意見が出され、協議の結果、了承された。

最後に首相から以下のような発言があった。

「天皇陛下の御退位と皇太子殿下の御即位が同時に行われるのは、光格天皇から仁孝天皇への皇位の継承以来約200年ぶり、憲政史上初めてのことであり、我が国の歴史にとって、極めて重要な節目となる」「本日は、今後検討を進める上で大変参考となる意見が出された。これらも踏まえ、次回以降引き続き、各式典について、精力的に検討を進めていくので、よろしくお願いしたい」

また、「本委員会の付議事項ではないが」と断った上で、「御即位の日である5月1日と即位礼正殿の儀が行われる10月22日について、来年限りの祝日とし、祝日に挟まれる4月30日と5月2日も休日の扱いとするよう、政府において所要の検討を進めることとする」とした。

この5月1日と10月22日を新元号元年に限って祝日とする法案は、その後の平成30年11月13日の閣議で決定、12月8日の参院本会議で成立した。祝日法には、祝日に挟まれた日は休日にすることが定められており、4月27日から5月6日までは10連休となることが決定した。

ちなみに、皇室の慶事を1回限りの祝日扱いにした法律は戦後に3例あり、26年ぶりとなる。昭和34年（1959）4月10日の天皇・皇后両陛下の結婚の儀と、平成2年（1990）11月12日の天皇陛下の即位礼正殿の儀、平成5年6月9日の皇太子・同妃両殿下の結婚の儀だ。慶事以外では平成元年2月24日の昭和天皇の大喪の礼も休日になった。

9つの事務分掌を決定した式典実施連絡本部初会合

一方、皇位継承式典委員会の第1回会合に引き続いては「天皇陛下の御退位及び皇太子殿下の御即位に伴う式典実施連絡本部」が発足した。この「皇位継承式典実施連絡本部」も同年4月3日に閣議決定された「基本方針」を踏まえ、「各府省の連絡を円滑に行うため、内閣府に、官房長官を本部長とする『天皇陛下の御退位及び皇太子殿下の御即位に伴う式典実施連絡本部（仮称）』を設置し、各式典に係る事務は、委員会及び連絡本部の統括の下に行うものとする」とあるのに基づいたものだった。

この官房長官を本部長とする皇位継承式典実施連絡本部は内閣官房副長官（事務）を本部長代行、副本部長を内閣府事務次官と宮内庁次長とし、本部員は各省庁の長官や次官などで構成されている。その第1回会合には安倍首相も出席。各省庁の幹事と9つの事務分掌を決定した。

その内容は「総括班」と「広報・報道班」「会計班」「式場・設備班」「警備・セキュリティ対策班」「儀じょう・奏楽班」「救護・防災班」「外国使節班」「国内参列者班」に分かれる。そのうち総括班は儀式全般の連絡調整等にあたる。また、例えば外国使節班の幹事は内閣府迎賓館長、宮内庁式部職《しきぶしょく》式部副長（外事総括）、警察庁長官官房長、外務省大臣官房儀典長、国土交通省大臣官房長、防衛省大臣官房長、皇位継承式典事務局次長といった人たちである。最後に菅義偉官房長官から以下のような発言があった。

「総理を委員長とする式典委員会、そして私を本部長とする実施連絡本部が設置されたことにより、内閣を挙げて式典の準備を本格化する体制が整った」「執り行われる式典については、平成の御代替わりに伴い行われたものを踏襲しつつ、今の時代に即したものとする必要がある」「検討すべき事項は、式典自体に関するもののほか、警備やセキュリティ対策、外国使節の受け入れ体制、報道、参列者の救護など多岐にわたっており、各府省が緊密に連携しつつ、主体性を持って準備を進めることが重要である」

この皇位継承式典実施連絡本部で配られた資料や議事概要も首相官邸のホームページで見ることができる。また、皇位継承式典委員会と皇位継承式典実施連絡本部の庶務は内閣官房及び内閣府が設置した「皇位継承式典事務局」が処理する。この事務局は同年8月1日に既に開かれていたもので、「式典委員会」と「式典実施連絡本部」設置に向けた調整も担っていた。

重要事項を審議し執行の円滑化を図る大礼委員会

政府が式典委員会を設置したことを受け、宮内庁は同日午後に「大礼委員会」を設置し、初会合を開いた。大礼とは即位の儀式のことだ。

内規によれば、この委員会は「大礼に関する重要事項を審議し、その執行の円滑化を図るため」のもので、宮内庁長官を委員長、副委員長には宮内庁次長、侍従長、東宮大夫、式部官長を配し、審議官や皇室経済主管、京都事務所長などを委員としている。

会合では、これまでの関連閣議決定事項などが説明され、皇位継承式典委員会での配布資料や決定事項、また、宮内庁が同年3月に公表した「大嘗祭の骨子について」などが示された。冒頭、委員長である山本長官から以下のような挨拶があった。

「大礼委員会は式典委員会と共同歩調で進めていく」「天皇陛下の『退位礼正殿の儀』、皇太子殿下の『剣璽《けんじ》等承継《とうしょうけい》の儀』『即位後朝見の儀』までは、あと6か月少々となっており、残されている時間は少なく、しっかりと準備を進めていく必要がある」「これから続いていくのは大きな行事ばかりであり、各部局間の連携を強めつつ、全庁一丸となって、いずれの儀式もつつかなく挙行できるよう、万全の準備を進めていってほしい」

なお、この大礼委員会で配られた資料と議事概要も宮内庁ホームページで公表されることになった。

「饗宴の儀」は、回数も参列者も減らすことに

平成30年11月20日午前には第2回・皇位継承式典委員会が開かれた。この日の議事は「即位礼正殿の儀」や「饗宴の儀」「内閣総理大臣夫妻主催晩餐会」の参列者数などと「祝賀御列《おんれつ》の儀」における両陛下のお車などについてである。各式典の基本的事項で、平成31年度予算にも関連するからだった。

まず、即位礼正殿の儀は平成30年4月3日に閣議決定された「基本方針」では「御即位を公に宣明されるとともに、その御即位を内外の代表が寿ぐ儀式」であり、「御即位の年の10月22日に、国事行為である国の儀式として、宮中において行う」とされていた。

この参列者は外国元首や三権の長、衆参議員、地方の首長、各界代表などである。平成の御代替わりに伴う即位礼正殿の儀では仮設ステージを設けたが、今回は荒天も念頭に設置せず、宮殿内のスペースを最大限使用することとなった。また、承認国の増加などにより招待者の基準が増えている状況もあるが、諸調整を行って前回並みの2500名程度を維持することとなった。

次は饗宴の儀である。これは、同じく「基本方針」によれば「御即位を披露され、祝福を受けられるための饗宴」で「国事行為である国の儀式として、宮中において行う」とあった。

前回の饗宴の儀は、平成2年11月12日から4日連続で計7回、国内外から3400名を招待して、すべて着席形式で開かれた。初日は夜のみで、後の3日は昼夜の2回であった。これに対し今回は、原則1日1回にした上で3案が示された。

「案1」は着席6回、立食1回の計7回で参列者は前回と同規模、「案2」は着席2回、立食3回の計5回で参列者は前回と同規模、「案3」は着席2回、立食2回で参列者は前回より800名減らすというものだった。

委員である野上浩太郎官房副長官からは「儀式の趣旨に照らせば、できるだけ多くの方々に来ていただくことが望ましいが、現在の時代情勢を踏まえた簡素化や、皇室のご負担軽減を図るという観点も重要である」といった趣旨の発言があった。山本長官と西村康稔官房副長官が「案3」を支持し、さらに、山本長官からは以下の趣旨の発言があった。

「即位礼当日は、両陛下は朝早い時間から宮中三殿の皇室行事に臨まれ、午後には即位礼正殿の儀、引き続いて祝賀御列の儀が行われ、夜には饗宴の儀に臨まれて、夜遅くまで外国賓客にご対応になられる。このように即位礼当日をはじめとして大礼期間中は大変に重い儀式・行事が連続して挙行されることとなっている。そのため、仮に案3となるのであれば、これを前提に余裕をもって、饗宴の儀2回目は10月25日（金）とし、なお、翌26日（土）は一般参賀を予定し、饗宴の儀3回目は週明けの同月29日（火）とし、饗宴の儀4回目は同月31日（木）としていただきたい」

野上官房副長官からこれを支持する発言があり、これらの意見を踏まえて以下のように決定した。つまり、饗宴の儀の参列者は内外の代表2600名程度とし、皇太子殿下のご即位の年の10月22日及び25日に着席形式で、同月29日及び31日に立食形式で計4回行うことになったのである。

次は内閣総理大臣夫妻主催晩餐会の参列者数である。これは「基本方針」によれば「即位礼正殿の儀に参列するため外国から来日いただいた外国元首・祝賀使節等に日本の伝統文化を披露し、日本の伝統文化への理解を深めていただくとともに、来日に謝意を表するための晩餐会」で、「即位礼正殿の儀の翌日に、内閣の行う行事として、東京都内において行う」となっていた。

平成におけるこの概要は、東京都内のホテルにおいて歌舞伎と能を供覧し、食事を供して内閣総理大臣が挨拶を述べるというもので、計686名の参列者があった。これに対し事務局からは、今回は900名程度とする案が示された。というのも承認国が105か国から195か国へと大幅に増加しているためで、さらに人数が増えても都心にある最大規模の会場であれば収容は可能という根拠からだった。

これに対し杉田官房副長官から支持する意見が出され「外国からの参列者に謝意を示すという晩餐会の目的に照らせば、式典で来日される海外日系人会等の代表の方々も招待してはどうか」という趣旨の発言があった。これらの意見を踏まえ今回の参列者は事務局案通りとなった。

次の議題は祝賀御列の儀における両陛下のお車についてである。祝賀御列の儀は、「基本方針」によれば「即

位礼正殿の儀終了後、広く国民に御即位を披露され、祝福を受けられるための御列」であり、「即位礼正殿の儀後同日に、国事行為である国の儀式として、宮殿から皇太子殿下の御在所までの間において行う」とされていた。

前回はイギリスのロールスロイス社製のオープン・カーを約4000万円で購入し使用。平成5年の皇太子・同妃両殿下のご成婚パレードでも使用されたが、平成19年に廃車となっていた。

事務局からは、儀式の目的やセキュリティ、荒天時の対応の観点からのオープン・カーとクローズド・カーの比較、さらに「案1　平成度の御料車を整備」「案2　新車を購入」「案3　現在の御料車を使用」が示された。案3の現在の御料車は平成18年に調達された日本製のセンチュリーロイヤル（クローズド・カー）である。また「案1」の整備費用には1800万円が見込まれていた。

委員からは「儀式の趣旨に鑑みればオープン・カーが適当」、「平成の御即位時の車は老朽化しており、安全性能や環境性能などから鑑みても新しく調達してはどうか」「世界に誇る環境性能を有する国産車にお乗りになったお姿を拝見することができれば嬉しく思う」「新しく調達することとなれば、祝賀御列の儀で使用した後も、内閣府の管理の下、政府全体でしっかりと活用したい」といった意見があり、これらを踏まえて、新たにオープン・カーを調達することが決定した。

最後に、各府省管轄の77件に及ぶ「天皇陛下御在位30年慶祝行事等について」の説明が行われた。これらは各種展覧会や行事、記念切手の発行といったものだった。

大嘗祭に関連し東御苑の公開制限の緩和を図る

平成30年11月20日には宮内庁で第2回の大礼委員会も開かれた。最初に、当日に行われた皇位継承式典委員会の内容の報告があり、予定議事の協議となった。「大嘗祭の参列者について」「退位の礼関係諸儀式（予定）について」「即位の礼及び大嘗祭関係諸儀式等（予定）について」である。

「大嘗祭の参列者数について」は、まず審議官より以下のような説明があった。

・平成度において大嘗祭の中心的儀式である大嘗宮の儀には936名を招待したが、寒い時期に深夜に及ぶ長時間の儀式でもあり、最後まで参列していた方は520名にとどまっていたこと。

・前回は、儀式の様子をうかがうことができた参列者の席は600席程度であり、端の方の席からはうかがうことができなかった。

・大嘗祭は、その重要性に鑑み、静謐さの中で厳修されることが必要だが、前回は、幄舎《あくしゃ》において私語が出るなど静謐さが損なわれたという反省があった。

・儀式の様子が分からない席では、私語が起きやすい懸念があり、幄舎の位置を工夫することなどを検討すると、儀式の様子をうかがえる席が700席ほど設けられることが判明したこと。

以上のことを勘案し今回の参列者数について700名程度を予定し、そのための参列者の範囲の見直しを行うことについて提案が図られ了承された。

続けて大嘗祭に関連し、管理部長から東御苑の公開の制限について以下のような説明があった。大嘗宮は平成度と同じように皇居東御苑・本丸の北側の大芝生上に設置することが計画されているが、前回では当時の特殊な警備情勢への対応から、平成2年7月初めから同3年3月末までの9か月間、本丸地区は閉鎖された。また、平成2年7月末から12月末までの5か月間は、二の丸地区も含めて全面休園の措置がとられたが、今回は公開を制限するのは大嘗宮を設営する本丸地区のみに限定できるよう検討したいというものだった。

次の議事は「退位の礼関係諸儀式（予定）について」である（省略）。

次は「即位の礼及び大嘗祭関係諸儀式等（予定）について」である。審議官からその案について以下のような説明があった。

・前回は即位礼正殿の儀の翌日に外国賓客向けの園遊会を行ったが、今回は行わないとしたことが前回との相違点であること。

・また、お代替わり後の新元号元年における宮中祭祀及び諸儀式は、崩御に基づくものではないので、ご先祖のお祭りも含め、すべてお代替わり前と同様に行われること。

・従って、即位の礼及び大嘗祭関連の諸儀式はほぼ平成度と同様になること（編集部注：喪明けの平成2年に行われたものと同じような進行予定になるため。また、平成の御代替わりに伴い行われた式典は、今回も、基本的な考え方や内容は踏襲されるべきものであることが閣議決定されており、大嘗祭の挙行についても、平成度の整理を踏襲し、今後、宮内庁において、遺漏のないよう準備を進めることが閣議口頭了解されていることから）。

また、天皇山陵への奉幣やご親謁については、平成度と同様に、神武天皇山陵及び昭和天皇・大正天皇・明治天皇・孝明天皇の四代の山陵に行われることになるため、今後はこの四代の天皇を指す表現は、「前四代」ではなく「昭和天皇以前四代」となることの説明が行われた。そして、「即位の礼及び大嘗祭関係諸儀式等（予定）について」は案通りとすることが了承された。

続いて宮内庁次長により、お代替わりに関する諸儀式について国民に分かりやすく情報提供されるべく関係部局に協力を要請する指示があり、長官から鋭意準備を進めてほしいといった挨拶があって終了した。

第1回 皇位継承式典委員会の決定事項
（平成30年10月12日）

「天皇陛下御在位三十年記念式典の次第概要等について」（省略）

「立皇嗣の礼の挙行日について」

文仁親王殿下の立皇嗣宣明の儀及び朝見の儀は、皇太子殿下が御即位された年の翌年の4月19日に行う。

第2回 皇位継承式典委員会の決定事項
（平成30年11月20日）

「即位礼正殿の儀等の参列者数等について」

第1　即位礼正殿の儀の参列者数

即位礼正殿の儀の参列者数は、内外の代表2500名程度とする。

第2　饗宴の儀の参列者数、挙行日、形式及び回数

1　饗宴の儀の参列者数は、内外の代表2600名程度とする。

2　饗宴の儀は、皇太子殿下の御即位の年の10月22日及び25日に着席形式で、同月29日及び31日に立食形式で、計4回行う。

第3　内閣総理大臣夫妻主催晩餐会の参列者数

内閣総理大臣夫妻主催晩餐会の参列者数は、外国元首・祝賀使節等900名程度とする。

「祝賀御列の儀における天皇皇后両陛下のお車について」

祝賀御列の儀における天皇皇后両陛下のお車は、諸儀式にもふさわしい車格のオープン・カーとし、安全・環境性能に優れたものを新たに調達することとする。

第2回 大礼委員会の了承事項
（平成30年11月20日）

「大嘗祭の参列者数について」

700名程度を予定する

「退位の礼関係諸儀式（予定）について」（省略）

「即位の礼及び大嘗祭関係諸儀式等（予定）について」（省略）

「参考　お代替わり後における宮中祭祀及び大礼関係諸儀式について」（配布資料より）

1　宮中祭祀について

来年のお代替わりは、従来のような崩御に基づくものではないので、お代替わり後における宮中祭祀の各儀については、昭和天皇祭を始めとする御先祖のお祭りを含め、すべて、お代替わり前と同様に行われる。

2　大礼関係諸儀式について

大礼関係諸儀式のうち、天皇山陵への奉幣や親謁に関しては、平成大礼では、神武天皇山陵及び前四代（昭和・大正・明治・孝明の四代）の天皇山陵への奉幣や親謁が行われた。

来年のお代替わり後の大礼関係諸儀式においては、上記1のとおり宮中祭祀の各儀はお代替わり前と同様に行われることに鑑み、平成大礼と同様に、神武天皇山陵及び昭和・大正・明治・孝明の四代の天皇山陵への奉幣や親謁が行われる。

この昭和・大正・明治・孝明の四代の天皇を指す表現は、今後は「昭和天皇以前四代」とする。

大嘗祭の意義を損なわず経費全体を見直し

平成30年12月19日には第3回の大礼委員会が開かれた。議事は「大嘗宮の儀の準備状況について」と「大饗の儀の準備状況について」である。まずは宮内庁次長から「今回の大嘗祭の準備に際しての基本的な考え方」について説明があった。

宮内庁では平成30年4月3日の閣議口頭了解を踏まえ、大嘗祭は皇位継承に伴う一世一度の重要な儀式であり、皇室の長い伝統を尊重して行うことができるよう準備を進めてきた。平成度の例を参考にしながら社会経済情勢の変化などを踏まえ、大嘗祭の意義を損ねない範囲で1年以上にわたって見直しを検討してきたという。

続けて、その社会情勢の変化が及ぼす影響について皇室経済主管からの説明が行われた。

大嘗祭の儀式の挙行経費として大きいのは、大嘗宮の設営や各儀式での天幕の設置、装束・儀式用品の調

達のための人件費や物件費である。平成度から現在までの大きい変化として消費税があるが、その消費税の影響を除いても物価はおしなべて2・3%上昇しているという。その中で、公共工事の労務単価は約1・3〜1・8倍、建築資材は約1・2倍、装束や儀式用品の調達経費は約2〜3倍と大きな上昇が見られる。さらに大嘗祭においては伝統に則った特別な設備等が必要になるが、伝統工芸分野での熟練職人の減少など生産基盤が弱体化し入手が困難になっているという。

　このような前提で、大嘗宮を平成度と同様の規模で設置した場合、その経費は約70%増の25億円ほどに上ってしまう。そういった状況を踏まえ、大嘗祭の意義を損ねないことを前提として経費全体の見直しを図ったという。

　続いて、以下の資料1「今次の大嘗宮の設営方針について」が示された。そこには以下のようにある。

「大嘗宮は、歴史上様々な規模・形態で推移してきたところ、近代以降、明治大嘗宮を経て、大正・昭和に定型化され、平成度は、昭和大礼の際の大嘗宮に準じて設営されたもの。

　今次の大嘗宮については、基本的には前回の平成度の大嘗宮に準拠した上で、皇族数や参列者に応じた一部施設の規模の変更や儀式の本義に影響のない範囲での工法・材料の見直しなどを行い、建設コストの抑制にも留意しながら設営を行う。

　また、今回は、大嘗宮が設営される皇居東御苑の休園措置、大嘗祭終了後の解体資材の原則的廃棄など、前回、大嘗宮の設営に伴って取られた諸措置についても、諸般の情勢の変化を踏まえ、所要の見直しを行うこととする」

　この方針に関して管理部長から以下のような説明があった。

・前回の平成度は、昭和度まで萱葺きだった帳殿《ちょうでん》などを板葺きへと変更し、悠紀殿《ゆきでん》、主基《すき》殿、廻立《かいりゅう》殿の主要三殿のみを萱葺きとした。今回は社会情勢の変化を踏まえつつ、一定の工期内で完成させるため、主要三殿についても板葺きに変更することとした。そのことにより、自然素材を用いて短期間に建設するという大嘗宮の伝統は維持できると考えていること。

・小忌幄舎《おみのあくしゃ》と殿外小忌幄舎には、両陛下に供奉《ぐぶ》される皇族殿下方及び随従の諸員が着床《ちゃくしょう》する。今回は、全体として皇族数が減少する中、男性皇族が減少し女性皇族が増加することにより、各建物に着床する皇族方の数が著しく不均衡となる。随従諸員も含め円滑に着床・離床を行うために必要な面積を精査した結果、小忌幄舎は前回の約40%、殿外小忌幄舎は約75%に調整する。

・以下の理由により全体に規模の縮小を図る。小忌幄舎と殿外小忌幄舎の規模を縮小したのに合わせて供奉員が使用する雨儀《うぎの》廊下を整理縮小したこと。参列者が着席する幄舎と主要三殿との距離を近づけ、参列者が儀式の状況を理解しやすいよう配慮したこと。設営予定地付近の樹木を温存するため各建屋の間隔を詰めたこと。

・伝統工法による大規模な木造建物であった膳屋《かしわや》と斎《さい》庫《こ》についても、組立式に変更することにより工程上の負担の軽減を図った。組立式建物とは予め製作しておいた部材を現場で組み立てる規格建築のことで、前回、木造から鉄骨天幕へと変更した幄舎の例を踏まえた。儀式の雰囲気を損なわないよう外装を筵《むしろ》張りか白帆布張りとする。

・左右幄舎については参列者の見直しを踏まえ、前回の500席から350席規模の鉄骨天幕を左右2棟設置することとした。

・主要三殿はじめ多くの建物の柱などには、皮付き丸太を用いる「黒木造り」を多用してきた。これも主要三殿と神門のみとし、それ以外については一般的な角材を用いることとした。

・最近の先例では、大嘗祭で用いられた建物は解体後焼却されていた。また、長期利用には向かない資材であることから、前回は、一部の資材を除いて焼却され再利用も行われなかった。今回は資源の有効利用促進といった情勢に合わせ、大嘗祭に係る国民の理解を図るためにも、公的機関において、できる限りの再利用を図りたい。

　また、大嘗宮を設営する東御苑の休園措置については第2回大礼委員会で述べられたものと同じ内容だった。なお、資料1「今次の大嘗宮の設営方針」には「大嘗宮設営に係る規模、仕様等の変更（案）について」も付されており、上記に係る数値が一覧となっていた（121ページの了承事項参照）。

　次は資料2「大嘗祭及び即位の礼における装束の再利用等について」が示され、皇室経済主管から以下のような説明があった。

・平成時に使用した装束の点検を踏まえ、できるだけ再利用を図らせていただきたいこと。

・具体的には、9方の殿下方にはご理解を賜り、修繕の上、再利用させていただく。供奉職員等の装束は基本的に修繕の方針。

・全体の予算額は平成時をやや下回ることになり、すべての新調の場合に比べ相当の節約となる。

　なお、即位の礼と大嘗祭における装束は以下のようになる。天皇陛下は御束帯《そくたい》黄櫨染御袍《こうろぜんのごほう》、御束帯帛御《はくのご》

平成度の大嘗宮。今回は、規模が若干、縮小され、白帆布張りの建物も増えることになる。また、屋根はすべて板葺きとなる（平成2年11月17日撮影）

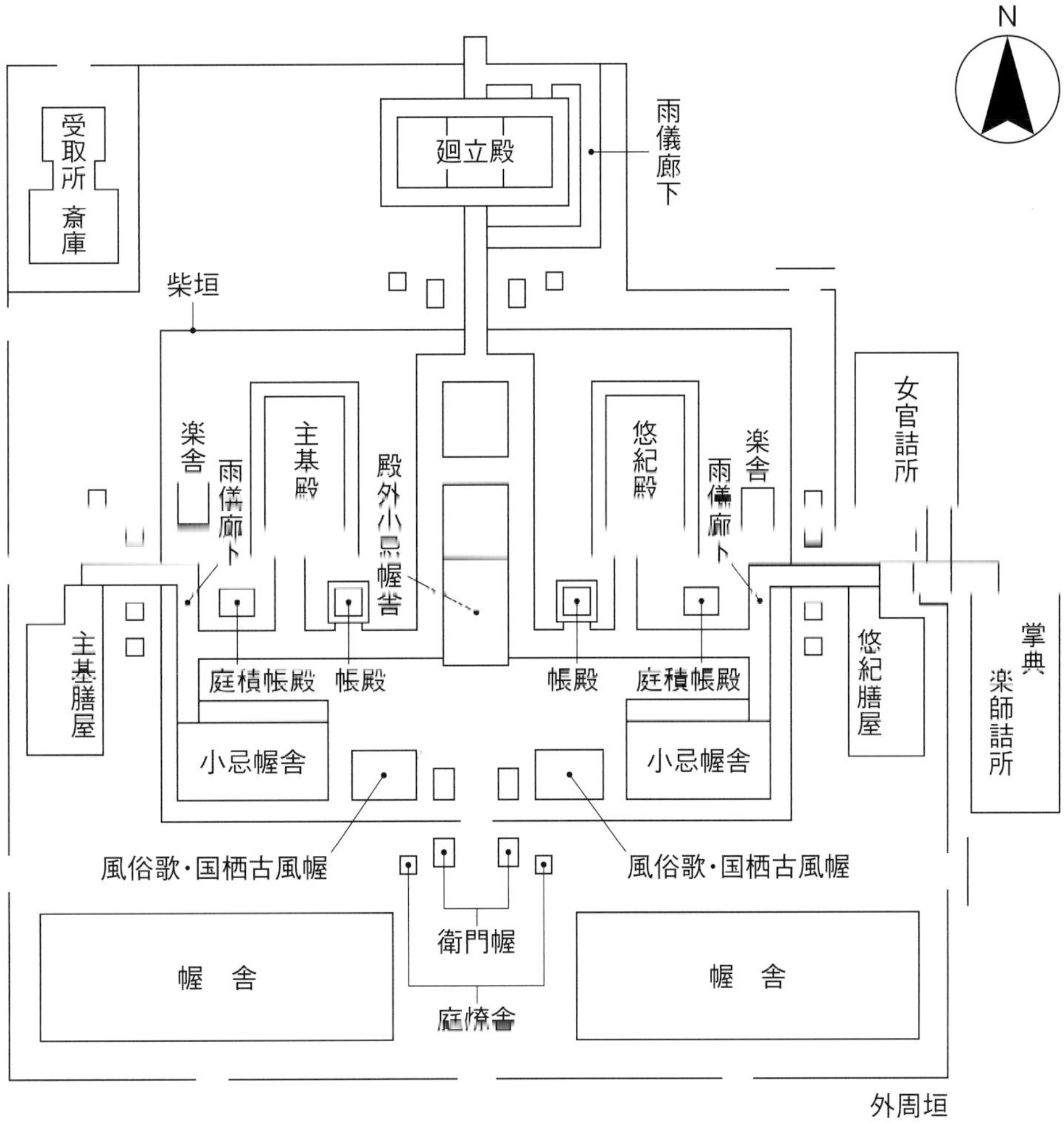

平成度の大嘗宮図　今回は小忌幄舎（おみあくしゃ）、殿外小忌幄舎、雨儀（うぎ）廊下、幄舎が縮小されることになり、外周垣も東西95.4m→89.7m、南北99m→88.15mとなる
図製作／ミューズグラフィック

袍《ほう》、御祭服《ごさいふく》。皇后陛下は御五衣《おんいつつぎぬ》・御小袿《おんこうちぎ》・御長袴《おんながばかま》、御五衣・御唐衣《からごろも》・御裳《も》、白色帛御五衣・同御唐衣・同御裳である。皇嗣殿下は束帯黄丹袍《おうにのほう》、皇嗣妃殿下は五衣・唐衣・裳。親王殿下は黒の束帯、親王妃殿下・内親王殿下・女王殿下は五衣・唐衣・裳。供奉職員等は束帯と五衣・唐衣・裳ほかになる。

次は資料3「大嘗宮の儀の料理について」が示され、管理部長から以下のような説明があった。

・悠紀殿供饌《きょうせん》の儀と主基殿供饌の儀それぞれの後に提供される賜饌《しせん》料理は、提供する時間帯が深夜にわたり、かつ2回提供されることを鑑み、参列者へのおもてなしという趣旨を損なわない範囲で見直しを行う。具体的には献立内容と容器などについて調整を行いたいこと。

続いて「大饗の儀の準備状況について」の議事へと移った。「大饗の儀」とは大嘗祭の祝宴（直会《なおらい》）のことで、大嘗祭の翌日から日をあけて2日行われる予定である。大嘗祭で捧げられた神饌のおさがりが、参列した国民の代表に分けられるというものだ。資料4「大饗の儀の料理等について」が示され、管理部長から以下のような説明があった。

・参列者向けの饗膳・酒饌について、儀式の意義を損なわない範囲で見直しを行う。具体的には、器や折敷の材質の変更などについて調整を行いたい。

次は資料5「儀式用品（下賜用挿華《かざし》）について」が示され、皇室経済主管から以下のような説明があった。

・原材料である銀の価格や職人の人件費の高騰により、平成時と同じように製法した場合、単価は当時の6倍程度になる見込みである。そのため、銀製の挿華という伝統を尊重しつつ、職人による手作業から流し込み製法とし、さらには小型化を図ることで、予算的には前回をやや下回ることができる。

ここまでの議事を協議し、資料1から5までの方針はすべて了承された。最後に委員長からの挨拶があって終了した。

トヨタ製のセンチュリーとホテルニューオータニ

平成31年1月17日には第3回・皇位継承式典委員会が開かれた。安倍首相の挨拶の後、続いて事務局からの報告が行われた。まずは、資料1「皇位継承式典関係（一般会計）予算額（案）」についての説明である。

122ページに掲載したその詳細によれば、さまざまな調整を経て総額は160億8000万円、平成時と比べると129・8％の増額となった。外国の賓客を式典に招く外務省の関連予算が前回比で5倍以上となる50億8000万円で、招待国の増加や宿泊代の高騰が影響したようだ。大嘗宮の造営には約19億円、大饗の儀などを合わせた大嘗祭全体にかかる総額は約27億円で、前回より約4億円増となった。即位礼正殿の儀は約17億円で前回より約3億円増えた。祝賀御列の儀で用いられるオープン・カーは約8000万円で調達される。

また、資料2「『祝賀御列の儀』における天皇皇后両陛下のお車の選定について」には「お車に求められる要件等」が書かれており、その「検討結果」としてトヨタ製のセンチュリーに決まったことが記されている。資料3「内閣総理大臣夫妻主催晩餐会場の選定について」には「選定のポイント」が書かれていて、「結果」としてホテルニューオータニとすることが記されていた。

次は「天皇陛下御在位三十年記念式典の細目について」の議事となった（省略）。

次の議事は「剣璽《けんじ》等承継《とうしょうけい》の儀等の次第概要等について」である。まずは「資料5」から「資料8」までの4つの資料が示され、事務局長からの説明があった。その内容は「剣璽等承継の儀の次第概要等について（案）」「即位後朝見の儀の次第概要等について（案）」「退位礼正殿の儀の次第概要等について（案）」「御即位当日における祝意奉表について（案）」である。なお、前年4月の「基本方針」によれば、退位礼正殿の儀は4月30日に、剣璽等承継の儀と即位後朝見の儀は5月1日に執り行うことが決まっていた。

その中の、「剣璽等承継の儀」と「即位後朝見の儀」に対し、横畠裕介内閣法制局長官から以下のような趣旨の発言があった。

・平成の御代替わりに伴って行われた式典は、「基本方針」にもあるように、現行憲法下での十分な検討の上、挙行されたものである。

・剣璽等承継の儀は、皇位の世襲制をとる憲法の下、新天皇が即位のあかしとして、『皇室経済法』に規定された「皇位とともに伝わるべき由緒ある物」である剣及び璽、並びに天皇の国事行為の際に使用される国璽及び御璽を承継されたことを明らかにする儀式である。

・即位後朝見の儀は、新天皇が即位後初めて、公式に三権の長はじめ国民の代表に会われる儀式である。

・どちらも国事行為として行われ、もとより、宗教的意義を有するものではない。憲法の定める象徴天皇の制度に沿うもので、政教分離の原則に反するものでもない。これらのことは、平成度において、十分に検討、整理されたところである。

この両儀式に対し、杉田官房副長官からは「基本的な考え方や内容は、前回の例を踏襲すべき」とし、参列者について以下の趣旨の発言があった。
・剣璽等承継の儀において女性皇族が供奉されないことについては、式典準備委員会で確認しているが、各式典において未成年皇族が参列されないことについても前回を踏襲することが適当である。
　上記の「式典準備委員会」とは菅官房長官が委員長を務め、昨年4月に閣議決定された「基本方針」を取りまとめた機関である。また、山本長官からは、ご服装について以下のような発言があった。
・今回は、前回とは異なって前天皇の崩御直後の挙行ではないので、両儀式におけるご服装は、毎年元日に行われる慶事の儀式で国事行為の「新年祝賀の儀」などと同様に、燕尾服《えんびふく》等とすることが適当である。
　野上内閣官房副長官からも「即位された新しい天皇陛下にとっての最初の晴れの舞台となるものであり、両陛下や皇族方には燕尾服等をお召しいただき、華やいだ雰囲気で行われることがふさわしい」といった発言があった。

　次に、退位礼正殿の儀に関し、いくつかの発言があった（省略）。

　また、ご即位当日における祝意奉表に関して以下のような発言があった。
・先の国会で「天皇の即位の日及び即位礼正殿の儀の行われる日を休日とする法律」が成立したが、ご即位当日に祝意奉表を行うことは、この日を国民こぞってお祝いするという法律の趣旨にも合致する（西村官房副長官）。
・天皇陛下のご在位三十年に際しては、各府省が慶祝行事等を行うこととしているので、皇太子殿下のご即位に際しても各府省が慶祝行事等を行うことが適当である（野上官房副長官）。

　こうした協議の結果、4つの資料に基づくすべての議事は、案通りに了承された。そのうち「御即位当日における祝意奉表について」は、期日の1か月前を目途に、閣議決定を行う旨の発言が菅官房長官からあった。最後に安倍首相より議事のまとめが行われて第3回・皇位継承式典委員会は閉会となった。

　翌日には皇位継承式典実施連絡本部の第2回会合と第4回大礼委員会が開かれ、前日の式典委員会での決定事項を踏まえ、諸準備に当たっていくことが徹底された。

第3回　大礼委員会の了承事項（平成30年12月19日）

「今次の大嘗宮の設営方針について」


　大嘗宮は、歴史上様々な規模・形態で推移してきたところ、近代以降、明治大嘗宮を経て、大正・昭和に定型化され、平成度は、昭和大礼の際の大嘗宮に準じて設営されたもの。

　今次の大嘗宮については、基本的には前回の平成度の大嘗宮に準拠した上で、皇族数や参列者に応じた一部施設の規模の変更や儀式の本義に影響のない範囲での工法・材料の見直しなどを行い、建設コストの抑制にも留意しながら設営を行う。

　また、今回は、大嘗宮が設営される皇居東御苑の休園措置、大嘗祭終了後の解体資材の原則的廃棄など、前回、大嘗宮の設営に伴って取られた諸措置についても、諸般の情勢の変化を踏まえ、所要の見直しを行うこととする。


「大嘗宮設営に係る規模、仕様等の変更について」

項目		平成時	今回	備考
1.主要三殿	屋根材	萱葺き	板葺き	
2.小忌幄舎(2棟)	規模	125.145㎡(8.1m×15.45m)×2棟	51.03㎡(4.2m×12.15m)×2棟	皇族数の減少 平成時の約40%
3.殿外小忌幄舎	規模	77.76㎡(7.2m×10.8m)	58.32㎡(7.2m×8.1m)	平成時の約75%
4.雨儀廊下(供奉員使用)	規模	約94m	約40m	縮小
	仕様	木造	天幕(白帆布屋根)	
5.柴垣	規模	東西64.8m×南北48.6m×高さ1.1m	東西58.1m×南北40.85m×高さ1.1m	
6.膳屋(2棟)	構造	木造(外装莚張り)	組立式(外装莚張り)	
7.幄舎(2棟)	規模	453.6㎡(12.6m×36.0m)×2棟	300㎡(10m×30m)×2棟	参列者1000人 →700人
8.斎庫・受取所	構造	木造	組立式(外装白帆布張り)・ 天幕(白帆布屋根)	
9.外周垣	規模	東西95.4m×南北99m×高さ2.5m	東西89.7m×南北88.15m×高さ1.1m	

※なお、各種柱については、一部、皮付き丸太から角材に変更する。

「大嘗祭及び即位の礼における装束の再利用等について」

平成度に使用した装束について点検した結果を踏まえ、再利用できるものは必要な修繕を行った上で、できるだけ再利用していただくこととしたい。

	装束名	調達区分
天皇陛下	御束帯黄櫨染御袍 御束帯帛御袍／御祭服	新調
皇后陛下	御五衣・御小袿・御長袴 御五衣・御唐衣・御裳 白色帛御五衣・同御唐衣・同御裳	新調
皇嗣殿下	束帯黄丹袍	新調
皇嗣妃殿下	五衣・唐衣・裳	新調
親王殿下（1方）	束帯（黒）	再利用
親王妃殿下（3方） 内親王殿下（2方） 女王殿下（3方）	五衣・唐衣・裳	再利用
供奉職員等	束帯／五衣・唐衣・裳ほか	新調22％ 再利用78％

「大嘗宮の儀の料理について」

賜饌料理　悠紀殿供饌の儀の後及び主基殿供饌の儀の後提供

平成2年の例を参考としつつ、提供する時間帯などに鑑み、参列者へのおもてなしという趣旨を損なわない範囲で見直しを行いたい。

「大饗の儀の料理等について」

参列者向け饗膳・酒饌

平成2年の例を参考としつつ、料理の付属品（器や折敷など）について、儀式の意義を損なわない範囲で見直しを行いたい。

「儀式用品（下賜用挿華）について」

大饗の儀における下賜用挿華については、社会経済情勢の変化等に鑑み、製法の見直し（職人による手作業から銀流し込み製法）、小型化等の見直しを行いたい。

第3回 皇位継承式典委員会の決定事項
（平成31年1月17日）

報告事項「皇位継承式典関係（一般会計）予算額（案）」　（単位：億円）

事項	平成2年度予算額(A)	皇位継承式典関係予算額(案)				差引(B-A)	増減率(B/A)
		平成30年度当初予算額	平成30年度第2次補正予算額(案)	平成31年度予算額(案)	合計(B)		
内閣府	33.5	9.4	0.1	26.6	36.1	2.6	107.6%
宮内庁	26.8	7.2	0	25.8	32.9	6.1	122.9%
警察庁(警衛警備等経費)	53.8	0	0	38.2	38.2	△15.6	70.9%
外務省(外国賓客滞在等関係経費)	9.8	0	0	50.8	50.8	41.0	518.1%
防衛省(不測事態対処、儀じょう等実施等経費)	-	0	0	2.9	2.9	2.9	-
合計	123.9	16.5	0.1	144.2	160.8	36.9	129.8%

※四捨五入等の関係上、合計等が一致しない場合がある。
※上記予算額には、各府省庁において行う慶祝行事関係予算額は含まれない。
※内閣府の平成2年度予算額については、比較のため今回の要求に合わせて組み替えを行っている。
※内閣府の平成30年度当初予算額については、平成2年度予算額との比較のため、平成30年度皇室費計上額を便宜上記載した。
※内閣府の平成30年度第2次補正予算額(案)については、祝賀御列の儀に用いる車両調達(設計・開発等)経費を計上。
※上記のほか、国土交通省(空港等特別警備実施経費)においては、0.9億円を自動車安全特別会計空港整備勘定において予算計上(平成2年度予算額計上無し)。
※皇室費の大嘗祭経費については、5.6億円程度の後年度負担を想定している(大嘗宮撤去後の原状復帰費用)。

報告事項「『祝賀御列の儀』における天皇皇后両陛下のお車の選定について」（詳細略）

事務局において検討した結果、第1に掲げる要件等を全て満たす車両はトヨタ自動車株式会社の「センチュリー」（現行の市販車をオープン・カーに改造）のみであった。

よって、「祝賀御列の儀」で用いるお車は、トヨタ自動車株式会社の「センチュリー」とする。

報告事項「内閣総理大臣夫妻主催晩餐会場の選定について」（詳細略）

事務局において調査した結果、選定のポイント①～④までの全ての項目をクリアしたホテルは、「ホテルニューオータニ」のみ。

よって、晩餐会場を「ホテルニューオータニ」とする。

「天皇陛下御在位三十年記念式典の細目について」
（省略）

「剣璽等承継の儀の次第概要等について」

1　次第概要
儀式の次第概要は、別紙1のとおりとする。

2　参列者推薦基準
儀式の参列者推薦基準は、別紙2のとおりとする。

3　式場　正殿松の間

4　服装
男子　燕尾服、紋付羽織袴又はこれらに相当するもの（モーニングコートも可）
女子　ロングドレス、白襟紋付又はこれらに相当するもの
勲章着用

5　その他　儀式の細目は、宮内庁長官が定める。

別紙1　剣璽等承継の儀次第概要

天皇陛下お出まし

［皇嗣殿下及び成年の親王殿下が供奉］

侍従がそれぞれ剣、璽並びに国璽及び御璽を捧持して入室

侍従がそれぞれ剣及び璽を御前の案上に奉安

侍従が国璽及び御璽を御前の案上に奉安

天皇陛下御退出

［侍従がそれぞれ剣、璽並びに国璽及び御璽を捧持

　皇嗣殿下及び成年の親王殿下が供奉］

［儀式は、午前10時30分（天皇陛下お出まし）に始まり、おおむね午前10時40分（天皇陛下御退出）に終わる。（予定）］

別紙2　剣璽等承継の儀参列者推薦基準

1　立法機関　衆・参両院議長、副議長

2　行政機関　内閣総理大臣、国務大臣

3　司法機関　最高裁判所長官、最高裁判所判事（長官代行）

「即位後朝見の儀の次第概要等について」

1　次第概要

　儀式の次第概要は、別紙1のとおりとする。

2　参列者推薦基準

　儀式の参列者推薦基準は、別紙2のとおりとする。

3　式場　正殿松の間

4　服装

　男子　燕尾服、紋付羽織袴又はこれらに相当するもの（モーニングコートも可）

　女子　ロングドレス、白襟紋付又はこれらに相当するもの

　勲章着用

5　その他　儀式の細目は、宮内庁長官が定める。

別紙1　即位後朝見の儀次第概要

天皇皇后両陛下お出まし

［皇嗣同妃両殿下始め成年の皇族各殿下が供奉］

天皇陛下のおことば

国民代表の辞（内閣総理大臣）

天皇皇后両陛下御退出

［皇嗣同妃両殿下始め成年の皇族各殿下が供奉］

［儀式は、午前11時10分（天皇皇后両陛下お出まし）に始まり、おおむね午前11時20分（天皇皇后両陛下御退出）に終わる。（予定）］

別紙2　即位後朝見の儀参列者推薦基準

1　立法機関

（1）衆・参両院議長及び副議長

（2）衆議院の常任委員長、特別委員長、審査会長

（3）参議院の常任委員長、特別委員長、調査会長、審査会長

（4）衆・参両院事務総長、国立国会図書館長

2　行政機関

（1）内閣総理大臣

（2）国務大臣

（3）内閣官房副長官、副大臣

（4）内閣法制局長官

（5）前記（2）及び（3）に掲げる者以外の認証官

3　司法機関

（1）最高裁判所長官

（2）最高裁判所判事

（3）高等裁判所長官

（4）最高裁判所事務総長

4　地方公共団体

（1）都道府県知事の代表及び都道府県議会の代表　各2名

（2）市長の代表及び市議会の代表　各2名

（3）町村長の代表及び町村議会の代表　各2名

5　その他

6　以上の者の配偶者

「退位礼正殿の儀の次第概要等について」（省略）

「御即位当日における祝意奉表について」

　御即位当日（5月1日）、祝意を表するため、各府省においては、下記の措置をとるものとする。

1　国旗を掲揚すること。

2　地方公共団体に対しても、国旗を掲揚するよう協力方を要望すること。

3　地方公共団体以外の公署、学校、会社、その他一般においても、国旗を掲揚するよう協力方を要望すること。

外国からの招待予定者には外務省を通じて速やかに連絡

　平成31年3月19日には、総理大臣官邸大会議室で第4回の皇位継承式典委員会が開かれた。

　まずは、事務局から、2月24日に行われた「天皇陛下御在位三十年記念式典」について報告が行われ、次に「内閣総理大臣夫妻主催晩餐会における文化行事の総合アドバイザーについて」狂言師で演出家の野村萬斎氏が就任することになった旨、説明が行われた。このことに関し、西村内閣官房副長官から「晩餐会においては、外国からの賓客の方々に、日本が誇る伝統文化を堪能いただくことが重要であり、大いに期待したい」といった趣旨の発言があった。

　次に「剣璽等承継の儀」及び「即位後朝見の儀」「退位礼正殿の儀」の細目について、それぞれ案が示されて議論となった。

まず、剣璽等承継の儀の案について山本宮内庁長官から「平成度のあり方を踏襲することを基本としつつ、検討を重ねてきたところであり、宮内庁として妥当なものと考える」といった発言があった。横畠内閣法制局長官からは、「この儀式は、皇位の世襲制をとる憲法の下で、皇位を継承した新天皇が、即位のあかしとして、皇室経済法に規定された『皇位とともに伝わるべき由緒ある物』である剣及び璽、並びに天皇の国事行為の際に使用される国璽及び御璽を承継されたことを明らかにするもの。この案は、それらの取り扱いについて、式典委員会で決定された次第概要や、平成度の例を踏まえたもので、憲法の趣旨に照らして適切なものである」といった発言があり、案通りとすることが了承された。

次に、山本宮内庁長官から、「退位礼正殿の儀は、今回初めて行われる儀式だが、その細目については、皇室の伝統等を参照して検討を重ねてきたところで、宮内庁として、妥当なものであると考える。即位後朝見の儀についても、平成度の在り方を踏襲することを基本としつつ、同じく妥当であると考え、他の儀式とあわせ、つつがなく挙行できるよう万全を期していきたい」といった趣旨の発言があった。横畠内閣法制局長官からも、「式典委員会で決定された次第概要を踏まえたもので、憲法の趣旨に照らして適切なものである」といった賛同の発言があり、案の通りとすることが了承された。

ここで、式典委員会副委員長の菅内閣官房長官から、退位礼正殿の儀については挙行日の1週間前を目途に、剣璽等承継の儀と即位後朝見の儀については、ご即位当日の5月1日に、それぞれ国事行為である国の儀式として行うことについて閣議決定を行うとともに、細目については官報で公示する旨の発言があった。

次の議題は「御即位に伴う慶祝行事等について」である。山﨑皇位継承式典事務局長から示された案に対して野上内閣官房副長官から「天皇陛下ご在位30年に際しては、多くの行事等が行われて祝賀の機運が非常に高まっていて、ご即位に際しても、各府省において同様の対応を行うことにより機運を高めていただきたい」という趣旨の発言があり、案通りとすることが了承された。

また、「即位礼正殿の儀等への外国からの参列者の範囲について」の案の説明があり、杉田内閣官房副長官から、「外国からの参列者は、遠路お越しいただくものであり、調整や準備には時間を要する。式典の『参列者推薦基準』は、今後決定することとなるが、外国からの招待予定者については、これに先立って、外務省を通じて速やかに連絡するという方針が、妥当である」といった発言があった。そして、即位礼正殿の儀等への外国参列者の招待については、事務局の説明の通り各国に連絡することが了承された。

最後に、委員長である安倍内閣総理大臣から、「我が国の歴史的な節目を、つつがなく迎えることができるよう、準備に万全を尽くしてまいりたい」といった挨拶があり会議は終了した。

3日後の22日には皇位継承式典実施連絡本部の第3回会合が開かれ、式典委員会での決定事項を踏まえ、諸準備に当たっていくことが徹底された。なお、これらに先立つ3月8日には第5回の大礼委員会が開かれたが、この日の議事は「退位の礼関係諸儀式の式次第について」だったため省略する。

第4回 皇位継承式典委員会の決定事項
（平成31年3月19日）

「天皇陛下御在位三十年記念式典の挙行について」

（省略）

「内閣総理大臣夫妻主催晩餐会における文化行事総合アドバイザーについて」

内閣総理大臣夫妻主催晩餐会における文化行事については、伝統芸能についての優れた知見等を活用するため、

狂言師・演出家 野村萬斎氏

を総合アドバイザーとし、文化行事の在り方（コンセプト、伝統文化の種類、演者、演目、演出方法等）について、総合的に助言を得つつ進めることとする。

「剣璽等承継の儀の細目について」

午前10時15分、参列者が宮殿の千草の間及び千鳥の間に参集する。

同時刻、皇嗣及び親王が皇族休所に参集される。

次に参列者が正殿松の間の所定の位置に列立する。

式部官が誘導する。

午前10時30分、天皇が正殿松の間にお出ましになる。

式部官長及び宮内庁長官が前行し、皇嗣及び親王が供奉され、侍従長及び侍従が随従する。

次に侍従がそれぞれ剣及び璽を捧持して正殿松の間に入る。

式部副長及び侍従次長が前行し、侍従がそれぞれ国璽及び御璽を捧持して後続する。

次に侍従がそれぞれ剣及び璽を御前の案上に置く。

次に侍従がそれぞれ国璽及び御璽を御前の案上に置く。

次に天皇が御退出になる。

式部官長及び宮内庁長官が前行し、侍従がそれぞれ剣及び璽を捧持し、皇嗣及び親王が供奉され、侍従長及び侍従が随従する。

次に侍従がそれぞれ国璽及び御璽を捧持して退出する。

　式部副長及び侍従次長が前行する。

次に参列者が退出する。

○

服装―男子：燕尾服、紋付羽織袴またはこれらに相当するもの（モーニングコートも可）
　女子：ロングドレス、白襟紋付またはこれらに相当するもの
　勲章着用

○

参列者の範囲は、次のとおりとする。

内閣総理大臣、国務大臣、衆議院議長、衆議院副議長、参議院議長、参議院副議長、最高裁判所長官、最高裁判所判事（長官代行）

「即位後朝見の儀の細目について」


午前10時50分、参列者が宮殿の千草の間、千鳥の間及び春秋の間に参集する。

午前10時55分、皇嗣、皇嗣妃、親王、親王妃、内親王及び女王が皇族休所に参集される。

次に参列者が正殿松の間の所定の位置に列立する。

　式部官が誘導する。

午前11時10分、天皇が皇后とともに正殿松の間にお出ましになる。

　式部官長及び宮内庁長官が前行し、皇嗣、皇嗣妃、親王、親王妃、内親王及び女王が供奉され、侍従長、侍従、女官長及び女官が随従する。

次に天皇のおことばがある。

次に内閣総理大臣が御前に参進し、国民代表の辞を述べる。

次に天皇が皇后とともに御退出になる。

　前行、供奉、随従は、お出ましの時と同じである。

次に参列者が退出する。

○

服装（剣璽等承継の儀の細目と同じ）

○

参列者の範囲は、次のとおりとする。
内閣総理大臣、国務大臣、内閣官房副長官、副大臣及び内閣法制局長官、衆議院の議長、副議長、常任委員長、特別委員長、審査会長及び事務総長並びに参議院の議長、副議長、常任委員長、特別委員長、調査会長、審査会長及び事務総長並びに国立国会図書館長、最高裁判所長官、最高裁判所判事、高等裁判所長官及び最高裁判所事務総長
特記した認証官以外の認証官
都道府県知事の代表及び都道府県議会の代表各2人
市長の代表及び市議会の代表各2人
町村長の代表及び町村議会の代表各2人
その他特に認める者
以上の者の配偶者

「退位礼正殿の儀の細目について」（省略）

「御即位に伴う慶祝行事等について」

皇太子殿下の御即位を記念して、各府省において慶祝行事等を行う。

「即位礼正殿の儀等への外国からの参列者の範囲について」

即位礼正殿の儀等への外国からの参列者については、第2回式典委員会における各式典への参列者数の決定等を踏まえ、以下を予定している旨、各国に連絡する。

1　即位礼正殿の儀
　外国元首・祝賀使節夫妻及び駐日外国大使並びに海外日系人の代表
2　饗宴の儀
　外国元首・祝賀使節夫妻及び駐日外国大使夫妻並びに海外日系人の代表
3　内閣総理大臣夫妻主催晩餐会
　外国元首・祝賀使節夫妻及びその他各国代表各2名並びに海外日系人の代表

「ご譲位」と「ご即位」を半月後に控えて

第6回の大礼委員会は4月15日に行われた。最初に、先に行われた第4回の皇位継承式典委員会の結果について説明があり、次に当日の議題である「即位の礼及び大嘗祭関係諸儀式等（斎田点定《さいでんてんてい》の儀まで）の式次第」へと移った。

今回、議事の対象となった儀式は以下の「賢所の儀」「皇霊殿神殿に奉告の儀」「賢所に期日奉告の儀」「皇霊殿神殿に期日奉告の儀」「神宮神武天皇山陵及び昭和天皇以前四代の天皇山陵に勅使発遣の儀」「神宮に奉幣の儀」「神武天皇山陵及び昭和天皇以前四代の天皇山陵に奉幣の儀」そして「斎田点定の儀」である。

式部副長から、その次第案の説明が行われたが、従来の方針通り、いずれも平成大礼の儀式の枠組みを基本に次第の立案が行われており、ほぼ変わりはない。明記できるところには時間を入れ、「皇嗣」「皇嗣妃」など新たに加わった表記を追記するなどの変更があるだけで、異論はなく案通りとすることが了承された。

なお、「賢所の儀」と「皇霊殿神殿に奉告の儀」については、平成度は諒闇《りょうあん》中であったが、今回はそうでないことを踏まえ、大礼の執行の円滑化を任務とする大礼委員が儀式を見届けるために参列することとなった。

最後には宮内庁長官より、半月後に迫った「ご譲位」と「ご即位」を前にして「全庁、心を一つにして務めていっていただきたい」といった挨拶があった。

第6回 大礼委員会の了承事項
（平成31年4月15日）

即位の礼及び大嘗祭関係諸儀式等（斎田点定の儀まで）の式次第

「賢所の儀（第1日）」

5月1日午前9時、御殿を装飾する。
次に御扉《みとびら》を開く。
次に神饌を供する。
次に掌典長が祝詞を奏する。
次に御鈴《おすず》の儀がある（内掌典《ないしょうてん》が奉仕する）。
次に大礼委員が着床する。
午前10時30分、天皇御代拝、御告文を奏する（掌典長「衣冠単」が奉仕する）。
次に皇后御代拝（掌典次長「衣冠単」が奉仕する）。
次に大礼委員が拝礼する。
次に神饌を撤する。
次に御扉を閉じる。
次に各退出する。

○

服装—天皇御代拝：衣冠単
皇后御代拝：衣冠単
掌典長、掌典次長、掌典及び掌典補：祭服
内掌典：衣袴《きぬはかま》、袿袴《けいこ》
出仕《しゅっし》：麻浄衣《あさじょうえ》
モーニングコートまたはこれに相当するもの

「皇霊殿に奉告の儀」「神殿に奉告の儀」

賢所の儀に倣う（御鈴の儀はない）。

「賢所の儀（第2日）」

5月2日午前9時、御殿を装飾する。
次に御扉を開く。
次に神饌を供する。
次に掌典長が祝詞を奏する。
次に御鈴の儀がある（内掌典が奉仕する）。
次に大礼委員が着床する。
午前10時、天皇御代拝（掌典長「衣冠単」が奉仕する）。
次に皇后御代拝（掌典次長「衣冠単」が奉仕する）。
次に大礼委員が拝礼する。
次に神饌を撤する。
次に御扉を閉じる。
次に各退出する。

「賢所の儀（第3日）」

賢所の儀（第2日）に倣う。

「賢所に期日奉告の儀」

5月8日午前8時30分、御殿を装飾する。
午前10時10分、参列の諸員が休所に参集する。
次に皇嗣、皇嗣妃、親王、親王妃、内親王及び女王が賢所参集所に参集される。
次に天皇、皇后が綾綺殿にお入りになる。
次に天皇に御服を供する（侍従が奉仕する）。
次に天皇に御手水を供する（侍従が奉仕する）。
次に天皇に御笏を供する（侍従が奉仕する）。
次に皇后に御服を供する（女官が奉仕する）。
次に皇后に御手水を供する（女官が奉仕する）。
次に皇后に御檜扇を供する（女官が奉仕する）。
次に御扉を開く。
この間、神楽歌を奏する。
次に神饌及び幣物を供する。
この間、神楽歌を奏する。
次に掌典長が祝詞を奏する。
次に大礼委員が着床する。
次に諸員が参進して幄舎に着床する。
式部官が誘導する。
次に皇嗣、皇嗣妃、親王、親王妃、内親王及び女王が参進して幄舎に着床される。
式部官が誘導する。
午前10時30分、天皇がお出ましになる。
掌典長が前行し、侍従が剣璽を捧持し、侍従が随従する。
次に天皇が内陣の御座にお着きになる。侍従が剣璽を捧持し、外陣に候する。
次に天皇が御拝礼になり、御告文をお奏しになる（御鈴を内掌典が奉仕する）。
次に天皇が御退出になる。
前行及び随従は、お出ましの時と同じである。
次に皇后がお出ましになる。
掌典長が前行し、女官が随従する。
次に皇后が内陣の御座にお着きになる。女官が簀子に候する。
次に皇后が御拝礼になる。
次に皇后が御退出になる。
前行及び随従は、お出ましの時と同じである。
次に皇嗣、皇嗣妃、親王、親王妃、内親王及び女王が拝礼される。
次に諸員が拝礼する。
次に大礼委員が拝礼する。
次に幣物及び神饌を撤する。
この間、神楽歌を奏する。
次に御扉を閉じる。
この間、神楽歌を奏する。
次に各退出する。

参列の諸員は、次のとおりとする。
内閣総理大臣及び国務大臣並びに衆議院及び参議院の議長及び副議長並びに最高裁判所長官及び最高裁判所判事（長官代行）
認証官総代
各省庁の事務次官の総代
都道府県の総代
市町村の総代
その他別に定める者

○

服装—天皇：御束帯（黄櫨染御袍）
皇后：御五衣・御小袿・御長袴
侍従、掌典長、掌典次長、掌典及び楽長：衣冠単
女官：袿袴
内掌典：衣袴、袿袴
掌典補、楽師：布衣《ほい》単《ひとえ》
出仕：雑色《ぞうしき》
モーニングコートまたはこれに相当するもの

お列

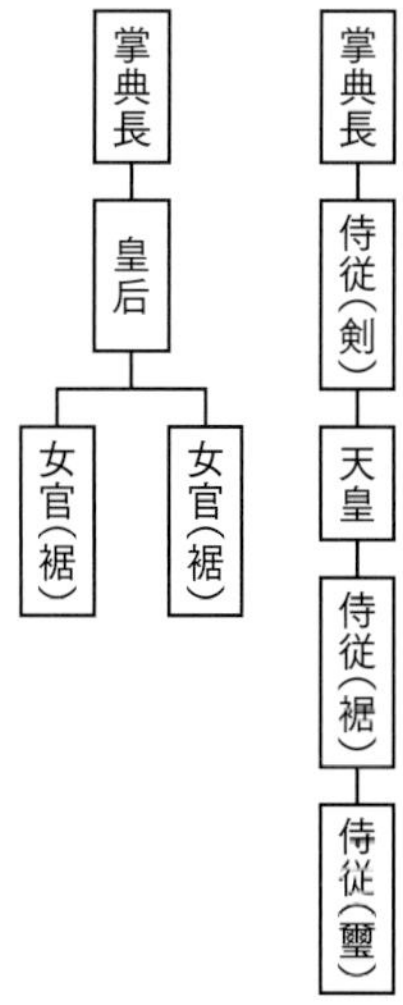

「皇霊殿に期日奉告の儀」
「神殿に期日奉告の儀」

賢所に期日奉告の儀に倣う（御鈴の儀はない）。

「神宮神武天皇山陵及び昭和天皇以前四代の天皇山陵に勅使発遣の儀」


5月8日午後1時、御殿を装飾する。

午後1時55分、大礼委員が着床する。

次に勅使が着床される。

午後2時、天皇がお出ましになる。

式部官長及び宮内庁長官が前行し、侍従が御剣《ぎょけん》を捧持し、侍従長及び侍従が随従する。

次に幣物を御覧になる（掌典長が侍立する）。

次に神宮に参向の勅使をお召しになる。

次に御祭文《ごさいもん》を勅使にお授けになる（宮内庁長官が奉仕する）。

次にお言葉があり、勅使が退いて幣物の傍らに立たれる。

次に幣物を辛櫃に納める（掌典が奉仕する）。

次に勅使が幣物を奉じて御殿を辞される。

次に神武天皇山陵及び昭和天皇以前四代の山陵に参向の勅使を順にお召しになる。

次に御祭文を勅使にお授けになる（宮内庁長官が奉仕する）。勅使が退いて幣物の傍らに立たれる。

次に幣物を辛櫃に納める（掌典が奉仕する）。

次に勅使が幣物を奉じて御殿を辞される。

次に天皇が御退出になる。

前行及び随従は、お出ましの時と同じである。

次に各退出する。

○

服装—天皇：御引直衣《おひきのうし》
勅使：衣冠単（帯剣）
宮内庁長官、侍従長、侍従、式部官長、掌典長及び掌典：衣冠
辛櫃奉舁者：衣冠単
モーニングコートまたはこれに相当するもの

お列

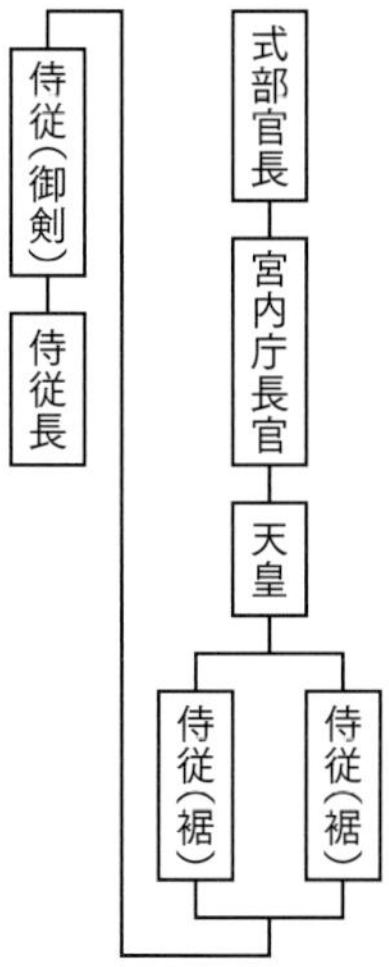

「神宮に奉幣の儀」

皇大神宮　豊受大神宮

神宮の祭式による。

○

服装—勅使：衣冠単（帯剣）
勅使随員：衣冠単
出仕：雑色

「神武天皇山陵に奉幣の儀」


5月10日午前8時、陵所を装飾する。

午前10時　勅使が参進して着床される。

次に神饌を供する。

この間、楽を奏する。

次に掌典が祝詞を奏する。

次に幣物を供する。

次に勅使が拝礼の上、御祭文を奏される。

次に幣物及び神饌を撤する。

この間、楽を奏する。

次に各退出する。

○

服装—勅使：衣冠単（帯剣）
勅使随員、掌典：衣冠単
掌典補、楽師：布衣単
出仕：雑色
モーニングコートまたはこれに相当するもの

「昭和天皇山陵に奉幣の儀」

「孝明天皇山陵に奉幣の儀」


（省略　神武天皇山陵に奉幣の儀と同）

「明治天皇山陵に奉幣の儀」


5月10日正午、陵所を装飾する。

午後2時　勅使が参進して着床される。

次に神饌を供する。

この間、楽を奏する。

次に掌典が祝詞を奏する。

次に幣物を供する。

次に勅使が拝礼の上、御祭文を奏される。

次に幣物及び神饌を撤する。

この間、楽を奏する。

次に各退出する。

○

服装―勅使：衣冠単（帯剣）
勅使随員、掌典：衣冠単
掌典補、楽師：布衣単
出仕：雑色
モーニングコートまたはこれに相当するもの

「大正天皇山陵に奉幣の儀」

（省略　明治天皇山陵に奉幣の儀と同）

「斎田点定の儀」

5月13日午前8時30分、神殿を装飾する。
次に御扉を開く。
この間、神楽歌を奏する。
次に神饌を供する。
この間、神楽歌を奏する。
次に掌典長が祝詞を奏する。
時刻、大礼委員が幄舎に着床する。
午前10時、斎田点定の儀がある。
次に神饌を撤する。
この間、神楽歌を奏する。
次に御扉を閉じる。
この間、神楽歌を奏する。
次に各退出する。

○

服装―掌典長、掌典次長、掌典及び楽長：衣冠
内掌典：袿袴
掌典補、楽師：布衣
出仕：雑色
モーニングコートまたはこれに相当するもの

内閣総理大臣夫妻主催晩餐会では狂言、歌舞伎、文楽、能を

元号が令和に替わった5月21日には第5回の皇位継承式典委員会が開かれた。今回の議題は、「即位礼正殿の儀当日における祝意奉表」「祝賀御列の儀の経路及び列立て」「内閣総理大臣夫妻主催晩餐会における文化行事」などについてである。

まずは、山﨑皇位継承式典事務局長から、先に挙行された「退位礼正殿の儀」と「剣璽等承継の儀」「即位後朝見の儀」についての報告があり、参列者がそれぞれ294名、26名、292名だったことも示された。これに対し山本宮内庁長官から「非常に厳粛な雰囲気で滞りなく終えることができた。事務を担当した宮内庁として、ご協力に感謝申し上げる」といった発言があった。また、事務局長からは、ご即位に伴って府省や都道府県などで実施または予定されている慶祝行事の説明もあった。

続いて議事に移り、まずは「即位礼正殿の儀当日における祝意奉表について」の案が事務局から説明された。これに対し西村内閣官房副長官から、「ご即位にあたっては、祝賀の機運が大変高まった。即位礼正殿の儀の行われる10月22日も、国民こぞってお祝いする観点から、祝意奉表を行うべきである。このことは、先の国会において成立した天皇の即位の日及び即位礼正殿の儀の行われる日を休日とする法律の趣旨にも合致する」という趣旨の発言があり、「祝意奉表」については案の通りとすることが了承された。

このことに関連し副委員長である菅内閣官房長官から、この祝意奉表については、従前の例に従い、1か月前を目途に、閣議決定を行うとの発言があった。

次は「祝賀御列の儀の経路及び列立てについて」である。その「経路」については、「平成度と同一路」のA案と「平成5年の結婚の儀の時に使われた」B案、そして新たに考案されたC案があり、それぞれ「全長」「視認性、開放性」「沿道の収容能力、安全確保」「周辺の交通への影響」といった観点から説明が行われた。

それに対して示された意見の概要は以下の通りだ。

「経路については、広く国民にご即位を披露し祝福を受けるという儀式の趣旨に照らせば、開放的で見晴らしが良く、沿道の人々から両陛下のお姿を拝しやすいものとすることがふさわしい。列立てについては、平成度において当時の皇太子殿下が供奉されたことを踏まえ、今回は、秋篠宮皇嗣・同妃両殿下が供奉されることになるものと考える」（山本宮内庁長官）

「祝賀御列の儀においては、奉祝者の安全確保、沿道の警備に万全を期すとともに、都心部の交通への影響が少しでも小さい経路とすることが望ましい。奉祝者による御列の視認性や開放性に優れていることもありC案が適切である」（杉田内閣官房副長官）

野上内閣官房副長官からもそれらに賛同する意見があり、C案の経路が採用され、列立てについては案通りとなった。

続いての議題は「内閣総理大臣夫妻主催晩餐会における文化行事について」である。まず事務局から、その文化行事については、「総合アドバイザーである野村萬斎氏からの助言により①狂言・歌舞伎・文楽、②能とし、それぞれ次のコンセプト、演目、演者とした」という説明があった。その①のコンセプトは「時代を超えて共存する日本の伝統文化の特徴を背景として、その歴史的流れを表現する」というもので、「成

立の時代が異なる狂言、歌舞伎、文楽の3種別で同一演目を共演。演目は『三番叟《さんばそう》』で、演者は狂言・野村萬斎氏、歌舞伎・市川海老蔵氏、文楽・吉田玉男氏」である。②のコンセプトは「親から子へ継承される日本の伝統文化の特徴を背景として、親子の演者による共演を披露する」というもので、「親子共演により能を共演。演目は『石橋《しゃっきょう》』で、演者は観世清和氏・三郎《さぶろう》太《た》氏親子」というものだった。

この案に対し、西村内閣官房副長官から、「日本の伝統文化を外国からの参列者に紹介し、皇位の継承を寿ぐにふさわしい内容となっている。引き続き、関係者の皆様には、入念な準備を進めていただきたい」といった発言があり、案通りとすることが了承された。

最後に「平成度における即位礼正殿の儀等の実施状況について」事務局から説明があり、山本宮内庁長官から、以下のような発言があった。

「昨年4月に閣議決定された基本方針において、各式典の基本的な考え方や内容は平成度を踏襲するべきとされたことを踏まえ、即位礼正殿の儀について、今回も、高御座《たかみくら》及び御帳台《みちょうだい》を正殿松の間に置き、天皇陛下には高御座からおことばをお述べいただくこと、剣璽等の捧持・奉安を行うこと、正殿の装飾や、中庭に旛《ばん》や桙《ほこ》を配置し、儀式を荘重ならしめることなどがふさわしい。なお、『萬歳旛《ばんざいばん》』について、平成度においては、総理に揮毫いただいたものを用いたことを踏まえ、今回も、総理に揮毫いただいたところであり、改めて御礼申し上げる。引き続き、必要な準備を進めていく」

また、他の委員からも「平成度の例を踏襲することを基本とするとともに、これまで式典委員会において重ねられてきた議論の内容を適切に反映する必要がある」旨の発言があった。「即位礼正殿の儀等の次第概要」については次回の式典委員会での議題になる予定という。野上内閣官房副長官からは、「祝賀御列の儀においては、先に行われたご即位一般参賀と同様、大勢の人々が沿道に訪れることが想定され、儀式に華を添えるため、平成度と同様、自衛隊による儀じょう・と列及び警察などによる奏楽を実施してもらいたい」という趣旨の意見があった。

最後に、安倍首相から「憲政史上初のご退位及びご即位が、国民の祝福の中でつつがなく行われ、新しい令和の時代が晴れやかに始まったことを、心からお慶び申し上げる」といった発言があり会は終了した。

第5回 皇位継承式典委員会の決定事項

（令和元年5月21日）

「即位礼正殿の儀当日における祝意奉表について」

即位礼正殿の儀当日（10月22日）、祝意を表するため、各府省においては、下記の措置をとるものとする。

記

1 国旗を掲揚すること。

2 地方公共団体に対しても、国旗を掲揚するよう協力方を要望すること。

3 地方公共団体以外の公署、学校、会社、その他一般においても、国旗を掲揚するよう協力方を要望すること。

「祝賀御列の儀の経路及び列立てについて」

祝賀御列の儀の経路及び列立てについては、下記のとおりとする。

記

1 経路

御列は、宮殿を御出発になり、二重橋前交差点、桜田門交差点、国会議事堂正門前、憲政記念館前交差点、国立国会図書館前、平河町交差点、都道府県会館前、赤坂御用地南門前、青山一丁目交差点及び権田原交差点を経て、赤坂御所に御到着になる。

2 列立て

（1）祝賀御列の儀には、秋篠宮皇嗣同妃両殿下が供奉される。

（2）祝賀御列の儀の自動車列には、天皇陛下の御退位及び皇太子殿下の御即位に伴う式典委員会の関係者たる内閣総理大臣、内閣官房長官及び内閣官房副長官等の車両が参加する。

「内閣総理大臣夫妻主催晩餐会における文化行事について」

内閣総理大臣夫妻主催晩餐会における文化行事においては、狂言、歌舞伎及び文楽による「三番叟」並びに能の「石橋」を披露することとする。

祝賀御列の儀に関しては荒天に備え予備日を設ける

令和元年6月20日、総理大臣官邸大会議室で第6回皇位継承式典委員会が行われた。議題は「即位礼正殿《せいでん》の儀」、「祝賀御列《おんれつ》の儀」、「饗宴の儀」及び「内閣総理大臣夫妻主催晩餐会」の次第概要などである。まず安倍首相から挨拶があり、山﨑皇位継承式典事務局長が資料に即しながら「即位礼正殿の儀について」と「即位礼正殿の儀の次第概要等について（案）」の説明を行った。

これに対し山本宮内庁長官から「即位礼正殿の儀において、天皇陛下が高御座《たかみくら》にお昇りになり、おことばを述べられるのは、古来の皇室の伝統に則ったものであり、ご即位を公に宣明されるという儀式の意義にかなうものである」という趣旨の発言があった。杉田内閣官房副長官からは「昨年4月に閣議決定された基本方針にある通り、平成の御代替《みよが》わりに伴い行われた式典は、現行憲法下において十分な検討が行われた上で挙行されたものであることから、今回についても基本的な考え方や内容は踏襲されるべきである。その意味で、即位礼正殿の儀において、内閣総理大臣が国民の代表として、正殿内において寿詞《よごと》を述べ、万歳三唱を行うことは適切である」といった発言があった。

さらに、横畠内閣法制局長官からは「即位礼正殿の儀は、皇位の世襲制をとる我が国の憲法の下で、日本国及び日本国民統合の象徴である天皇陛下がご即位を公に宣明されるとともに、ご即位を内外の代表が寿《ことほ》ぐ儀式であり、宗教上の儀式としての性格を有するものではない。また、高御座は歴史上、伝統的皇位継承儀式において用いられてきたもので、皇位と結びついた古式ゆかしい調度品として伝承されてきたものと理解している。即位礼正殿の儀において、そのような調度品として高御座を用いることは、憲法に定める政教分離原則や国民主権原則との関係において問題はない」という趣旨の発言があった。

続いて山本宮内庁長官から、「各式典の基本的な考え方や内容は平成度を踏襲するべきとされたことを踏まえ、剣璽等を奉持《ほうじ》・奉安《ほうあん》すること、正殿や宮殿中《ちゅう》庭《てい》の装飾、威儀《いぎ》の者等を配置することは、皇室の伝統にかなうものである」といった発言があった。横畠内閣法制局長官からも「即位礼正殿の儀は、もとより宗教上の儀式としての性格を有するものではない。その上でこの儀式において、皇位のしるしとして皇位継承者に伝えられ、皇位とともに伝わるべき由緒ある物として皇室経済法に規定された剣及び璽、また、天皇の国事行為で使用される国璽及び御璽を陛下の傍らに安置することは、憲法に定める政教分離原則などに反するものではない」という趣旨の発言があった。

一方、西村内閣官房副長官からは「即位礼正殿の儀の参列者推薦基準は、式典委員会におけるこれまでの議論を踏まえ、招待国数の増加等の事情の変化に対応し、約2500名の範囲内で、国内外を代表する方々が定められており、適切な構成になっている」といった発言があった。こうして「即位礼正殿の儀の次第概要等について」は案通りとすることが了承された。

次の議題は「祝賀御列の儀の次第概要等について」で、まずは、先と同様に資料に即しながら山﨑皇位継承式典事務局長から説明があった。これに対して野上内閣官房副長官から「祝賀御列の儀の次第や服装のあり方は、平成度を踏襲したものであり、適当である。広く国民にご即位を披露し、祝福を受けられるという儀式の趣旨や、天皇・皇后両陛下のお車がオープン・カーであることを考慮すると、式典当日に台風が来るなど悪天候であった場合の対応として、予備日を設けるといったことも検討しておくべきである」といった発言があった。杉田内閣官房副長官からは「予備日を設ける場合は、国民の参加のしやすさ、交通規制による影響等の観点を踏まえると、週末や祝日で、皇室における行事予定も勘案して設定する必要がある」といった発言があった。

これに対して山本宮内庁長官から「祝賀御列の儀は、両陛下が国民から広く祝福を受けられるせっかくの機会であり、式典予定日が荒天となる場合の予備日を設けることは適切である。その場合、杉田副長官のご意見も踏まえると、具体的には10月26日の土曜日が候補日となるのではないか」という趣旨の発言があった。

その結果、「祝賀御列の儀の次第概要等について」は案通りとすることが了承され、副委員長である菅内閣官房長官によって「予備日については10月26日の土曜日を軸に、今後具体的に検討していく」こととなった。

高御座等の一般参観は、京都に加え、東京でも開催

次の議事は「饗宴の儀について」で、「饗宴の儀の次第概要等について（案）」などの説明が山﨑皇位継承式典事務局長からあった。次に山本宮内庁長官から「昨年開催された式典準備委員会でも申し上げたところだが」と断ったうえで「平成度の饗宴の儀の第1日では、天皇・皇后両陛下は、冒頭の外国元首等からのご挨拶を受けられるだけで、約1時間半お立ちのままでおられ、当日は深夜までご対応になられた」状況を説明。「招待したお客様のためにも、饗宴の儀の全体時間は、長くなりすぎないようにすることが望ましい。また、駐日外国大使等を招待して行う回の饗宴については、平成度は、儀式に先立ち、各国大使等夫妻との謁見が個別に行われたが、他の行事等の例に鑑みれば、個別の謁見は行わないこととするのでよい」といった発言があった。

これに対し、西村内閣官房副長官から「饗宴の儀の参列者については、特に、即位礼正殿の儀に参列されない駐日外国大使等の配偶者に配慮して、これらの

方々を招待することとなっており、外交儀礼の観点からも適切である」という趣旨の発言があった。その結果、饗宴の儀の次第概要等について案通りとすることが了承された。

次は「内閣総理大臣夫妻主催晩餐会の次第概要等について」で、山﨑皇位継承式典事務局長からの説明を受け、野上内閣官房副長官から「文化行事や正餐の行われる時間帯を、適切な時間に設定するとともに、あまり遅くならない時間に終了するという観点から、開始時間を平成度より前倒しすることは適切である」という趣旨の発言があって案通りとすることが了承された。

最後の議題は「儀じょう、礼砲、奏楽、と列の実施について」と「救急・救護等について」、「高御座等の一般参観について」である。

山﨑皇位継承式典事務局長からの説明があったのち、西村内閣官房副長官から「儀じょう、礼砲、と列は、儀式に厳粛さを与えるものであり、また、奏楽は、儀式に華やぎを与え、奉祝の気運を盛り上げるものであることから、平成度と同様に行っていただきたい」という趣旨の発言があった。野上内閣官房副長官からは「高御座等の一般参観については、平成度に行った京都に加え、東京でも開催し、また、その期間も、10日間から2会場で計40日間と大幅に拡大されることにより、多くの方々に来場していただけることが期待できる」といった発言があった。杉田内閣官房副長官からは「この秋の式典には、多くの外国元首・祝賀使節等が来日される。これに伴い、各式典の円滑な進行を図るため、大規模な交通規制と、それに伴う自動車交通総量の抑制その他の交通対策が必要になると考えられるので、関係省庁に検討を指示したい」という趣旨の発言があった。その結果、最後の議題についても案通りとすることが了承された。

最後に安倍首相から「天皇陛下のご即位から、まもなく2か月が経過する。天皇・皇后両陛下には、国事行為や外国要人のご接遇、地方へのご訪問など、既に大変お忙しい日々をお過ごしでいらっしゃる。心から感謝申し上げる。引き続き、各式典がつつがなく、整然と行われるよう、精力的に検討を進めてまいるので、よろしくお願いしたい」といった発言があって会は終了した。

第6回 皇位継承式典委員会の決定事項

（令和元年6月20日）

「即位礼正殿の儀の次第概要等について」

即位礼正殿の儀の次第概要等については、下記のとおりとする。

記

1　次第概要
儀式の次第概要は、別紙1のとおりとする。

2　参列者推薦基準
儀式の参列者推薦基準は、別紙2のとおりとする。

3　内閣総理大臣の所作
内閣総理大臣は、正殿内において、寿詞《よごと》を述べ、万歳を三唱する。

4　式場の設え等
（1）正殿内の設え
正殿松の間に高御座及び御帳台を置く。
（2）威儀の者等の配置
宮殿中庭に、威儀の者、威儀物捧持者、司鉦司鼓《ししょうしこ》、鉦鼓《しょうこ》の係員及び衛門《えもん》を配置する。
（3）宮殿の装飾
宮殿は、繍帽額《ぬいのもこう》、萬歳旛《ばんざいばん》、日像纛旛《にっしょうとうばん》、月像纛旛《げっしょうとうばん》、菊花章大錦旛《だいきんばん》、菊花章中錦旛、菊花章小錦旛、鉦《しょう》、鼓《こ》及び桙《ほこ》で装飾し、威儀物捧持者が太刀、弓、胡籙《やなぐい》、桙及び楯《たて》を捧持する。

5　服装
（1）天皇陛下
御束帯《おんそくたい》（黄櫨染御袍《こうろぜんのごほう》）
（2）皇后陛下
御五衣《おんいつつぎぬ》、御唐衣《おんからぎぬ》、御裳《おんも》
（3）皇嗣殿下
束帯（黄丹袍《おうにのほう》、帯剣）
（4）皇嗣妃殿下
五衣《いつつぎぬ》、唐衣《からぎぬ》、裳《も》
（5）皇族殿下（男子）
束帯（帯剣）
（6）皇族各殿下（女子）
五衣、唐衣、裳
（7）宮内庁長官、侍従長等
束帯
（8）女官長等
五衣、唐衣、裳
（9）威儀の者、衛門
束帯（帯剣、弓）
（10）威儀物捧持者、司鉦司鼓等
束帯
（11）参列者
男子　燕尾服、モーニングコート、紋付羽織袴又はこれらに相当するもの
女子　ロングドレス、デイドレス、白襟紋付又はこれらに相当するもの
勲章着用

6　その他
儀式の細目は、内閣総理大臣が定める。

別紙1
即位礼正殿の儀次第概要

天皇陛下が正殿松の間にお出まし
［侍従がそれぞれ剣、璽、国璽及び御璽を捧持］
天皇陛下が高御座にお昇り
［侍従が剣、璽、国璽及び御璽を高御座の案上に奉安］
皇后陛下が正殿松の間にお出まし
皇后陛下が御帳台にお昇り
参列者敬礼
天皇陛下のおことば
寿詞（内閣総理大臣）
万歳三唱
天皇陛下が御退出
［侍従がそれぞれ剣、璽、国璽及び御璽を捧持］
皇后陛下が御退出
［儀式は、午後1時（天皇陛下が正殿松の間にお出まし）に始まり、おおむね午後1時30分（皇后陛下が御退出）に終わる（予定）］

別紙2
即位礼正殿の儀参列者推薦基準

1 皇室関係
2 立法機関
（1）衆・参両院議長、副議長各夫妻
（2）国会議員（衆・参両院議長、副議長、内閣総理大臣、国務大臣、内閣官房副長官、副大臣、大臣政務官を除く）
（3）国会事務局（国立国会図書館を含む）の職員で参列するにふさわしい者
3 行政機関
（1）内閣総理大臣、副総理各夫妻
（2）国務大臣
（3）内閣官房副長官、副大臣、大臣政務官、内閣法制局長官
（4）内閣危機管理監、内閣情報通信政策監、国家安全保障局長、個人情報保護委員会委員長、公害等調整委員会委員長、運輸安全委員会委員長、内閣官房副長官補、内閣広報官、内閣情報官、内閣総理大臣補佐官、内閣法制次長、事務次官、会計検査院事務総長、人事院事務総長、警察庁長官、金融庁長官、消費者庁長官、統合幕僚長
（5）会計検査院長、検査官、人事院総裁、人事官、公正取引委員会委員長、原子力規制委員会委員長、検事総長、次長検事、検事長
（6）その他の職員で参列するにふさわしい者
4 司法機関
（1）最高裁判所長官、最高裁判所判事（長官代行）各夫妻
（2）最高裁判所判事
（3）高等裁判所長官
（4）その他の職員で参列するにふさわしい者
5 元三権の長
元内閣総理大臣、元衆・参両院議長、元最高裁判所長官各夫妻
6 地方公共団体
（1）都道府県知事、同議会議長
（2）政令指定都市の市長、同議会議長
（3）市長の代表［2］、同議会議長の代表［2］
（4）町村長の代表［2］、同議会議長の代表［2］
7 外交関係
外国元首・祝賀使節等夫妻、駐日外国大使等
8 各界代表
次の各号の一に該当する者
（1）各界において代表的立場にある者
（2）（1）以外の者でふさわしい者、例えば、次に掲げるところに該当する者
（ア）文化勲章その他の勲章受章者、褒章受章者、文化功労者
（イ）研究等で顕著な業績を挙げた者
（ウ）技術、技能、芸術、文化、スポーツ等の各分野で顕著な業績を挙げた者
（エ）産業、経済等の各分野で顕著な業績を挙げた者
（オ）社会教育、社会福祉あるいは更生関係の各分野で貢献のあった者
（カ）青少年を代表するにふさわしい者
（キ）国際親善の増進等に貢献のあった者
（ク）海外日系人を代表するにふさわしい者
9 報道関係
テレビ、ラジオ、新聞、雑誌、外国報道関係等各代表

「祝賀御列の儀の次第概要等について」

祝賀御列の儀の次第概要等については、下記のとおりとする。

記

1 次第概要
儀式の次第概要は、別紙のとおりとする。
2 服装
男子　燕尾服
女子　ロングドレス
勲章着用
3 その他
儀式の細目は、内閣総理大臣が定める。

別紙
祝賀御列の儀次第概要

天皇皇后両陛下が宮殿南車寄《くるまよせ》にお出まし
［皇嗣同妃両殿下が供奉《ぐぶ》］
国歌演奏
御列が宮殿南車寄を御出発
［宮殿～皇居正門～二重橋前交差点～桜田門交差点～国会議事堂正門前～憲政記念館前交差点～国立国会図書館前～平河町交差点～都道府県会館前～赤坂御用地南門前～青山一丁目交差点～権田原交差点～赤坂御所正門～赤坂御所］

御列が赤坂御所御車寄に御到着
国歌演奏
天皇皇后両陛下が赤坂御所にお入り
［御列は、午後3時30分に宮殿南車寄を御出発になり、おおむね午後4時に赤坂御所御車寄に御到着になる（予定）］

「饗宴の儀の次第概要等について」

饗宴の儀の次第概要等については、下記のとおりとする。

記

1 次第概要
儀式の次第概要は、別紙1のとおりとする。
2 参列者推薦基準
儀式の参列者推薦基準は、別紙2のとおりとする。
3 服装
（1）第1回
男子 燕尾服、紋付羽織袴又はこれらに相当するもの（タキシードも可）
女子 ロングドレス、白襟紋付又はこれらに相当するもの
勲章着用
（2）第2回から第4回まで
男子 モーニングコート、紋付羽織袴又はこれらに相当するもの
女子 ロングドレス、デイドレス、白襟紋付又はこれらに相当するもの
4 その他
儀式の細目は、内閣総理大臣が定める

別紙1
饗宴の儀次第概要

第1日（令和元年10月22日）
天皇皇后両陛下が正殿竹の間にお入り
国内参列者と御挨拶
外国参列者と御挨拶
［正殿松の間において参列者に高御座及び御帳台を供覧
春秋の間において参列者に食前の飲み物を提供
春秋の間において参列者に舞楽を供覧］
天皇皇后両陛下が豊明殿にお入り
食事（着席）
天皇皇后両陛下が春秋の間にお入り
食後の飲み物を提供
天皇皇后両陛下が松風の間にお入り
外国参列者と御挨拶
天皇皇后両陛下が御退出
［儀式は、午後7時20分（天皇皇后両陛下が正殿竹の間にお入り）に始まり、おおむね午後10時50分（天皇皇后両陛下が御退出）に終わる（予定）］

第2日（令和元年10月25日）
天皇皇后両陛下が豊明殿にお出まし
天皇陛下のおことば
祝詞（内閣総理大臣）
国歌演奏
乾杯
食事（着席）
天皇皇后両陛下が御退出
［儀式は、正午（天皇皇后両陛下が豊明殿にお出まし）に始まり、おおむね午後0時40分（天皇皇后両陛下が御退出）に終わる（予定）］

第3日（令和元年10月29日）
天皇皇后両陛下が豊明殿にお出まし
天皇陛下のおことば
祝詞（代表者）
国歌演奏
乾杯
食事（立食）
天皇皇后両陛下が豊明殿を御退出
天皇皇后両陛下が春秋の間にお出まし
天皇陛下のおことば
祝詞（代表者）
国歌演奏
乾杯
食事（立食）
天皇皇后両陛下が春秋の間を御退出
［儀式は、午後3時（天皇皇后両陛下が豊明殿にお出まし）に始まり、おおむね午後3時50分（天皇皇后両陛下が春秋の間を御退出）に終わる（予定）］

第4日（令和元年10月31日）
天皇皇后両陛下が春秋の間にお出まし
天皇陛下のおことば
祝詞（外交団長）
乾杯
食事（立食）
天皇皇后両陛下が春秋の間を御退出
天皇皇后両陛下が豊明殿にお出まし
天皇陛下のおことば
祝詞（代表者）
国歌演奏
乾杯
食事（立食）
天皇皇后両陛下が豊明殿を御退出
［儀式は、午後3時（天皇皇后両陛下が春秋の間にお入り）に始まり、おおむね午後3時50分（天皇皇后両陛下が豊明殿を御退出）に終わる（予定）］

別紙2
饗宴の儀参列者推薦基準

1 即位礼正殿の儀に参列した者
2 駐日外国人使等の配偶者

「内閣総理大臣夫妻主催晩餐会の次第概要等について」

内閣総理大臣夫妻主催晩餐会の次第概要等については、下記のとおりとする。

記

1 次第概要
晩餐会の次第概要は、別紙1のとおりとする。
2 参列者推薦基準
晩餐会の参列者推薦基準は、別紙2のとおりとする。
3 会場
ホテルニューオータニ東京

4 服装
平服又は民族衣装
5 その他
晩餐会の細目は、内閣総理大臣が定める。

別紙1
内閣総理大臣夫妻主催晩餐会次第概要

カクテル（芙蓉《ふよう》の間）
［内閣総理大臣夫妻が参列者に挨拶
順次、鶴の間に移動］
文化行事
［狂言・歌舞伎・文楽「三番叟《さんばそう》」
能「石橋《しゃっきょう》」］
正餐
内閣総理大臣挨拶・乾杯
参列者退出
［晩餐会は、午後6時（カクテル）に始まり、おおむね午後9時（参列者退出）に終わる（予定）］

別紙2
内閣総理大臣夫妻主催晩餐会参列者推薦基準

1 外国元首・祝賀使節等
（1）外国元首・祝賀使節等夫妻
（2）前記（1）に掲げる者以外の各国等を代表する者 各2名
（3）即位礼正殿の儀に参列する海外日系人
2 立法機関
衆・参両院議長
3 行政機関
（1）内閣総理大臣
（2）国務大臣
（3）内閣官房副長官、外務副大臣
（4）内閣法制局長官
（5）外務大臣政務官
（6）内閣府事務次官
（7）外務事務次官、外務審議官
（8）文化庁長官
4 司法機関
最高裁判所長官
5 2から4までに掲げる者の配偶者

「儀じょう、礼砲、奏楽及びと列の実施について」

儀じょう、礼砲、奏楽及びと列の実施については、下記のとおりとする。

記

1 即位礼正殿の儀
皇居の門、宮殿及び赤坂御所において、皇宮護衛官による儀じょうを行う。
万歳三唱に合わせて、自衛隊による礼砲を行う。
2 祝賀御列の儀
皇居の門、宮殿及び赤坂御所において、皇宮護衛官による儀じょうを行う。
皇居正門前及び赤坂御所正門前において、自衛隊による儀じょうを行う。
御列の宮殿御出発から赤坂御所御到着までの間、御列の進行に合わせて、宮内庁楽部、皇宮警察音楽隊、自衛隊音楽隊、海上保安庁音楽隊、警視庁音楽隊及び消防音楽隊による奏楽並びに自衛隊によると列を行う。
3 饗宴の儀
皇居の門及び宮殿において、皇宮護衛官による儀じょうを行う。

「救急・救護等について」

救急・救護等については、下記のとおりとする。

記

1 即位礼正殿の儀及び饗宴の儀
皇居内に救護本部等を設置し、宮殿内の救護所や宮内庁病院等における診療体制を確保する。
2 祝賀御列の儀
沿道に救護所及び消防警戒本部を設置し、救急・救護等の体制を確立する。
3 その他
外国元首・祝賀使節等については、空港や宿泊先等における救急医療体制を確立する。

「高御座等の一般参観の実施について」

即位礼正殿の儀に用いられる高御座等の一般参観を、下記のとおり行う。

記

1 参観場所
（1）東京 東京国立博物館本館
（2）京都 京都御所
2 参観期間
（1）東京
令和元年12月22日から同月25日まで及び令和2年1月2日から同月19日まで（東京国立博物館休館日を除く。ただし、令和元年12月23日は実施）
（2）京都
令和2年3月1日から同月22日まで（京都御所休園日を除く。ただし、令和2年3月2日は実施）
（編集部注：新型コロナウイルスの感染拡大により京都での参観は同年7月18日から8月27日となった）
3 参観の対象
高御座、御帳台、威儀物等
4 参観料
無料
5 主催
（1）東京 内閣府、宮内庁及び東京国立博物館
（2）京都 内閣府及び宮内庁

諸儀式の日付は順次確定し、然るべき時点で発表していく

令和元年7月3日、宮内庁では第7回大礼委員会が

開かれた。最初に審議官より、同年5月21日と6月20日に行われた第5回と第6回の皇位継承式典委員会の検討状況についての説明が行われた。続いて「斎田《さいでん》決定等の手続きについて」の議題へと移り、その案について儀式担当の式部副長より以下の内容の説明が行われた。

・これまで累次にわたり、悠紀《ゆき》地方である栃木県と主基《すき》地方である京都府と協議を重ね、斎田決定等の手続きの具体的な内容について協議が整った。今後、宮内庁として決定し、栃木県及び京都府に連絡する。

・配付した資料はその内容をまとめたもので、平成度に実施されたところと同様のものとなっている。

これらの説明を受けて、「斎田決定等の手続きについて」は案通りとすることが了承された。次の議題は「即位の礼及び大嘗祭関係諸儀式等（大嘗宮地鎮祭から即位礼当日皇霊殿神殿に奉告の儀まで）の式次第について」である。先と同様に式部副長から説明があり、その主な内容は以下の通りだった。

・諸儀式は、平成大礼で行われたものを基に、これまでの大礼諸儀式の次第と表現の統一を図り、儀式の実際に即したものとした。

・儀式によって参列の諸員がある場合は、これまで式次第に大礼委員等の着床が記載されてきたことと合わせ、参列の諸員の範囲を記載し、その他、記載方法を統一した。

・日付については、10月22日の即位礼当日の儀式及び7月26日の大嘗宮地鎮祭を除いて確定していない。順次確定し、然るべき時点で発表していく。

これらの説明を受けて、その「式次第」は案通りとすることが了承された。最後に委員長である宮内庁長官より以下のような挨拶があった。

「『退位礼正殿の儀』『剣璽等承継の儀』『即位後朝見の儀』をはじめ関係の諸儀式がつつがなく執り行われた。この間の職員の労を多としたい。敬意を表する。『即位礼正殿の儀』『祝賀御列の儀』『饗宴の儀』まで残すところ4か月弱、大嘗祭まで4か月余りとなり、準備を加速する必要がある。今後、健康に留意しつつ、計画的に準備を進め、万事ぬかりなく務めていってもらいたい」

なお、今回の出席者は委員長の他、以下の人たちであった。副委員長として、宮内庁次長、侍従長、上皇侍従長、皇嗣職大夫《こうししょくだいぶ》、式部官長。委員として、審議官、上皇侍従次長、宮務《きゅうむ》主管、皇室経済主管、侍従次長、式部副長（儀式）、式部副長（外事）、書陵部長、管理部長、京都事務所長。参事として調査員。設置内規第2条第2項に基づく出席者として掌典長である。

また、この第7回大礼委員会に先立つ7月1日、宮内庁は大嘗宮の建設工事に伴う皇居東御苑本丸地区の一部立ち入り制限について発表した。

立ち入り制限箇所は本丸部分を中心に逐次拡大され、11月以降、14、15日の「大嘗宮の儀」当日までは、本丸地区全体を立ち入り制限箇所とする予定という。大嘗祭斎行後については後日、発表する予定だ。それらの立ち入り制限箇所は宮内庁のホームページで確認することができる。なお、二の丸地区と三の丸地区は、儀式当日など特定の日を除いて、公開を継続する。

皇居東御苑は、旧江戸城の本丸・二の丸・三の丸の一部を宮殿の造営に合わせて皇居附属庭園として整備したもので、昭和43年（1968）から公開されている。大嘗宮は平成度においても同じ場所に建てられた（119ページ写真参照）。

第7回 大礼委員会の了承事項
（令和元年7月3日）

「斎田決定等の手続きについて」

1　宮内庁は、農業団体から斎田の推薦を受けることについて、両知事に対し、斡旋を依頼する。

2　宮内庁は、府・県の農業団体に対し、斎田（予備田を含む）を推薦するよう依頼する。
なお、両知事に対し、別途その旨を連絡する。

3　農業団体は、宮内庁に対し、斎田を推薦するとともに、斎田所有者の新穀供納願を宮内庁に提出する。
（斎田の推薦時期については、おって協議する）

4　宮内庁は上記願出を受理したときは、農業団体を通じ、斎田所有者に対し、新穀の供納を依頼する。
なお、宮内庁は、両知事に対し、斎田所有者に新穀の供納を依頼した旨を通知する。
（公表の方法・時期等については、おって協議する）

5　斎田抜穂の儀、新穀の納入期日、方法等については、別途協議する。

6　精米7・5kgの供納等については、農業団体と別途協議する。

即位の礼及び大嘗祭関係諸儀式等（大嘗宮地鎮祭から即位礼当日皇霊殿神殿に奉告の儀まで）の式次第

「大嘗宮地鎮祭」

悠紀殿の儀

7月26日午前8時、斎場を舗設する。
午前10時、掌典及び掌典補が着床する。
次に大礼委員が着床する。
次に参列の諸員が着床する。
次に神饌及び幣物を供する。
この間、楽を奏する。

次に掌典が祝詞を奏する。
次に幣物及び神饌を撤する。
　この間、楽を奏する。
次に地鎮の儀を行う。
次に各退出する。

参列の諸員は、次のとおりとする。
関係の宮内庁職員
その他別に定める者
〇
服装　掌典、楽長：衣冠
　掌典補、楽師：布衣
　出仕：雑色
　モーニングコート又はこれに相当するもの

主基殿の儀

悠紀殿の儀に倣う。

「悠紀斎田抜穂前一日大祓」

〇月〇日午後2時、祓所を舗設する。
午後3時、大礼委員が着床する。
次に大田主《おおたぬし》が着床し、奉耕者が所定の位置に着く。
(編集部注：大田主とは斎田の所有者のこと)
次に抜穂使《ぬきほし》が随員を従えて参進され、着床される。
次に抜穂使が随員に祓《はらえ》のことを命ぜられる。
次に随員一人が進んで大祓の詞を読む。終わって随員一人が大麻《おおぬさ》を執ってまず抜穂使を祓い、次に大田主、奉耕者等を祓う。
次に随員が祓物を執って大河に向かう。
次に各退出する。
〇
服装　抜穂使：衣冠
　随員：布衣
　出仕：雑色
　大田主：白張《はくちょう》黄《き》単《ひとえ》
　奉耕者：白張
　モーニングコート又はこれに相当するもの

「主基斎田抜穂前一日大祓」

〇月〇日午後2時、祓所を舗設する。
午後3時、大礼委員が着床する。
次に大田主が着床し、奉耕者が所定の位置に着く。
次に抜穂使が随員を従えて参進され、着床される。
次に抜穂使が随員に祓のことを命ぜられる。
次に随員一人が進んで大祓の詞を読む。終わって随員一人が大麻を執ってまず抜穂使を祓い、次に大田主、奉耕者等を祓う。
次に随員が祓物を執って大河に向かう。
次に各退出する。
〇
服装　抜穂使：衣冠
　随員：布衣
　出仕：雑色
　大田主：白張黄単
　奉耕者：白張
　モーニングコート又はこれに相当するもの

「悠紀斎田抜穂の儀」

〇月〇日午前9時、斎場を舗設する。
午前10時、大礼委員が着床する。
次に大田主が着床し、奉耕者が所定の位置に着く。
次に参列の諸員が着床する。
次に抜穂使が随員を従えて参進され、着床される。
次に神饌及び幣物を供する（随員が奉仕する）。
次に抜穂使が祝詞を奏される。
次に抜穂の儀がある。
次に幣物及び神饌を撤する（随員が奉仕する）。
次に各退出する。

参列の諸員は、次のとおりとする。
悠紀地方の県の総代及び農業団体の総代
斎田所在の市町村の総代及び農業団体の総代
その他別に定める者
〇
服装　抜穂使：衣冠単
　随員：布衣単
　出仕：雑色
　大田主：白張黄単
　奉耕者：白張
　モーニングコート又はこれに相当するもの

「主基斎田抜穂の儀」

〇月〇日午前9時、斎場を舗設する。
午前10時、大礼委員が着床する。
次に大田主が着床し、奉耕者が所定の位置に着く。
次に参列の諸員が着床する。
次に抜穂使が随員を従えて参進され、着床される。
次に神饌及び幣物を供する（随員が奉仕する）。
次に抜穂使が祝詞を奏される。
次に抜穂の儀がある。
次に幣物及び神饌を撤する（随員が奉仕する）。
次に各退出する。

参列の諸員は、次のとおりとする。
主基地方の府の総代及び農業団体の総代
斎田所在の市町村の総代及び農業団体の総代
その他別に定める者
〇
服装　抜穂使：衣冠単
　随員：布衣単
　出仕：雑色
　大田主：白張黄単
　奉耕者：白張
　モーニングコート又はこれに相当するもの

「悠紀地方新穀供納」

〇月〇日午〇〇時、式場を舗設する。
午〇〇時〇分、大礼委員が着床する。
次に掌典及び掌典補が着床する。

次に参列の諸員が着床する。
次に大田主が辛櫃《からひつ》奉舁者《ほうよしゃ》を率いて式場に参入する。
次に大礼委員が新穀を検する。
次に掌典が榊を執って新穀を祓う。
次に新穀を斎庫に収納する（掌典補が奉仕する）。
次に各退出する。

参列の諸員は、次のとおりとする。
悠紀地方の農業団体の総代
斎田所在の農業団体の総代
その他別に定める者
〇
服装　掌典、掌典補：祭服
　大田主：白張黄単
　奉耕者：白張
　モーニングコート又はこれに相当するもの

「主基地方新穀供納」
悠紀地方新穀供納に倣う（午〇〇時大礼委員着床）。

「即位礼当日賢所大前の儀」
10月22日午前7時、御殿を装飾する。
午前8時40分、参列の諸員が休所に参集する。
次に皇嗣、皇嗣妃、親王、親王妃、内親王及び女王が賢所参集所に参集される。
次に天皇、皇后が綾綺殿《りょうきでん》にお入りになる。
次に天皇に御服を供する（侍従が奉仕する）。
次に天皇に御手水を供する（侍従が奉仕する）。
次に天皇に御笏を供する（侍従が奉仕する）。
次に皇后に御服を供する（女官が奉仕する）。
次に皇后に御手水を供する（女官が奉仕する）。
次に皇后に御檜扇を供する（女官が奉仕する）。
次に御扉を開く。
　この間、神楽歌を奏する。
次に神饌及び幣物を供する。
　この間、神楽歌を奏する。
次に掌典長が祝詞を奏する。
次に大礼委員が着床する。
次に諸員が参進して幄舎《あくしゃ》に着床する。
　式部官《しきぶかん》が誘導する。
次に皇嗣、皇嗣妃、親王、親王妃、内親王及び女王が参進して幄舎に着床される。
　式部官が誘導する。
午前9時、天皇がお出ましになる。
　掌典長が前行し、侍従が剣璽を捧持し、侍従が随従する。
次に天皇が内陣《ないじん》の御座にお着きになる。侍従が剣璽を案《あん》上に置き、簀子《すのこ》に候する。
次に天皇が御拝礼になり、御告文をお奏しになる（御《お》鈴《すず》を内掌典が奉仕する）。
次に天皇が御退出になる。
　前行及び随従は、お出ましのときと同じである。
次に皇后がお出ましになる。
　掌典長が前行し、女官が随従する。
次に皇后が内陣の御座にお着きになる。女官が簀子に候する。
次に皇后が御拝礼になる。
次に皇后が御退出になる。
　前行及び随従は、お出ましのときと同じである。
次に皇嗣、皇嗣妃、親王、親王妃、内親王及び女王が拝礼される。
次に諸員が拝礼する。
次に大礼委員が拝礼する。
次に幣物及び神饌を撤する。
　この間、神楽歌を奏する。
次に御扉を閉じる。
　この間、神楽歌を奏する。
次に各退出する。

参列の諸員は、次のとおりとする。
内閣総理大臣及び国務大臣並びに衆議院及び参議院の議長及び副議長並びに最高裁判所長官及び最高裁判所判事（長官代行）
認証官総代
各省庁の事務次官の総代
都道府県の総代
市町村の総代
その他別に定める者
〇
服装　天皇：御束帯（帛御袍）
　皇后：白色帛御五衣・同御唐衣・同御裳
　侍従、掌典長、掌典次長、掌典及び楽長：束帯
　女官：袿袴
　内掌典：衣袴、袿袴
　掌典補、楽師：布衣単
　仕丁：雑色
　燕尾服、モーニングコート、紋付羽織袴又はこれに相当するもの
　勲章着用

お列
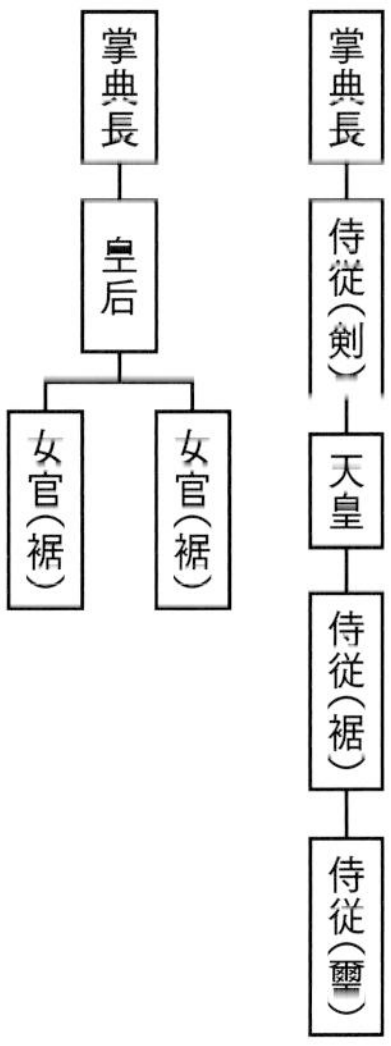

「即位礼当日皇霊殿に奉告の儀」
「即位礼当日神殿に奉告の儀」
即位礼当日賢所大前の儀に倣う（御鈴の儀はない）。

即位礼正殿の儀では
お出ましの経路を変更

令和元年9月18日、総理大臣官邸大会議室で第7回皇位継承式典委員会が行われた。議題は「即位礼正殿《せいでん》の儀」と「祝賀御列《おんれつ》の儀」「饗宴の儀」「内閣総理大臣夫妻主催晩餐会」のそれぞれの細目、並びに「祝賀御列の儀の予備日」についてである。まず、安倍首相から挨拶があり、次いで山﨑事務局長から「即位礼正殿の儀の細目について（案）」の説明が行われた。関連資料には令和元年6月20日の第6回皇位継承式典委員会で決定された「次第概要」（131ページ参照）に「細目案で新たに盛り込まれる事項（主なもの）」が書かれていた。また、その「服装」の項目には「親王殿下　束帯《そくたい》（帯剣《たいけん》）」の部分に「これにより難い場合には、燕尾《えんび》服（勲章着用）とする」が加えられ、「親王妃殿下、内親王殿下及び女王殿下　五衣《いつつぎぬ》・唐衣《からぎぬ》・裳《も》」のところには「これにより難い場合には、ロングドレス（勲章着用）とする」とされていた。

さらに、「参考」として添えられた「即位礼正殿の儀における天皇皇后両陛下のお出ましの経路について」には以下の文言が図や写真とともに書かれていた。

●伝統的な即位礼におけるお出ましの経路

・かつて京都御所で行われていた即位礼においては、天皇は、式場（紫宸殿《ししんでん》）の後方からお入りになり、続けて高御座《たかみくら》にお昇りになった上で、参列者にお姿をお見せになっていた。

●平成度におけるお出ましの経路

・平成度の「即位礼正殿の儀」は、史上初めて、東京の宮殿で行われるとともに、外国の元首級を含む多数の賓客が宮殿の中庭《ちゅうてい》を取り囲む形で参列することとなったことから、参列者が天皇皇后両陛下のお姿に接する機会をできる限り確保できるよう、宮殿中庭に仮設ステージ席を設置するなど、参列者が儀式の様子を把握するための様々な工夫が施された。

・このような工夫の一つとして、仮設ステージ席に着席された外国賓客・国内要人等の主要な参列者が両陛下のお姿にできるだけ直接接することができるよう、両陛下には正殿・梅の間前の廊下を経てお出ましいただくこととされた。

●今回のお出ましの経路

・今回については、荒天の場合を考慮して仮設ステージ席を設置しないこととしており、参列者は宮殿の豊《ほう》明殿《めいでん》、春秋の間、石橋《しゃっきょう》の間及び中庭を取り囲む廊下に着席し、これらの場所に多数設置された大小のモニターも活用することで、儀式の様子を把握することが可能となっている。このため、両陛下に正殿前の廊下を経てお出ましいただかなくとも、全ての参列者が、平成度よりも格段に詳細かつ鮮明に両陛下のお姿に接することができるようになっている。

・今回の即位礼正殿の儀においては、こうした状況の変化を踏まえ、京都御所で行われていた即位礼における経路の在り方を踏襲し、両陛下には正殿松の間の後方からお入りいただき、続けて高御座・御帳台にお昇りいただくこととした。

・なお、皇族殿下は、平成度と同様に、正殿・梅の間の前を経てお出ましになる。

こういった説明に対し 山本宮内庁長官からは「参列者に両陛下のお姿を十分に伝えることができるようになったので、お出ましの経路を伝統に沿ったものとすることは適切である」といった発言があった。

近藤正春内閣法制局長官からは「即位礼正殿の儀は、もとより宗教上の儀式としての性格を有するものではない。また、歴史上、皇位継承儀式において用いられ、古式ゆかしい調度品として伝承されてきた高御座から天皇陛下がおことばを述べられることは、憲法との関係において問題はない」といった発言があった。杉田内閣官房副長官からは、「細目案は『ご即位を公に宣明されるとともに、そのご即位を内外の代表が寿ぐ』という儀式の趣旨を満たしたものである。また、服装面ではご高齢の皇族殿下のご参列にも配慮し適切である」という趣旨の発言があった。

その結果、「即位礼正殿の儀の細目」について、案のとおりとすることが了承された。

平成度の宮殿配席図（青塗り部分に参列者が着席）

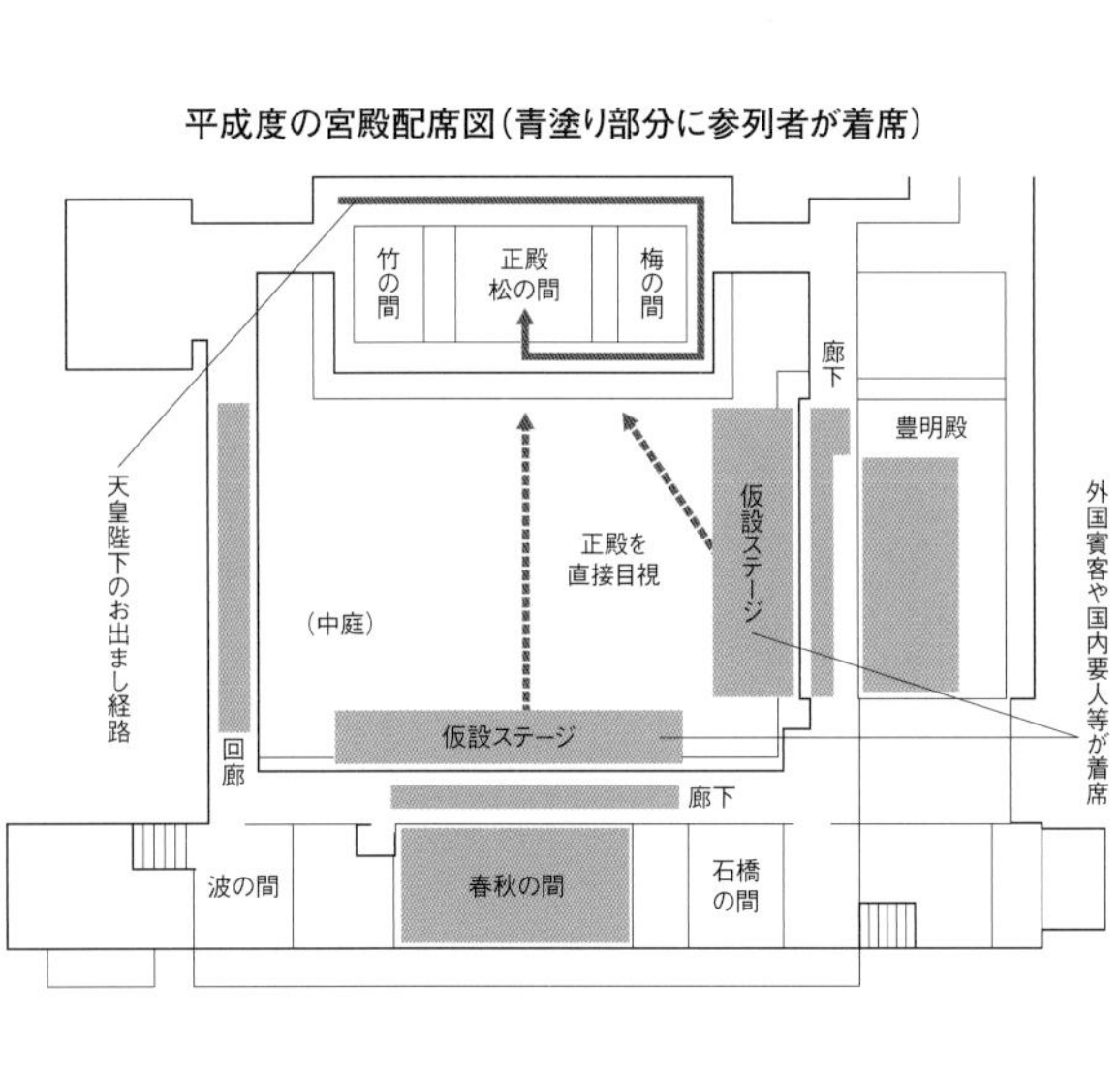

今回の宮殿配席図（青塗り部分に参列者が着席）

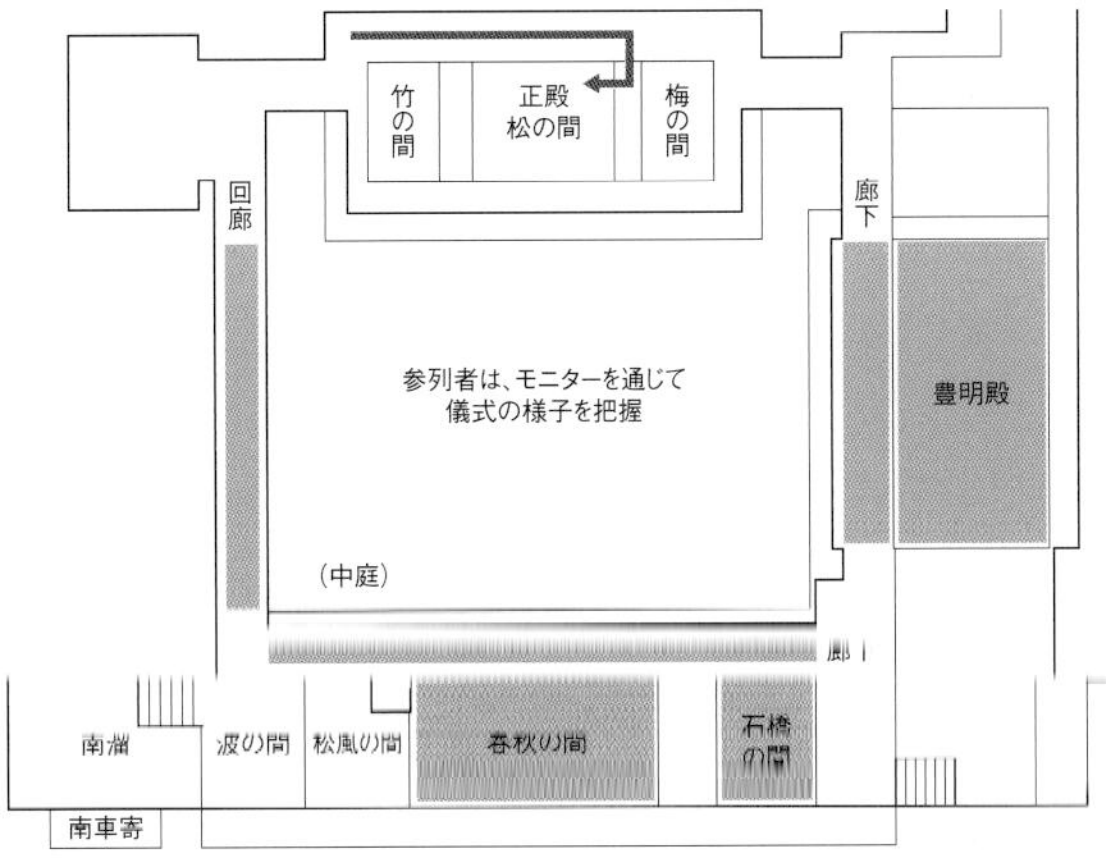

天皇・皇后両陛下、皇族殿下のお出まし経路

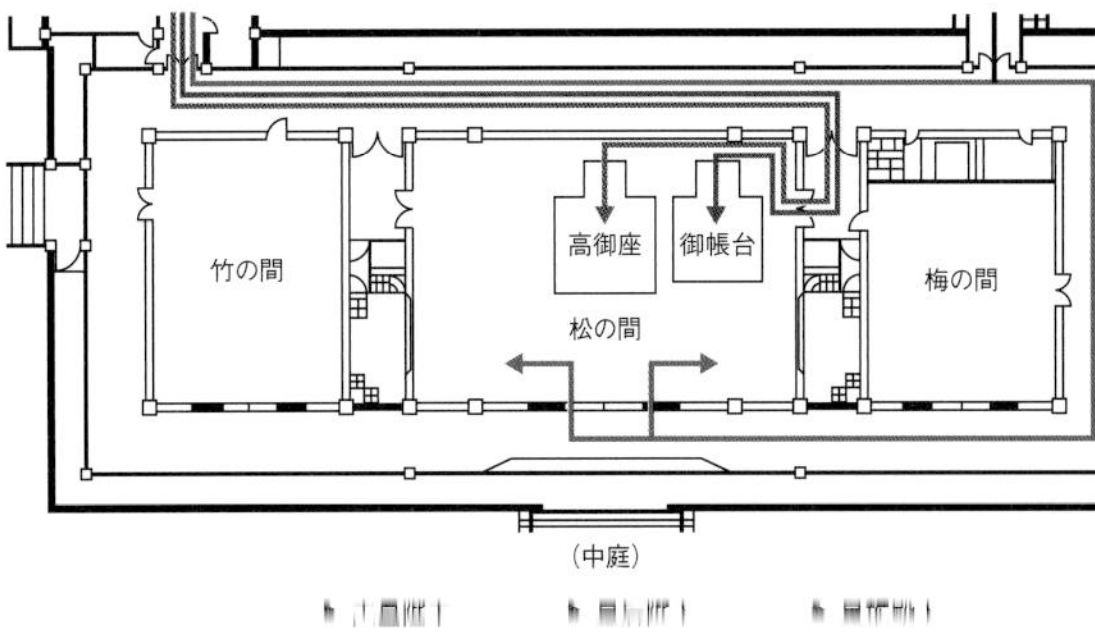

※天皇・皇后両陛下、皇族殿下は、平成度と同様に、正殿竹の間の前を経て退出される。

祝賀御列の儀の実施・延期は前日に判断、18時半に発表する

次の議題は「祝賀御列の儀の予備日について」である。これは、第6回の式典委員会において「悪天候となった場合を想定し、予備日を設けることについて、10月26日の土曜日を軸に、今後具体的に検討」とされたことを受けたものである。山﨑事務局長からその案について説明があり、関連資料には以下のことが書かれていた。

1　予備日に延期する要件

・屋外で行われる儀式では、御列の進行及び国民による祝福が安全かつ円滑に行われることを特に重視すべきであり、当日に台風が来るなど荒天の場合等には、予備日に延期する。

2　実施・延期の決定時期

・多数の奉祝者が見込まれること、沿道の住民や事業者の利便のため、前日10月21日（月）に実施・延期を判断し、18時30分に発表する。

3　予備日の日程

・奉祝者や国民生活への影響の観点から、予備日は10月26日（土）とし、御出発の時刻は当初予定日と同じ午後3時30分とする。

※降雨など、オープン・カーを使用することが適当でない場合は、通常の御料車（クローズド・カー）にお乗りいただくことを想定

これらの説明に対し、西村明宏内閣官房副長官と杉田内閣官房副長官、山本宮内庁長官から賛同する発言があり、案通りとすることが決定した。次の議題は「祝賀御列の儀の細目について」である。関連資料には、9月中に納入されるオープン・カーの写真が掲載され「※儀式の際は、『皇』ナンバーを取り付け、ボンネット先頭に天皇旗を設置」との文言が付されていた。また「車両の大きさ」が書かれ、「概要」の部分には以下のことが書かれていた。

・トヨタ自動車（株）において製造販売している「センチュリー」をベース車として、オープン・カーに改造。
・儀式に相応しい重厚感のある外観を有し、平成度に用いた車両を上回る全長・全幅を確保。
・天皇皇后両陛下のお姿を沿道等から見えやすくするため、御料車を参考に後部座席について座面の位置、背もたれ角度の調整を実施。
・安全性能：衝突回避、自動ブレーキシステムなどを有し、後部座席にサイドエアバッグを装備。
・環境性能：平成32年（令和2年）度燃費基準＋20％達成、環境物品等の調達（グリーン購入）に関して内閣府本府が定める方針（平成30年度）に適合。

また、「祝賀御列の儀終了後」として「内閣府において管理し政府全体で有効に活用する。東京及び京都の迎賓館において慶祝行事の一環として展示することを予定」とされていた。

これらの説明に対し岡田直樹内閣官房副長官から「晴天となることを心から期待したい」といった発言があり、案通りとすることが決定された。

次は「饗宴の儀の細目について」に続けて「内閣総理大臣夫妻主催晩餐会の細目について」の審議が行われた。両議案とも先と同様に「次第概要」に「細目案で新たに盛り込まれる事項」が書かれていた。

饗宴の儀の細目について、山本宮内庁長官から「参列者の動きなどの細かな情報が追加され、円滑な進行

のために適切である。両陛下と参列者が喜びの時を共にしていただけるよう、関係府省庁と連携して準備に万全を期す」といった発言があった。内閣総理大臣夫妻主催晩餐会の細目については、杉田内閣官房副長官から「平成度は、正餐の後に総理の挨拶・乾杯を行っていたが、正餐の開始に当たって行う方が、より自然で進行も円滑であると思われるため、細目案は適切」という趣旨の発言があり、両議案とも了承された。

議事が終了したことを受けて、菅内閣官房長官からは「即位礼正殿の儀、祝賀御列の儀及び饗宴の儀については、それぞれ国事行為として行うことについて閣議決定を行うとともに、内閣告示をもって公示する」といった発言があった。最後に安倍首相から「いよいよ、一連の式典の中でも最大の式典である即位礼正殿の儀を執り行うことになる。今回は、平成を上回る190以上の国や国際機関の代表の方々の来日が予想されている。受け入れに万全を期し、儀式が円滑に厳粛に行われるよう、政府一丸となって全力を尽くしてまいる」といった発言があり会は終了した。

2日後の20日には、菅内閣官房長官を本部長とする皇位継承式典実施連絡本部の第4回会合が開かれ、式典委員会での決定事項を踏まえ、諸準備に万全を期すことが徹底された。また、山崎皇位継承式典事務局長から「儀じょう、礼砲、奏楽及びと列の実施要項（案）」の説明があり、実施連絡本部の決定事項とされた。

第7回 皇位継承式典委員会の決定事項
（令和元年9月18日）

「即位礼正殿の儀の細目について」

一　即位礼正殿の儀次第

1　午後零時三十分、内閣総理大臣、衆議院議長、参議院議長及び最高裁判所長官が宮殿の千草の間及び千鳥の間に参集する。

2　午後零時五十分、参列者が所定の位置に着席する。

3　内閣総理大臣、衆議院議長、参議院議長及び最高裁判所長官が正殿松の間に入り、所定の位置に着く。

皇位継承式典事務局長が誘導する。

4　皇嗣殿下、皇嗣妃殿下、親王殿下、親王妃殿下、内親王殿下及び女王殿下が正殿梅の間の前を経て正殿松の間に入られ、所定の位置に着かれる。

皇嗣職宮務官長が誘導する。

5　午後一時、天皇陛下が梅の間側扉から正殿松の間にお入りになる。

式部官長及び宮内庁長官が前行し、侍従がそれぞれ剣、璽、国璽及び御璽を捧持し、侍従長、侍従及び宮内庁次長が随従する。

6　天皇陛下が高御座にお昇りになる。

7　侍従がそれぞれ剣、璽、国璽及び御璽を高御座の案上に置く。

8　皇后陛下が梅の間側扉から正殿松の間にお入りになる。

式部副長及び侍従次長が前行し、女官長、女官及び皇嗣職大夫が随従する。

9　皇后陛下が御帳台にお昇りになる。

10　参列者が鉦《しょう》の合図により起立する。

11　侍従及び女官が高御座及び御帳台の御帳を開く。

12　参列者が鼓《こ》の合図により敬礼する。

13　内閣総理大臣が御前に参進する。

14　天皇陛下のおことばがある。

15　内閣総理大臣が寿詞《よごと》を述べる。

16　内閣総理大臣が御即位を祝して万歳を三唱する。参列者が唱和する。

17　内閣総理大臣が所定の位置に戻る。

18　侍従及び女官が高御座及び御帳台の御帳を閉じる。

19　参列者が鉦の合図により着席する。

20　天皇陛下が正殿松の間から正殿竹の間の前を経て御退出になる。

前行及び随従はお出ましのときと同じである。

21　皇后陛下が正殿松の間から正殿竹の間の前を経て御退出になる。

前行及び随従はお出ましのときと同じである。

22　皇嗣殿下、皇嗣妃殿下、親王殿下、親王妃殿下、内親王殿下及び女王殿下が正殿松の間から正殿竹の間の前を経て退出される。

23　内閣総理大臣、衆議院議長、参議院議長及び最高裁判所長官が正殿松の間から退出する。

24　参列者が退出する。

二　服装

1　天皇陛下
御束帯（黄櫨染御袍）

2　皇后陛下
御五衣・御唐衣・御裳

3　皇嗣殿下
束帯（黄丹袍、帯剣）

4　皇嗣妃殿下
五衣・唐衣・裳

5　親王殿下
束帯（帯剣）（これにより難い場合には、燕尾服（勲章着用）とする）

6　親王妃殿下、内親王殿下及び女王殿下
五衣・唐衣・裳（これにより難い場合には、ロングドレス（勲章着用）とする）

7　宮内庁長官、宮内庁次長、侍従長、侍従次長、侍従、皇嗣職大夫、皇嗣職宮務官長、式部官長及び式部副長

束帯
8 女官長及び女官
五衣・唐衣・裳
9 威儀の者及び衛門
束帯（帯剣、弓）
10 威儀物捧持者、司鉦司鼓及び鉦鼓の係員
束帯
11 参列者
男子 燕尾服、モーニングコート、紋付羽織袴
又はこれらに相当するもの
女子 ロングドレス、デイドレス、白襟紋付
又はこれらに相当するもの
勲章着用

三 参列者の範囲
1 皇室関係
2 立法機関
（1）衆・参両院議長、副議長各夫妻
（2）国会議員（衆・参両院議長、副議長、内閣総理大臣、国務大臣、内閣官房副長官、副大臣、大臣政務官を除く）
（3）国会事務局（国立国会図書館を含む）の職員で参列するにふさわしい者
3 行政機関
（1）内閣総理大臣、副総理各夫妻
（2）国務大臣
（3）内閣官房副長官、副大臣、大臣政務官、内閣法制局長官
（4）内閣危機管理監、内閣情報通信政策監、国家安全保障局長、個人情報保護委員会委員長、公害等調整委員会委員長、運輸安全委員会委員長、内閣官房副長官補、内閣広報官、内閣情報官、内閣総理大臣補佐官、内閣法制次長、事務次官、会計検査院事務総長、人事院事務総長、警察庁長官、金融庁長官、消費者庁長官、統合幕僚長
（5）会計検査院長、検査官、人事院総裁、人事官、公正取引委員会委員長、原子力規制委員会委員長、検事総長、次長検事、検事長
（6）その他の職員で参列するにふさわしい者
4 司法機関
（1）最高裁判所長官、最高裁判所判事（長官代行）各夫妻
（2）最高裁判所判事
（3）高等裁判所長官
（4）その他の職員で参列するにふさわしい者
5 元三権の長
元内閣総理大臣、元衆・参両院議長、元最高裁判所長官各夫妻
6 地方公共団体
（1）都道府県知事、同議会議長
（2）政令指定都市の市長、同議会議長
（3）市長の代表二名、同議会議長の代表二名
（4）町村長の代表二名、同議会議長の代表二名
7 外交関係
外国元首・祝賀使節等夫妻、駐日外国大使等
8 各界代表
次の各号の一に該当する者
（1）各界において代表的立場にある者
（2）（1）以外の者でふさわしい者、例えば、次に掲げるところに該当する者
ア 文化勲章その他の勲章受章者、褒章受章者、文化功労者
イ 研究等で顕著な業績を挙げた者
ウ 技術、技能、芸術、文化、スポーツ等の各分野で顕著な業績を挙げた者
エ 産業、経済等の各分野で顕著な業績を挙げた者
オ 社会教育、社会福祉あるいは更生関係の各分野で貢献のあった者
カ 青少年を代表するにふさわしい者
キ 国際親善の増進等に貢献のあった者
ク 海外日系人を代表するにふさわしい者
9 報道関係
テレビ、ラジオ、新聞、雑誌、外国報道関係等各代表

「祝賀御列の儀の予備日について」

祝賀御列の儀の予備日については、下記のとおりとする。

記

1 祝賀御列の儀については、荒天等のため10月22日に挙行することが適当でないと認められる場合には、内閣総理大臣は、予備日への延期を決定するものとする。
2 この場合、予備日は10月26日とする。
3 10月26日が荒天等のため挙行することができない場合には、祝賀御列の儀は行わないものとする。

「祝賀御列の儀の細目について」

一 祝賀御列の儀次第
1 午後三時十五分、皇嗣同妃両殿下が皇族休所に参集される。
2 午後三時二十分、内閣総理大臣、内閣官房長官及び内閣官房副長官が宮殿の南溜《みなみだまり》に参集する。
3 内閣総理大臣、内閣官房長官及び内閣官房副長官がそれぞれ南車寄《みなみくるまよせ》の所定の位置に着く。
4 午後三時二十七分、天皇陛下が皇后陛下とともに南車寄にお出ましになる。
皇嗣同妃両殿下が所定の位置に着かれ、宮内庁長官、式部官長等が所定の位置に着く。
5 国歌を奏する。
6 天皇陛下が皇后陛下とともに御乗車になる。
皇嗣同妃両殿下が乗車され、内閣総理大臣、内閣官房長官、内閣官房副長官、宮内庁長官、式部官長等が乗車する。
7 午後三時三十分、御列が御出発になる。
御列は、宮殿南車寄を御出発になり、皇居正門、二重橋前交差点、桜田門交差点、国会議事堂正門前、憲政記念館前交差点、国立国会図書館前、平河町交差点、都道府県会館前、赤坂御用地南門前、青山一丁目交差点、権田原《ごんだわら》交差点及び赤坂御所正門を経て、赤坂

御所御車寄《みくるまよせ》に御到着になる。

8　天皇陛下が皇后陛下とともに御降車になる。

皇嗣同妃両殿下が降車され、内閣総理大臣、内閣官房長官、内閣官房副長官、宮内庁長官、式部官長等が降車する。

9　天皇陛下が皇后陛下とともに赤坂御所御車寄の所定の位置に着かれる。

皇嗣同妃両殿下が所定の位置に着かれ、内閣総理大臣、内閣官房長官、内閣官房副長官、宮内庁長官、式部官長等が所定の位置に着く。

10　国歌を奏する。

11　天皇陛下が皇后陛下とともに赤坂御所にお入りになる。

二　服装

男子　燕尾服　女子　ロングドレス

勲章着用

三　天皇皇后両陛下のお車

祝賀御列の儀における天皇皇后両陛下のお車は、オープン・カーとし、降雨等によりこれによることが適当でないときは、クローズド・カーとする。

「饗宴の儀の細目について」

一　饗宴の儀次第

（一）饗宴の儀（第一日）

1　午後七時十分、内閣総理大臣、衆議院議長、参議院議長及び最高裁判所長官並びにこれらの者の配偶者（以下「国内参列者」という）が宮殿の千草の間及び千鳥の間に参集する。

2　午後七時十五分、皇嗣殿下、皇嗣妃殿下、親王殿下、親王妃殿下、内親王殿下及び女王殿下が皇族休所に参集される。

3　午後七時二十分、天皇陛下が皇后陛下とともに正殿竹の間にお入りになる。

式部官長及び宮内庁長官が前行し、侍従長、侍従、女官長及び女官が随従する。

4　国内参列者が、順次、正殿竹の間に入り、天皇陛下、皇后陛下に謁見し、春秋《しゅんじゅう》の間に入る。

5　皇嗣殿下、皇嗣妃殿下、親王殿下、親王妃殿下、内親王殿下及び女王殿下が春秋の間に入られる。

6　外国元首・祝賀使節等及びこれらの者の配偶者（以下「外国参列者」という）が、順次、正殿竹の間に入られ、天皇陛下、皇后陛下と御挨拶を交わされる。

7　外国参列者が、正殿松の間の高御座及び御帳台を御覧になり、春秋の間に入られる。

8　春秋の間において食前の飲物を供する。

9　春秋の間において舞楽を供覧する。

10　皇嗣殿下、皇嗣妃殿下、親王殿下、親王妃殿下、内親王殿下及び女王殿下が外国参列者及び国内参列者とともに豊明殿《ほうめいでん》に入られる。

11　天皇陛下、皇后陛下が外国参列者とともに豊明殿にお入りになる。

式部官長が前行し、侍従長、侍従、女官長及び女官が随従する。

12　食事（着席）を供する。

この間、雅楽を奏する。

13　天皇陛下、皇后陛下が外国参列者とともに春秋の間にお入りになる。

式部官長が前行し、侍従長、侍従、女官長及び女官が随従する。

皇嗣殿下、皇嗣妃殿下、親王殿下、親王妃殿下、内親王殿下及び女王殿下が外国参列者及び国内参列者とともに春秋の間に入られる。

14　食後の飲物を供する。

15　天皇陛下が皇后陛下とともに松風《まつかぜ》の間にお入りになる。

16　外国参列者が、順次、松風の間に入られ、天皇陛下、皇后陛下においとまを告げて退出される。

皇嗣殿下、皇嗣妃殿下、親王殿下、親王妃殿下、内親王殿下及び女王殿下は春秋の間で見送られる。

17　皇嗣殿下、皇嗣妃殿下、親王殿下、親王妃殿下、内親王殿下及び女王殿下が松風の間に入られる。

18　天皇陛下が皇后陛下とともに御退出になる。

式部官長及び宮内庁長官が前行し、皇嗣殿下、皇嗣妃殿下、親王殿下、親王妃殿下、内親王殿下及び女王殿下が供奉され、侍従長、侍従、女官長及び女官が随従する。

19　国内参列者が退出する。

（二）饗宴の儀（第二日）

1　午前十一時四十分、参列者が宮殿の春秋の間に参集する。

正殿松の間において高御座及び御帳台を供覧する。

2　午前十一時四十五分、皇嗣殿下、皇嗣妃殿下、親王殿下、親王妃殿下、内親王殿下及び女王殿下が皇族休所に参集される。

3　午前十一時五十五分、参列者が豊明殿に入り所定の位置に着席する。

4　正午、天皇陛下が皇后陛下とともに豊明殿にお出ましになる。

式部官長及び宮内庁長官が前行し、皇嗣殿下、皇嗣妃殿下、親王殿下、親王妃殿下、内親王殿下及び女王殿下が供奉され、侍従長、侍従、女官長及び女官が随従する。

5　天皇陛下のおことばがある。

6　内閣総理大臣が祝詞を述べる。

7　国歌を奏する。

8　代表者が杯を挙げる。

9　食事（着席）を供する。

この間、雅楽を奏する。

10　天皇陛下が皇后陛下とともに豊明殿を御退出になる。

前行、供奉及び随従はお出ましのときと同じである。

11　参列者が退出する。

（三）饗宴の儀（第三日）

1　午後二時四十分、参列者が宮殿の豊明殿及び春秋の間に参集する。
正殿松の間において高御座及び御帳台を供覧する。
2　午後二時四十五分、皇嗣殿下、皇嗣妃殿下、親王殿下、親王妃殿下、内親王殿下及び女王殿下が皇族休所に参集される。

【豊明殿】

（1）午後二時五十五分、参列者が豊明殿の所定の位置に列立する。
（2）午後三時、天皇陛下が皇后陛下とともに豊明殿にお出ましになる。
式部官長及び宮内庁長官が前行し、皇嗣殿下、皇嗣妃殿下、親王殿下、親王妃殿下、内親王殿下及び女王殿下（春秋の間に入られる皇族各殿下を除く）が供奉され、侍従長、侍従、女官長及び女官が随従する。
（3）天皇陛下のおことばがある。
（4）代表者が祝詞を述べる。
（5）国歌を奏する。
（6）代表者が杯を挙げる。
（7）食事（立食）を供する。
（8）天皇陛下が皇后陛下とともに豊明殿を御退出になる。
式部官長及び宮内庁長官が前行し、侍従長、侍従、女官長及び女官が随従する。
（9）雅楽を奏する。

【春秋の間】

（1）午後二時五十五分、参列者が春秋の間の所定の位置に列立する。
（2）午後三時、親王殿下、親王妃殿下、内親王殿下及び女王殿下（豊明殿に入られる皇族各殿下を除く）が春秋の間に入られる。
（3）食事（立食）を供する。
この間、雅楽を奏する。
（4）天皇陛下が皇后陛下とともに春秋の間にお出ましになる。
式部官長及び宮内庁長官が前行し、侍従長、侍従、女官長及び女官が随従する。
（5）天皇陛下のおことばがある。
（6）代表者が祝詞を述べる。
（7）国歌を奏する。
（8）代表者が杯を挙げる。
（9）天皇陛下が皇后陛下とともに春秋の間を御退出になる。
式部官長及び宮内庁長官が前行し、春秋の間に入られている皇族各殿下が供奉され、侍従長、侍従、女官長及び女官が随従する。
3　豊明殿に入られている皇族各殿下が豊明殿を退出される。
4　参列者が退出する。

（四）饗宴の儀（第四日）

1　午後二時四十分、参列者が宮殿の春秋の間及び豊明殿に参集する。
正殿松の間において高御座及び御帳台を供覧する。
2　午後二時四十五分、皇嗣殿下、皇嗣妃殿下、親王殿下、親王妃殿下、内親王殿下及び女王殿下が皇族休所に参集される。

【春秋の間】

（1）午後二時五十五分、参列者が春秋の間の所定の位置に列立する。
（2）午後三時、天皇陛下が皇后陛下とともに春秋の間にお出ましになる。
式部官長及び宮内庁長官が前行し、皇嗣殿下、皇嗣妃殿下、親王殿下、親王妃殿下、内親王殿下及び女王殿下（豊明殿に入られる皇族各殿下を除く）が供奉され、侍従長、侍従、女官長及び女官が随従する。
（3）天皇陛下のおことばがある。
（4）外交団長が祝詞を述べる。
（5）外交団長が杯を挙げる。
（6）食事（立食）を供する。
（7）天皇陛下が皇后陛下とともに春秋の間を御退出になる。
式部官長及び宮内庁長官が前行し、侍従長、侍従、女官長及び女官が随従する。
（8）雅楽を奏する。

【豊明殿】

（1）午後二時五十五分、参列者が豊明殿の所定の位置に列立する。
（2）午後三時、親王殿下、親王妃殿下、内親王殿下及び女王殿下（春秋の間に入られる皇族各殿下を除く）が豊明殿に入られる。
（3）食事（立食）を供する。
この間、雅楽を奏する。
（4）天皇陛下が皇后陛下とともに豊明殿にお出ましになる。
式部官長及び宮内庁長官が前行し、侍従長、侍従、女官長及び女官が随従する。
（5）天皇陛下のおことばがある。
（6）代表者が祝詞を述べる。
（7）国歌を奏する。
（8）代表者が杯を挙げる。
（9）天皇陛下が皇后陛下とともに豊明殿を御退出になる。
式部官長及び宮内庁長官が前行し　豊明殿に入られている皇族各殿下が供奉され、侍従長、侍従、女官長及び女官が随従する。
3　春秋の間に入られている皇族各殿下が春秋の間を退出される。
4　参列者が退出する。

二　服装

1　第一日
男子　燕尾服、紋付羽織袴又はこれらに相当するもの（タキシードも可）
女子　ロングドレス、白襟紋付又はこれらに相当するもの
勲章着用
2　第二日、第三日及び第四日
男子　モーニングコート、紋付羽織袴又はこれらに相当するもの
女子　ロングドレス、デイドレス、白襟紋付又は

これらに相当するもの
三　参列者の範囲
１　即位礼正殿の儀に参列する者
２　駐日外国大使等の配偶者

「内閣総理大臣夫妻主催晩餐会の細目について」

内閣総理大臣夫妻主催晩餐会の細目については、下記のとおりとする。

記

カクテル（芙蓉《ふよう》の間）
飲物及び軽食を提供する。
内閣総理大臣夫妻が、順次到着する参列者に挨拶する。
参列者が、順次、正餐会場（鶴の間）に移動する。

文化行事
狂言、歌舞伎、文楽及び演目「三番叟《さんばそう》」の解説映像を放映する。
野村萬斎氏が狂言を、市川海老蔵氏が歌舞伎を、吉田玉男氏が文楽を披露（演目「三番叟」）する。
能及び演目「石橋《しゃっきょう》」の解説映像を放映する。
観世清和氏及び観世三郎太氏が能を披露（演目「石橋」）する。

内閣総理大臣挨拶・乾杯
内閣総理大臣が挨拶し、乾杯の発声をする。

正餐
正餐を提供する。

参列者退出
参列者が退出する。

第4回 皇位継承式典実施連絡本部の決定事項
（令和元年9月20日）

「儀じょう、礼砲、奏楽及びと列の実施要綱」

1　即位礼正殿の儀
（1）皇宮護衛官による儀じょう
即位礼正殿の儀の参列者を護衛し、及び皇居を警備するため、参列者の参入が始まるときから参列者の退出が完了するときまでの間、皇居正門、皇居坂下門、皇居乾門、宮殿北車寄及び宮殿南車寄において、皇宮護衛官による儀じょうを行う。
（2）自衛隊による礼砲
天皇陛下に対し祝意を表するため、万歳三唱時に、皇居外苑北の丸地区内（北の丸公園第2駐車場）において、陸上自衛隊による礼砲を行う。

2　祝賀御列の儀
（1）皇宮護衛官による儀じょう
天皇陛下を護衛し、及び皇居を警備するため、天皇陛下が宮殿（南車寄）を御出発され、皇居正門に向かわれ、及び皇居正門を御出門される際、皇宮護衛官による儀じょうを行う。
また、天皇陛下が赤坂御所正門に御入門され、及び赤坂御所（御車寄）に御到着される際、皇宮護衛官による儀じょうを行う。
（2）自衛隊による儀じょう
天皇陛下を警衛し、及び天皇陛下に敬意を表するため、天皇陛下が皇居正門を御出門される際、陸上自衛隊による儀じょうを行う。
また、天皇陛下が赤坂御所正門に御入門される際、陸上自衛隊、海上自衛隊及び航空自衛隊による儀じょうを行う。
（3）音楽隊等による奏楽
天皇陛下に対し祝意を表するため、宮殿（南車寄）御出発時、皇居正門前から赤坂御所正門前までの御進行路、及び赤坂御所（御車寄）御到着時、音楽隊等による奏楽を行う（実施場所と実施団体は以下の通り）。
①宮殿東庭　宮内庁楽部
②皇居正門前　陸上自衛隊中央音楽隊
③二重橋前交差点　陸上自衛隊東部方面音楽隊
④桜田門交差点　警視庁音楽隊
⑤国会正門前　東京消防庁音楽隊
⑥国会図書館前交差点　海上保安庁音楽隊
⑦都道府県会館前　千葉市消防音楽隊及びさいたま市消防音楽隊
⑧赤坂御用地南門前　横浜市消防音楽隊
⑨青山一丁目交差点　川崎市消防音楽隊
⑩権田原交差点　航空自衛隊航空中央音楽隊
⑪赤坂御所正門前　海上自衛隊音楽隊
⑫赤坂御所御車寄前庭　皇宮警察本部音楽隊
（4）自衛隊によると列
天皇陛下を奉送迎し、及び天皇陛下に敬意を表するため、天皇陛下が赤坂御所正門に御入門される際、権田原交差点から赤坂御所正門までの間の一定の場所において、自衛隊と列部隊によると列を行う。

3　饗宴の儀
饗宴の儀の参列者を護衛し、及び皇居を警備するため、参列者の参入が始まるときから参列者の退出が完了するときまでの間、皇居正門、皇居坂下門、皇居乾門、宮殿北車寄及び宮殿南車寄において、皇宮護衛官による儀じょうを行う。

4　その他
この要綱に定めるもののほか、必要な事項は、天皇陛下の御退位及び皇太子殿下の御即位に伴う式典実施連絡本部幹事（儀じょう・奏楽班）において定める。

大嘗祭後大嘗宮地鎮祭までの儀式次第等が了承された

10月2日には、宮内庁で第8回大礼委員会が開かれた。まず、先の第7回式典委員会での決定事項の説明があり、「大嘗宮の儀」と「大饗の儀」「即位の礼及び大嘗祭関係諸儀式等（神宮に勅使発遣の儀から大嘗祭後大嘗宮地鎮祭まで）」「大嘗宮一般参観について」の関連資料が配られ各委員から説明が行われた。その結果、すべての資料の記載事項について委員会として了承された。その説明の要旨は以下のとおりである。

「大嘗宮の儀について」

•式次第について平成度と異なる点はない。全体を通じて平成大礼の前例を基にし、これまでの大礼諸儀式次第との表現の統一をはかった。

•参列者の範囲は平成度の範囲にならっているが、配偶者の招待範囲の見直し等により、約230名の減となっている（以上、式部副長「儀式担当」による説明）。

その他、皇室経済主管からは、「繒服《にぎたえ》・麁服《あらたえ》」をはじめ大嘗宮の儀に使用される用度関係資料について、管理部長からは大嘗宮の建物・施設に関して説明があった。また、「大饗の儀について」も上記とほぼ同趣旨の説明が行われた。「即位の礼及び大嘗祭関係諸儀式等について」の説明の要点は以下である。

•「即位礼及び大嘗祭後神宮に親謁の儀」及び「即位礼及び大嘗祭後神武天皇山陵及び昭和天皇以前四代の天皇山陵に親謁の儀」の式次第については、皇族の供《ぐ》奉《ぶ》がないことから供奉関連の記載はない。

•「即位礼及び大嘗祭後神宮に親謁の儀」については、皇后陛下には御料車をお使いいただくこととした。

•「茶会」の次第については平成度と同じであり特段の変更はない。招待者の範囲は平成度と同様だが、招待者数については約600名とした。

また、「大嘗宮一般参観について」は、令和元年11月21日から12月8日までの18日間とし、期間については前回と同様にする予定のことなどが説明された。なお、これに先立つ9月18日と20日に宮内庁式部職により発表された「悠紀斎田及び主基斎田等について」と「悠紀斎田及び主基斎田抜穂の儀等について」も参考資料として配られた。内容は以下である。

悠紀斎田

所在　栃木県塩谷郡高根沢町大谷下原《しおやぐんたかねざわまちおおやしもはら》145

面積　1227㎡

耕作者（大田主《おおたぬし》）　石塚毅男《いしつかたけお》　55歳

栃木県塩谷郡高根沢町大谷1088

主基斎田

所在　京都府南丹市八木町氷所新東畑《なんたんしやぎちょうひどころしんひがしばた》3番地

面積　2695㎡

耕作者（大田主）　中川久夫《ひさお》　75歳

京都府南丹市八木町氷所川西《かわにし》10番地

悠紀斎田抜穂前一日大祓《おおはらえ》

日時　令和元年9月26日午後3時

場所　栃木県塩谷郡高根沢町

悠紀斎田抜穂の儀

日時　令和元年9月27日午前10時

場所　栃木県塩谷郡高根沢町大谷下原145

主基斎田抜穂前一日大祓

日時　令和元年9月26日午後3時

場所　京都府南丹市

主基斎田抜穂の儀

日時　令和元年9月27日午前10時

場所　京都府南丹市八木町氷所新東畑3番地

大礼委員会では、その他、宮中祭祀に奉仕する掌典長から以下のような発言があった。

「毎年の新嘗祭は宮中祭祀の中でも最重要の行事であり、大嘗祭は御即位の一連の行事の中でも極めて重要な行事である。五穀豊穣を神に感謝し、国の安寧、五穀豊穣をお祈りするための一世一代の行事であり、連綿と続いてきた。その意義をしっかり踏まえて執り行いたい」

最後に委員長の山本宮内庁長官より「全庁を挙げて、各位最終的な詰めを行い、緊張感を持って本番を迎えてほしい」といった発言があり、第8回大礼委員会は終了した。

第8回 大礼委員会の了承事項

（令和元年10月2日）

大嘗宮の儀関係資料

1　次第書

大嘗宮の儀

11月14日午前9時、大嘗宮を装飾する。

午後5時、参列の諸員が休所に参集する。

次に皇嗣、皇嗣妃、親王、親王妃、内親王及び女王が皇族休所に参集される。

時刻、天皇が御休所にお着きになる。

時刻、皇后が御休所にお着きになる。

次に衛門20人が南北（左右各3人）及び東西（左右各2人）各神門の所定の位置に着く。

次に威儀の者左右各6人が南神門から参入し、所定の位置に着く。

次に悠紀主基両殿の神座《しんざ》を奉安する（掌典長が掌典次長、掌典及び掌典補を率いて奉仕する）。

次に繒服、麁服を各殿の神座に置く（掌典長が奉仕する）。

次に各殿に斎火の灯燎《とうりょう》を点す（掌典が掌典補を率いて奉仕する）。

この時、庭燎《ていりょう》を焼く。

悠紀殿供饌の儀

時刻、天皇が廻立殿《かいりゅうでん》にお入りになる。

次に小《お》忌《みの》御《お》湯《ゆ》を供する（侍従が奉仕する）。

次に御祭服《ごさいふく》を供する（侍従が奉仕する）。

次に御手《て》水《みず》を供する（侍従が奉仕する）。

次に御笏《しゃく》を供する（侍従が奉仕する）。

時刻、皇后が廻立殿にお入りになる。

次に御服を供する（女官が奉仕する）。

次に御手水を供する（女官が奉仕する）。

次に御檜扇《ひおうぎ》を供する（女官が奉仕する）。

時刻、式部官が前導して諸員が参進し、南神門外の幄舎《あくしゃ》に着床する。

次に膳屋《かしわや》に稲舂歌《いなつきうた》を発し（楽師《がくし》が奉仕する）、稲舂を行い（采女《うねめ》が奉仕する）、神饌《しんせん》を調理する（掌典が掌典補を率いて奉仕する）。

次に本殿南庭の帳殿《ちょうでん》に庭積《にわづみ》の机代物《つくえしろもの》を置く（掌典が掌典補を率いて奉仕する）。

次に掌典長が本殿に参進し、祝詞を奏する。

次に天皇が本殿にお進みになる。

式部官長及び宮内庁長官が前行し（侍従左右各1人が脂燭《ししょく》を執る）、御前《ごぜん》侍従（編集部注：陛下の前を行く侍従）が剣璽を奉じ、御後《ごご》侍従が御菅蓋《おかんがい》を捧持し、御綱《おつな》を張り、侍従長、侍従が随従し、皇嗣及び親王が供奉され、大礼副委員長1人が随従する。

この時、掌典長が本殿南階《なんかい》の下に候し、式部官左右各1人が脂燭を執って南階の下に立つ。

次に侍従が剣璽を奉じて南階を昇り、外陣《げじん》の幌《とばり》内に参進し、剣璽を案上に奉安し、西面の幌外に退下し、簀子《すのこ》に候する。


午後6時30分、天皇が外陣の御座《ぎょざ》にお着きになり、侍従長及び掌典長が南階を昇り、簀子に候する。

この時、本殿南庭の小忌《おみ》の幄舎に皇嗣及び親王が着床《ちゃくしょう》され、宮内庁長官以下の前行、随従の諸員が着床する。

次に皇后が本殿南庭の帳殿にお進みになる。

式部副長及び侍従次長が前行し（侍従左右各1人が脂燭を執る）、女官長及び女官が随従し、皇嗣妃、親王妃、内親王及び女王が供奉され、大礼副委員長1人が随従する。

次に皇后が帳殿の御座にお着きになり、女官長及び女官が殿外に候する。

この時、殿外の小忌の幄舎に皇嗣妃、親王妃、内親王及び女王が着床され、侍従次長以下の前行、随従の諸員が着床する。

次に式部官が楽師を率いて本殿南庭の所定の位置に着く。

次に国栖《くず》の古風《いにしえぶり》を奏する。

次に悠紀地方の風俗歌《ふぞくうた》を奏する。

次に皇后が御拝礼になる。

次に皇嗣、皇嗣妃、親王、親王妃、内親王及び女王が拝礼される。

次に諸員が拝礼する。

次に皇后が廻立殿にお帰りになる。

前行、供奉及び随従はお出ましのときと同じである。

次に本殿南庭の回廊に神饌を行立《ぎょうりゅう》する。

掌典補左右各1人が脂燭を執り、掌典1人が削《けずり》木《ぎ》を執る。

掌典1人が海老鰭盥槽《えびのはたふね》を執り、同1人が多志良加《たしらか》を執る。

陪膳《はいぜん》の采女1人が御刀子筥《おんかたなばこ》を執り、後取《しんどり》の采女1人が御巾子筥《おんたなごいばこ》を執る。

采女1人が神食薦《かみのすごも》を執り、同1人が御食薦《みすごも》を執る。

采女1人が御箸筥《おんはしばこ》を執り、同1人が御枚手筥《おんひらてばこ》を執る。

采女1人が御飯筥《おものばこ》を執り、同1人が鮮物筥《なまものばこ》を執る。

采女1人が干物筥《からものばこ》を執り、同1人が御菓子筥《おんくだものばこ》を執る。

掌典1人が蚫汁漬《あわびのしる》を執り、同1人が海藻汁漬《めのしる》を執る。

掌典補2人が空盞《こうさん》を執り、同2人が御羹《おんあつもの》八足机《はっそくづくえ》を舁《か》く。

掌典補2人が御酒《みき》八足机を舁《か》き、同2人が御粥《おかゆ》八足机を舁き、同2人が御直会《おんなおらい》八足机を舁く。

次に削木を執る掌典が本殿南階の下に立って警蹕《けいひつ》をとなえる。

この時、神楽歌を奏する。

次に天皇が内陣の御座にお着きになり、侍従長及び掌典長が外陣の幌内に参入し、奉侍する。

次に御手水を供する（陪膳の采女が奉仕する）。

次に神饌を御親供になる。

次に御拝礼の上、御告文《おつげぶみ》をお奏しになる。

次に御直会
次に神饌を撤下《てっか》する（陪膳の采女が奉仕する）。

次に御手水を供する（陪膳の采女が奉仕する）。

次に神饌を膳舎に退下する。

その儀は、行立のときと同じである。

次に廻立殿にお帰りになる。

前行、供奉及び随従は、お出ましのときと同じである。

次に各退出する。

参列の範囲は、次のとおりとする。
内閣総理大臣、元内閣総理大臣及び副総理並びに以上の者の配偶者
国務大臣及び副大臣
内閣法制局長官及び内閣官房副長官
検査官、人事官、公正取引委員会委員長、原子力規制委員会委員長、検事総長、次長検事、検事長
衆議院の議長、元議長、副議長並びに以上の者の配偶者、常任委員長、特別委員長、憲法審査会会長、情

報監視審査会会長及び政治倫理審査会会長
衆議院の議員40人（特記した議員及び副大臣である議員を除く）及び事務総長
参議院の議長、元議長、副議長並びに以上の者の配偶者、常任委員長、特別委員長、調査会長、憲法審査会会長、情報監視審査会会長及び政治倫理審査会会長
参議院の議員21人（特記した議員及び副大臣である議員を除く）及び事務総長
国立国会図書館長
最高裁判所長官、元最高裁判所長官及び最高裁判所判事（長官代行）並びに以上の者の配偶者、最高裁判所判事、高等裁判所長官及び最高裁判所事務総長
各省庁の事務次官等で宮内庁長官が指定する者
都道府県の知事及び議会議長
市及び町村の長及び議会議長の代表
栃木県及び京都府の農業協同組合中央会会長
栃木県及び京都府の斎田の大田主及びその配偶者
各界の代表
その他別に定める者

○

服装　天皇：御祭服
皇后：白色帛御五衣・同御唐衣・同御裳
皇嗣及び親王：束帯（帯剣）・小忌衣《おみごろも》
皇嗣妃、親王妃、内親王及び女王：五衣・唐衣・裳・小忌衣
宮内庁長官、侍従長、侍従次長、侍従、式部官長、式部副長、式部官、大礼副委員長、掌典長、掌典次長、掌典、掌典補、楽長及び楽師：束帯・小忌衣
女官長及び女官：五衣・唐衣・裳・小忌衣、袿袴・小忌衣
采女：白色帛畫衣《えぎぬ》・唐衣・紅切袴《きりばかま》・青摺襅《あおずりちはや》
威儀の者及び衛門：束帯（帯剣）・小忌衣
参列の諸員
男子：モーニングコート、紋付羽織袴
女子：ロングドレス（ローブモンタント）、デイドレス、白襟紋付
外套着用可

お列
天皇のお列

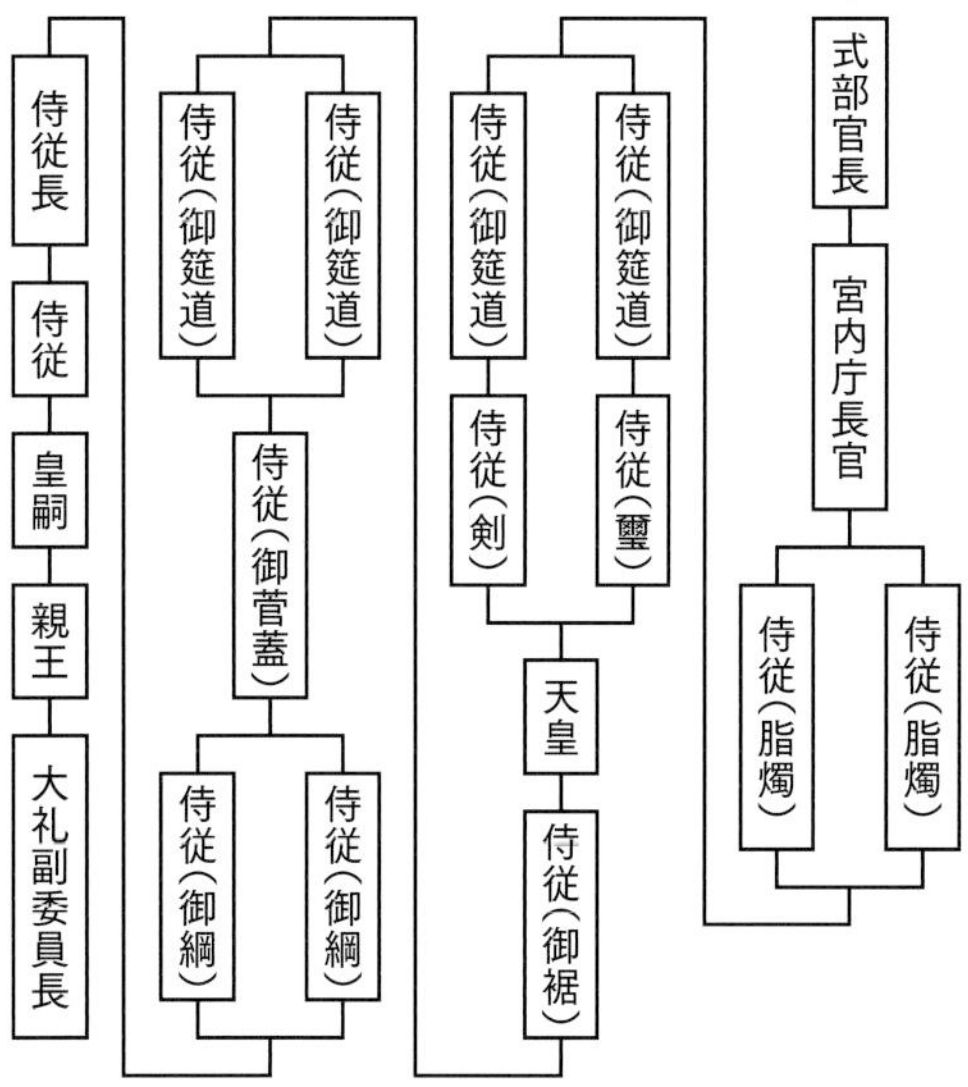

皇后のお列

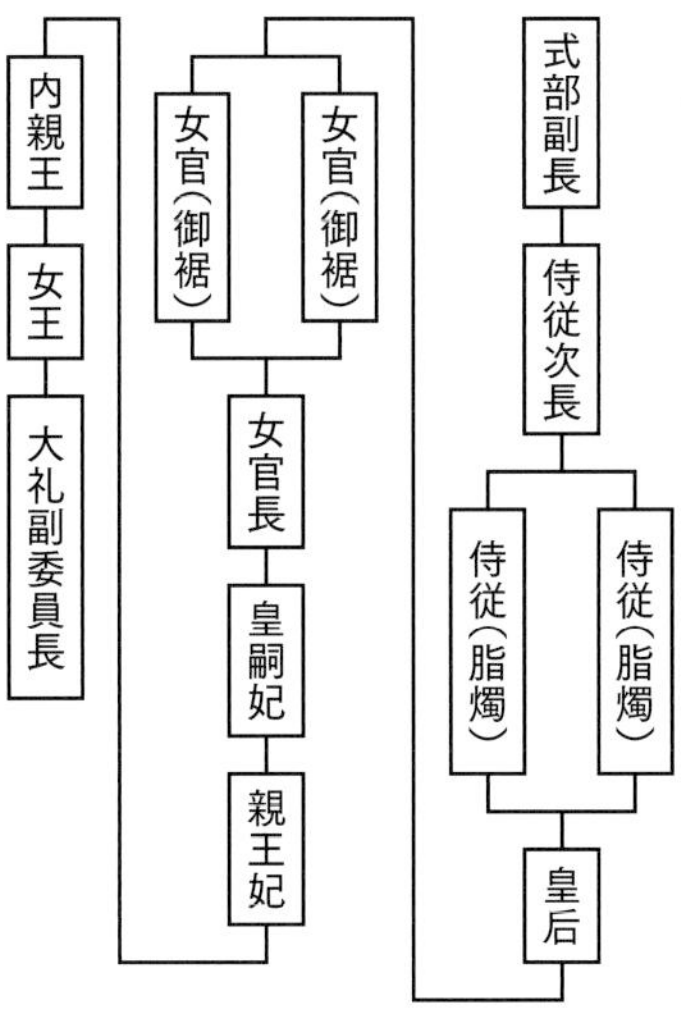

主基殿供饌の儀
悠紀殿供饌の儀に倣う（11月15日午前0時30分天皇主基殿外陣御着）。

2 大嘗宮（建物配置及び主要施設概要）

45ページ参照

3 神座（概要図）

大嘗宮内図

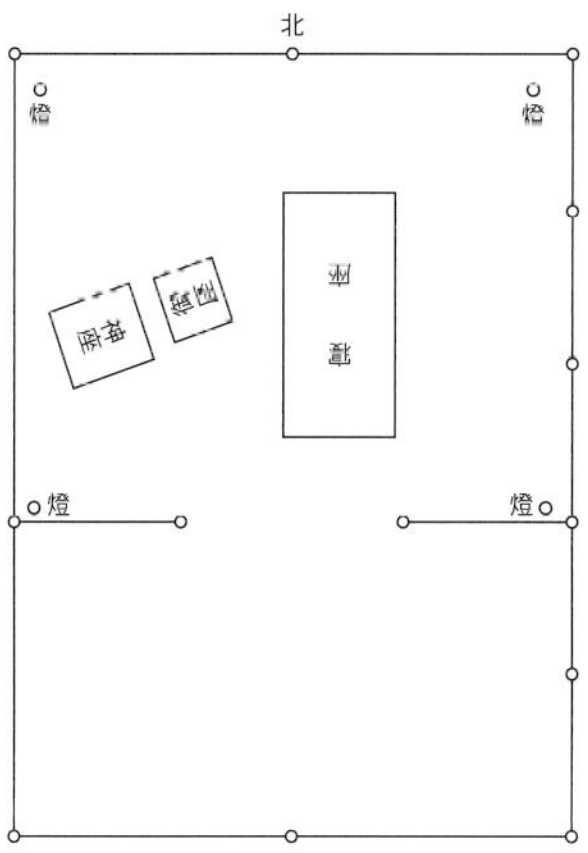

4 繒服《にぎたえ》・麁服《あらたえ》

繒服
規格　白生絹《しろすずし》
布幅　1尺（鯨尺《くじらじゃく》）＝約37・9cm
長さ　5丈（鯨尺）＝約1895cm
数量　4匹（1匹＝2反）
納入者　一般財団法人古橋会

麁服
規格　麻晒布《あささらしぬの》
布幅　9寸（鯨尺）＝約34・1cm
長さ　2丈9尺（鯨尺）＝約1099・1cm
数量　4反
納入者　三木家当主　三木信夫

5 稲舂《いなつき》（臼及び杵、采女《うねめ》、楽師《がくし》の膳屋での配置図）

杵（檜材）

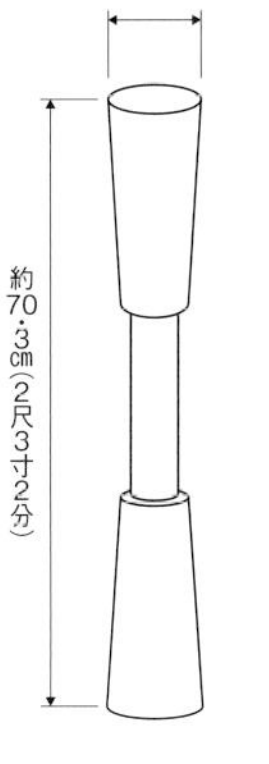

臼（ケヤキ材）

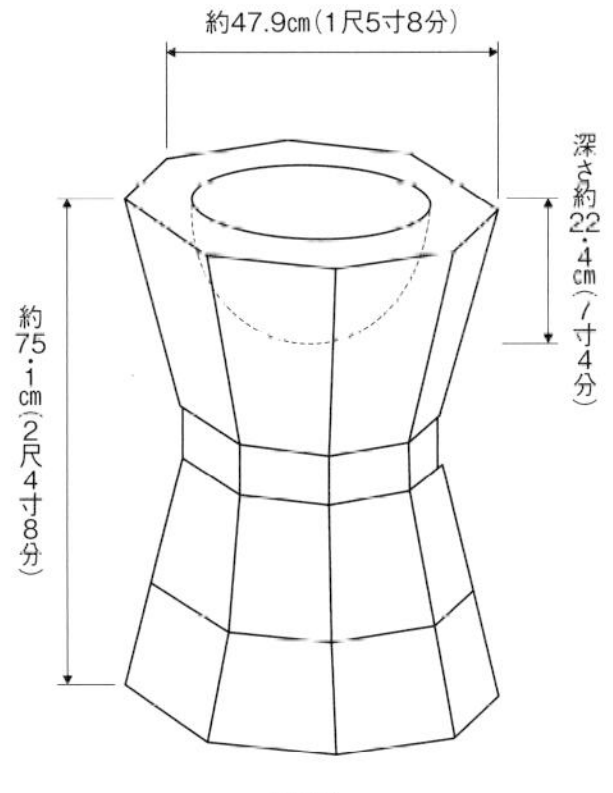

悠紀

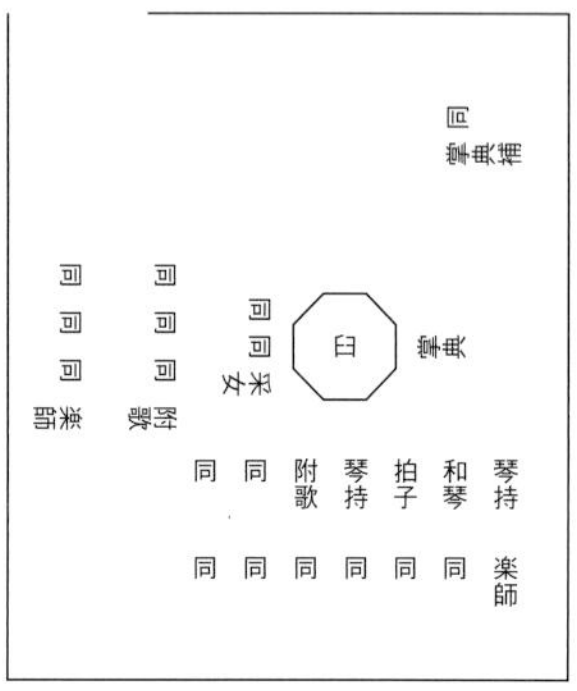

主基

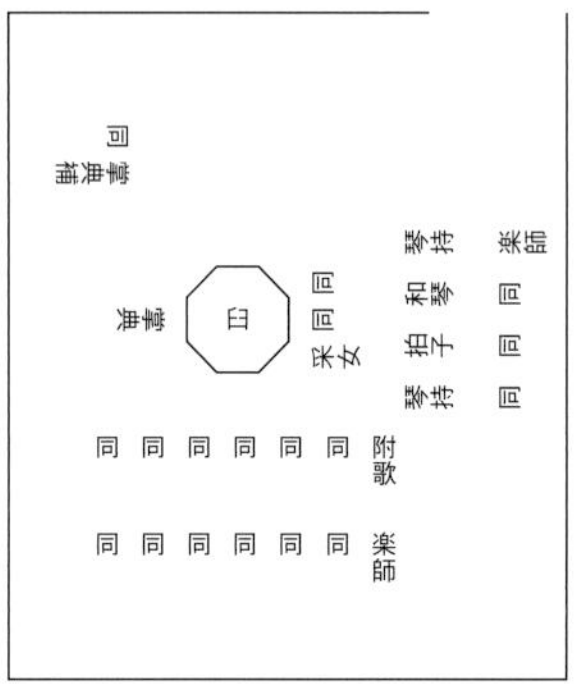

6　庭積の机代物（精米・精粟）

1　精米

47都道府県　各1・5kg

2　精粟

25都府県　各0・75kg

（青森県、岩手県、宮城県、秋田県、山形県、茨城県、栃木県、群馬県、東京都、新潟県、福井県、山梨県、長野県、岐阜県、京都府、兵庫県、岡山県、徳島県、愛媛県、福岡県、熊本県、大分県、宮崎県、鹿児島県、沖縄県）

7　庭積の机代物（特産品の都道府県別品目）

1　悠紀地方

北海道	小豆	馬鈴しょ	小麦	干ほたて貝柱	昆布
青森県	りんご	ながいも	ごぼう	鮭燻製	ほたて干貝柱
岩手県	りんご	さといも	乾しいたけ	干こんぶ	新巻鮭
宮城県	大豆	りんご	白菜	乾しいたけ	塩銀鮭（みやぎサーモン）
秋田県	大豆	セリ	りんご	天然きのこ（まいたけ）	ハタハタ一夜干し
山形県	ラ・フランス	シャインマスカット	柿	ぜんまい	するめ
福島県	りんご	なし	生しいたけ	干マガレイ	
茨城県	白菜	蓮根	しらす干し	わかさぎ煮干し	乾しいたけ
栃木県	二条大麦（もち絹香）	南瓜	苺	りんご	柚子
群馬県	りんご	こんにゃくいも	やまといも	しいたけ	小麦
埼玉県	小麦	やまといも	丸系八つ頭	茶	
千葉県	落花生	日本梨	にんじん	海苔	鯖節
東京都	キャベツ	大根	独活（うど）	椎茸	てんぐさ
神奈川県	茶	落花生	だいこん	キャベツ	のり
新潟県	柿	里芋	蓮根	乾しいたけ	塩引き鮭
山梨県	ぶどう	かき	トマト	あけぼの大豆	山梨夏っ子きのこ（クロアワビタケ）
長野県	りんご	ながいも	わさび	寒天	乾しいたけ
静岡県	茶	みかん	山葵	乾椎茸	鰹節

2　主基地方

富山県	大豆	さといも	苹果（りんご）	シロエビ（燻製）	イナダの天日干し
石川県	加賀棒茶	紋平柿	能登金糸瓜	能登原木乾しいたけ	輪島海女採りあわび
福井県	大豆	抜き実そば	さといも	乾しいたけ	若狭ぐじ
岐阜県	柿（富有柿）	栗（ぽろたん）	りんご	干椎茸	干鮎
愛知県	ふき	れんこん	柿	にんじん	海苔
三重県	茶	みかん	のしあわび	乾燥ひじき	鰹節
滋賀県	茶	やまいも	焼きほんもろこ		
京都府	長だいこん	ごぼ丹	しいたけ	宇治茶	ササガレイ
大阪府	栗	みかん	海老芋	干しいたけ	ちりめんじゃこ
兵庫県	丹波黒大豆	丹波栗	佐用もち大豆	兵庫のり	干鯛
奈良県	柿	緑茶	吉野葛		
和歌山県	みかん	富有柿	干しさば	干しまぐろ	乾燥ひじき
鳥取県	あんぽ柿	ヤマノイモ（ねばりっこ）	梨（王秋）	乾しいたけ	ハタハタ丸干
島根県	西条柿（あんぽ）	わさび	干し椎茸	板わかめ	岩のり
岡山県	黒大豆	ぶどう	なす	干海老	干たこ
広島県	さやえんどう	西条柿	レモン		
山口県	だいだい	れんこん	干しいたけ	するめ	ちりめんじゃこ
徳島県	すだち	乾しいたけ	わかめ		
香川県	小麦	キウイフルーツ	オリーブ（生）	乾しいたけ	煮干いわし
愛媛県	温州みかん（日の丸）	サトイモ（伊予美人）	はだか麦	乾しいたけ	干鯛
高知県	文旦	ゆず	干椎茸	鰹節	
福岡県	柿	茶	乾椎茸	干鯛	干海苔
佐賀県	れんこん	みかん	茶	きゅうり	海苔
長崎県	乾しいたけ	みかん	煮干	長ひじき	あおさ
熊本県	デコポン	すいか	トマト	乾しいたけ	乾海苔
大分県	かぼす	梨	かんしょ	乾しいたけ	ひじき
宮崎県	茶	干し椎茸	キンカン	甘藷	ちりめんじゃこ
鹿児島県	茶	さつまいも	ピーマン	早掘たけのこ	本枯れ節
沖縄県	ゴーヤー	クロアワビタケ	乾燥モズク	乾燥アーサ	

8

脂《し》燭《しょく》

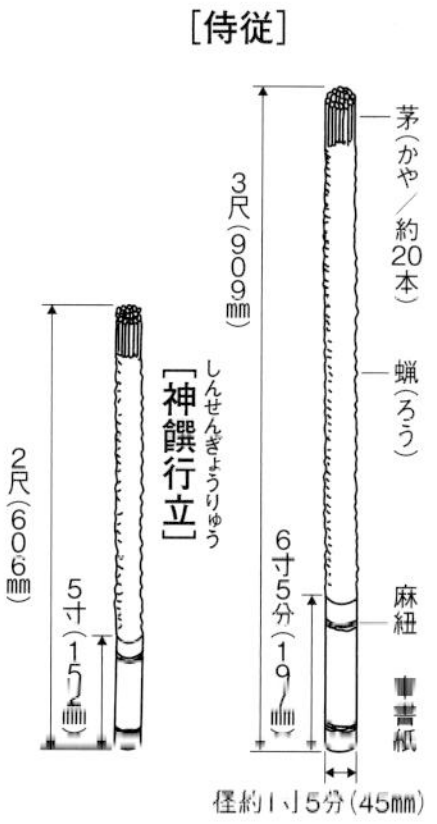

9

御《お》菅《かん》蓋《がい》

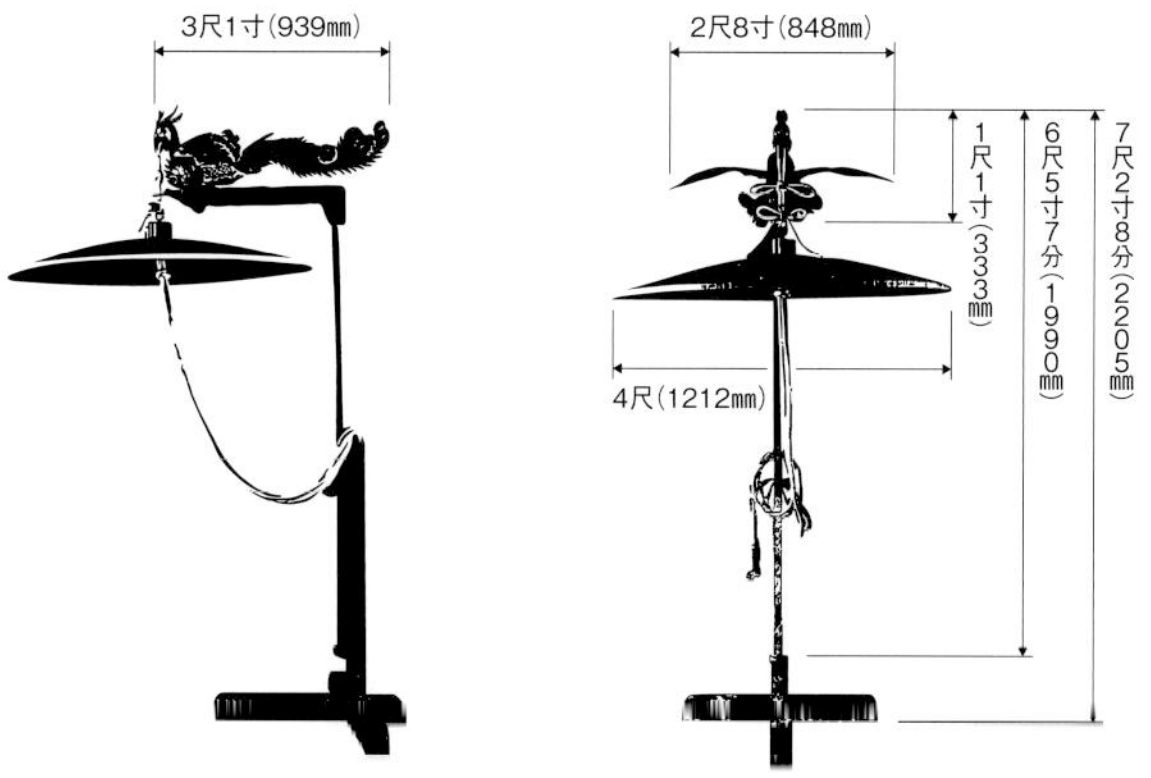

材料　鳳凰(ほうおう)　[頭、首、胴]・檜材　[両翼、尾羽]・和紙
菅笠(すげがさ)・菅　台等の木部・檜材

10

国《く》栖《ず》の古風《いにしえぶり》(歌詞)

橿《かし》の生《ふ》に　横臼《よくす》を作り　横臼に
醸《か》める大御酒《おほみき》　甘《うま》らに
聞《き》こし以《も》ち飲《を》せ　まろが父《ふ》

この歌は、応神天皇が吉野宮《よしののみや》に行幸《ぎょうこう》になった折り、国栖の人々が大御酒を醸して献上したとき歌った故事に由来するといわれています。

11

神饌(名称、読み)　省略

12

神楽歌曲目(大嘗宮の儀)について

(＊は歌詞別添)

[悠紀殿の儀]
音《ね》取《とり》(笛、篳篥《ひちりき》)
阿《あ》知《じ》女《め》作《さ》法《ほう》(本歌《もとうた》、末歌《すえうた》、和琴《わごん》のみ)
採物《とりもの》
　榊《さかき》＊　幣《みてぐら》＊
　韓神《からかみ》　閑《しず》韓神＊　早《はや》韓神＊
[主基殿の儀]
音取(笛、篳篥)
阿知女作法(本歌、末歌、和琴のみ)
小前張《こさいばり》
　薦枕《こもまくら》＊　志《し》都《づ》也《や》＊　磯等《いそら》＊　篠波《さざなみ》＊
早歌《はやうた》＊　朝倉《あさくら》＊　其駒《そのこま》＊　千歳《せんざい》＊(入御《じゅぎょ》のとき)

榊
榊葉《さかきは》の　香《か》をかぐはしみ　覓《と》めくれば　八十氏人《やそうじひと》ぞ
神垣《かみがき》の　御室《みむろ》の山の　榊葉は　神の御前《みまえ》に　茂り合ひに

幣
幣帛《みてぐら》は　我がにはあらず　天《あめ》に坐《ま》す　豊岡姫《とよおかひめ》の
幣帛に　ならましものを　皇神《すべかみ》の　御手《みて》に取られて
なづさわるべき　なづさわるべき

閑韓神
三島木綿《みしまゆふ》　肩に取り掛け　我れ韓神の
韓招《からお》きせんや　韓招き
八《や》葉盤《ひらで》を　手に取り持ちて　我れ韓神の
韓招きせんや　韓招き

早韓神
肩に取り掛け　われ韓神の　韓招きせんや
からおき
手に取り持ちて　われ韓神の　韓招きせんや
からおき

薦枕
誰《た》が贄人《にえびと》ぞ　鴫《しぎ》突《つ》き上《のぼ》る　網をきし
其の贄人ぞ　鴫突き上る　網をきし

志都也
閑野《しずや》の小菅《こすげ》　鎌もて苅《か》らば　生《を》ひんや
天《あめ》なる雲雀《ひばり》　寄《よ》り来《こ》や雲雀　富草《とみくさ》

磯等
磯等が崎に　鯛釣る　海人《あま》も鯛釣る
我妹子《わきもこ》が為と　鯛釣る　海人も鯛釣る

篠波
篠波や　志賀の唐崎や　御稲春《みしね》く
女《をみな》の佳《よ》ささや　其れもかも彼もかも
従姉妹《いとこ》せの　眞従姉妹《まいとこ》せに
葦原田《あしはらだ》の　稲春蟹《いなつきがに》のや　己《おのれ》さえ
嫁《よめ》を得ずとてや　捧《ささ》げては捧げや
捧げては捧げや　腕挙《かいなげ》を

早歌
や　何《いづ》れそも　停《とうよ》まり
や　彼《か》の崎　越えて
や　深山《みやま》の　小葛《こつら》
や　繰《く》れ繰れ　小葛
揚拍子
や　鷺《さぎ》の頸《くび》　取《し》ろンど
や　いとはた　取ろンど
や　鞍踏《あかがりふ》むな　後《しり》なる子
や　我れも眼はあり前《さき》なる子
や　谷から行かば　尾から行かん
や　尾から行かば　谷から行かん
や　女子《をみなご》の才《ざえ》ば
や　霜月《しもつき》師走《しはす》の　垣壊《かきこほ》り
や　翻戸《あふりど》や　檜張戸《ひはりど》
や　檜張戸や翻戸

朝倉

朝倉や　木《き》の丸殿《まるどの》にや　吾《わ》が居《お》れば
吾が居れば　名乗《なのり》をしつゝや　行くや誰《たれ》

其駒

其駒ぞや　我れに我れに　草乞ふ
草は取り飼はん　水は取り　草は取り飼はん

千歳

千歳千歳　千歳や　千年《ちとせ》の千歳や
萬歳《まんさい》萬歳　萬歳や　萬世《よろづよ》の萬歳や
尚《なお》　千歳　尚　萬歳

13　御告文《おつげぶみ》（ごこうもん・先例）

※現時点で史料によって確認できる大嘗祭の「御告文」は以下のとおり。

①建暦《けんりゃく》二年（一二一二）の順徳《じゅんとく》天皇大嘗祭の例

〔後鳥羽天皇宸記　大嘗會卯日御陪膳儀〕○伏見宮本

（原文略）

【読み下し案】

伊勢の五十鈴の河上に坐す天照大神、又天神地祇諸の神に明らけく曰さく、朕皇神の廣き護りに因り、國中《くぬち》平らけく安らけく、年穀豐かに稔り、上下を覆い壽ぎ、諸の民を救ひ濟さん、仍りて今年新たに得たる所の新飯《にひをもの》を奉ること此の如し、又朕が躬に於て犯すべき諸の災難を未だ萌《きざ》さざるに攘ひ除き、不祥惡事を遂に犯し來ること莫《な》からん、又高き山深き谷所々の社々大海小川に名を記して厭《まじな》ひ祭らん者、皆盡《ことごとく》に銷し滅さんのみ、

②文正《ぶんしょう》元年（一四六六）の後土御門《ごつちみかど》天皇大嘗祭の例

〔大嘗會神膳次第〕○東山御文庫本

次御祈請の事あり、〈此間采女ほとををきてまいるへし〉、

其詞云、

伊勢のいすゝの河かみにおハしますあまてる御神、あまつやしろくにつやしろのもろゝの神たちに申て申さく、われ諸神《御いみな》のひろきまもりによりて、國の中たひらかに、年穀ゆたかにして、たかきいやしきをおほひ、もろゝの民をすくはん、よりてことしあらたにえたる所の、にゐをものをたてまつる、又身の上におかすへきわさはひを、未萌にはらひのそきて、さりなハあしき事をかしき来たる事なからん、又たかき山ふかき谷所々名をしるして、ましなひまつらん物みなことゝくに、けちほろほさん事、これ天神地祇のあつきまもりをかうふりていたすへきもの也、

③元文《げんぶん》三年（一七三八）の櫻町《さくらまち》天皇大嘗祭の例

（1）〔元文三年大嘗祭御笏紙〕○東山御文庫本

伊勢のいすゝの河上に御座す天照大神、天つ屋しろ國つ社のもろゝの神たちに申て申さく、昭仁《(櫻町)》諸神の廣きまもりによりて、國中たひらかに、年穀ゆたかにして、たかきいやしきをおほひ、もろゝの民をすくハむ、よりてことしあらたにゐたるところの、にゐおものをたてまつる、又てる仁《(櫻町)》か身の上におかすへきわさハひを、ハらひのそきて、さりなハあしき事をかしきたる事なからん、又たかき山ふかき谷ところゝゝ名をしるして、ましなゐまつらんものミなけちほろほさん事、これ天神國つやしろのあつき守りをかふむりていたすへきもの也、と恐ミ々々も申て申さく、

（2）〔元文三年大嘗祭作法覚次第〕○東山御文庫本

（省略）

④寛延《かんえん》元年（一七四八）の桃園天皇大嘗祭の例

〔大嘗祭御祈請文〕○東山御文庫本

いせのいすゝの河かみにおはします天照大神、またあまつ神くにつやしろの神たちに申て申さく、遐仁《(桃園)》すへ神のまもりにより、國ゆたかに、もろゝのたミをすくはむ、よりてあらたにえたるにゐおものをたてまつる、又とを《(桃園)》仁か身におかすへきわさはひをのそき、又ところゝゝ名をしるして、ましなひまつらんものミなけちほろほさんこと、これあまつかミくにつやしろのまもりをかふむるへきもの也、

⑤年次不詳

〔大嘗祭御祈請文〕○東山御文庫本

（省略）

大饗の儀関係資料

1　次第書

大饗の儀（第1日）

11月16日午前8時、豊明殿を装飾する。

午前11時40分、参列の諸員が休所に参集する。

午前11時45分、皇嗣、皇嗣妃、親王、親王妃、内親王及び女王が皇族休所に参集される。

次に参列の諸員が豊明殿に入る。

式部官が誘導する。

正午、天皇が豊明殿にお出ましになる。

式部官長及び宮内庁長官が前行し、侍従がそれぞれ剣及び璽を捧持し、皇嗣及び親王が供奉され、侍従長、侍従及び大礼副委員長が随従する。

次に皇后が豊明殿にお出ましになる。

式部副長及び侍従次長が前行し、皇嗣妃、親王妃、内親王及び女王が供奉され、女官長、女官及び大礼副委員長が随従する。

次に天皇が御座にお着きになり、侍従がそれぞれ剣及び璽を案上に置く。

次に皇后が御座にお着きになる。

次に天皇のお言葉がある。

次に代表者が奉答する。

次に天皇、皇后に白酒黒酒《しろきくろき》を供する。

次に諸員に白酒黒酒を賜る。

次に式部官長が悠紀主基両地方の献物の色目《しきもく》を申し上げる。

この時、両地方の献物を排列する。

次に天皇、皇后に御膳及び御酒を供する。

次に諸員に膳及び酒を賜る。

次に久米舞《くめまい》を奏する。
次に天皇、皇后に御穀物を再び供する。
次に諸員に穀物を再び賜る。
次に悠紀主基両地方の風俗舞《ふぞくまい》を奏する。
次に大歌《おおうた》及び五節舞《ごせちまい》を奏する。
次に天皇、皇后に挿華《かざし》を供する。
次に諸員に挿華を賜る。
次に天皇、皇后が御退出になる。
　前行、供奉及び随従はお出ましのときと同じである。
次に諸員が退出する。

○

参列の範囲は、次のとおりとする。
内閣総理大臣、元内閣総理大臣及び副総理並びに以上の者の配偶者
国務大臣及び副大臣
衆議院の議長、元議長、副議長並びに以上の者の配偶者、常任委員長、特別委員長、憲法審査会会長、情報監視審査会会長及び政治倫理審査会会長
　衆議院の議員40人（特記した議員及び副大臣である議員を除く）及び事務総長
参議院の議長、元議長、副議長並びに以上の者の配偶者、常任委員長、特別委員長、調査会長、憲法審査会会長、情報監視審査会会長及び政治倫理審査会会長
　参議院の議員21人（特記した議員及び副大臣である議員を除く）及び事務総長
　最高裁判所長官、元最高裁判所長官及び最高裁判所判事（長官代行）並びに以上の者の配偶者、最高裁判所判事及び事務総長
　内閣官房副長官（政務）
国立国会図書館長
東京都、栃木県及び京都府の知事及び議会議長
栃木県及び京都府の農業協同組合中央会会長
栃木県及び京都府の斎田の大田主及びその配偶者
その他別に定める者

○

服装　男子：モーニングコート、紋付羽織袴
　女子：ロングドレス（ローブモンタント）、デイドレス、白襟紋付

○

お列

式部官長
宮内庁長官
侍従(剣)
天皇
侍従(璽)

皇嗣
親王
侍従長
侍従
大礼副委員長

式部副長
侍従次長
皇后
皇嗣妃
親王妃

内親王
女王
女官長
女官
大礼副委員長

大饗の儀（第2日）

行われる日が11月18日で「午前11時40分、参列の諸員が春秋の間に参集する」ところが、第1日と違うところである。1日目は「春秋の間」ではなく「休所」。

○

参列の範囲は、次のとおりとする。
内閣法制局長官及び内閣官房副長官（事務）
検査官、人事官、公正取引委員会委員長、原子力規制委員会委員長、検事総長、次長検事、検事長及び高等裁判所長官
各省庁の事務次官等で宮内庁長官が指定する者
都道府県の知事及び議会議長（大饗の儀（第1日）に招待された者を除く）
市及び町村の長及び議会議長の代表
各界の代表
その他別に定める者

○

服装　お列　第1日と同

2　豊明殿の布設図（配席図）
（次ページ右下）

3　御座の布設図（御台盤、御椅子、剣璽案の形状図と配置図）　57ページ参照

4　錦軟障《にしきのぜじょう》
1　寸法　高さ　12尺（約3・6ｍ）
　幅　30尺8寸4分（約9・3ｍ）
　縁　左右上下各2尺（約0・6ｍ）紫色小葵模様
2　図柄　千年松山水《せんねんまつさんすい》の図
3　由来　錦軟障は帝室技芸員の今尾景年《いまおけいねん》の筆により絹に揮毫した墨絵で大正大礼の際調製したものである。昭和大礼及び平成大礼の際にも使用された。

5　悠紀・主基地方風俗歌屛風（寸法）
絵の大きさ　２１３２㎜×３８３２㎜
屛風　６曲
　高さ２４００㎜　幅４１００㎜　厚さ21㎜

6　白酒黒酒《しろきくろき》
1　必要量
神酒用72ℓ　祝酒用１５６ℓ　計２２８ℓ
2　醸造依頼先
①宮坂醸造株式会社　悠紀殿用の神酒用36ℓ
②月桂冠株式会社　主基殿用の神酒用36ℓ
　　人饗用の祝酒用１５６ℓ
（理由）例年、新嘗祭のための神酒醸造を依頼しており、技術、経験等信頼できると考えられるため。
3　杯の素材、形状（参列者用）
素材　土器（素焼き）
形状　１０２㎜（外径口作り）×35㎜（外径胴）×24㎜（高さ）

7　献物（色目）↑献物の色目を奏した後使用

8　御膳及び膳（献立、配置図）↑大饗の儀時以降使用
7、8は資料そのもののホームページでの公開はなし

9 挿華《かざし》及び洲浜《すはま》（意匠、形状、材質）

1 御挿華 2組
意匠 松・桐各1本で1組
形状（概略） 高さ20・0cm 最大幅15・0cm
材質 純銀

2 挿華
意匠 竹・梅2本を合わせたもの
形状 高さ14・5cm 最大幅8・5cm
材質 純銀

3 洲浜 2個
意匠 悠紀地方及び主基地方の屏風絵の題材を取り入れた銀製の置物。
形状（概略） 高さ15・5cm 奥行26・0cm 最大幅40・0cm
材質 純銀

即位の礼及び大嘗祭関係諸儀式等（神宮に勅使発遣の儀から大嘗祭後大嘗宮地鎮祭まで）関係資料

神宮に勅使発遣の儀

11月8日午前9時、御殿を装飾する。

時刻、大礼委員が着床する。

次に勅使が着床される。

午前10時、天皇がお出ましになる。

（以下、127ページ上段後ろから6行目以降中段3行目まで、中段10行目以降「お列」まで参照）

大嘗祭前二日御禊《ごけい》

11月12日午後1時、御禊所を装飾する。

時刻、大礼委員が着床する。

次に掌典長及び掌典が着床する。

午後2時、天皇がお出ましになる。

　侍従が前行する。

次に御禊の儀がある。

次に天皇が御退出になる。

　前行は、お出ましのときと同じである。

次に各退出する。

○
服装 天皇：御直衣
　掌典長、掌典及び侍従：衣冠
　掌典補：布衣 出仕：雑色
　モーニングコート又はこれに相当するもの

大嘗祭前二日大祓《おおはらえ》

11月12日午後2時、祓所を鋪設《ふせつ》する。

午後3時、大礼委員及び大礼委員幹事が着床する。

次に掌典長及び掌典が着床する。

次に親王が着床される。

次に掌典補2人が御麻《みぬさ》に祓の稲をさしはさむ。

次に掌典長が掌典に祓のことを命ずる。

次に掌典が進んで大祓詞《おおはらえことば》を読む。終わって他の掌典が大麻を執って親王及び大礼委員等を祓い、これを掌典補に授ける。

次に掌典が掌典補を率い祓物を執って大河に向かう。

次に各退出する。

○
服装 掌典長及び掌典：衣冠
　掌典補：布衣 出仕：雑色
　モーニングコート又はこれに相当するもの

大嘗祭前一日鎮魂《ちんこん》の儀

11月13日午後4時、御殿を装飾する。

次に神座を奉安する。

午後5時、大礼委員が着床する。

次に掌典長、掌典次長及び掌典が着床する。

次に神饌を供する。

　この間、神楽歌を奏する。

次に掌典長が斎殿に昇り祝詞を奏し、終わって掖座《わきざ》に着く。

次に糸結《いとむすび》及び御衣振動《ぎょいしんどう》の儀がある。

　この間、神楽歌を奏する。

大饗の儀
豊明殿の布設図（配席図）

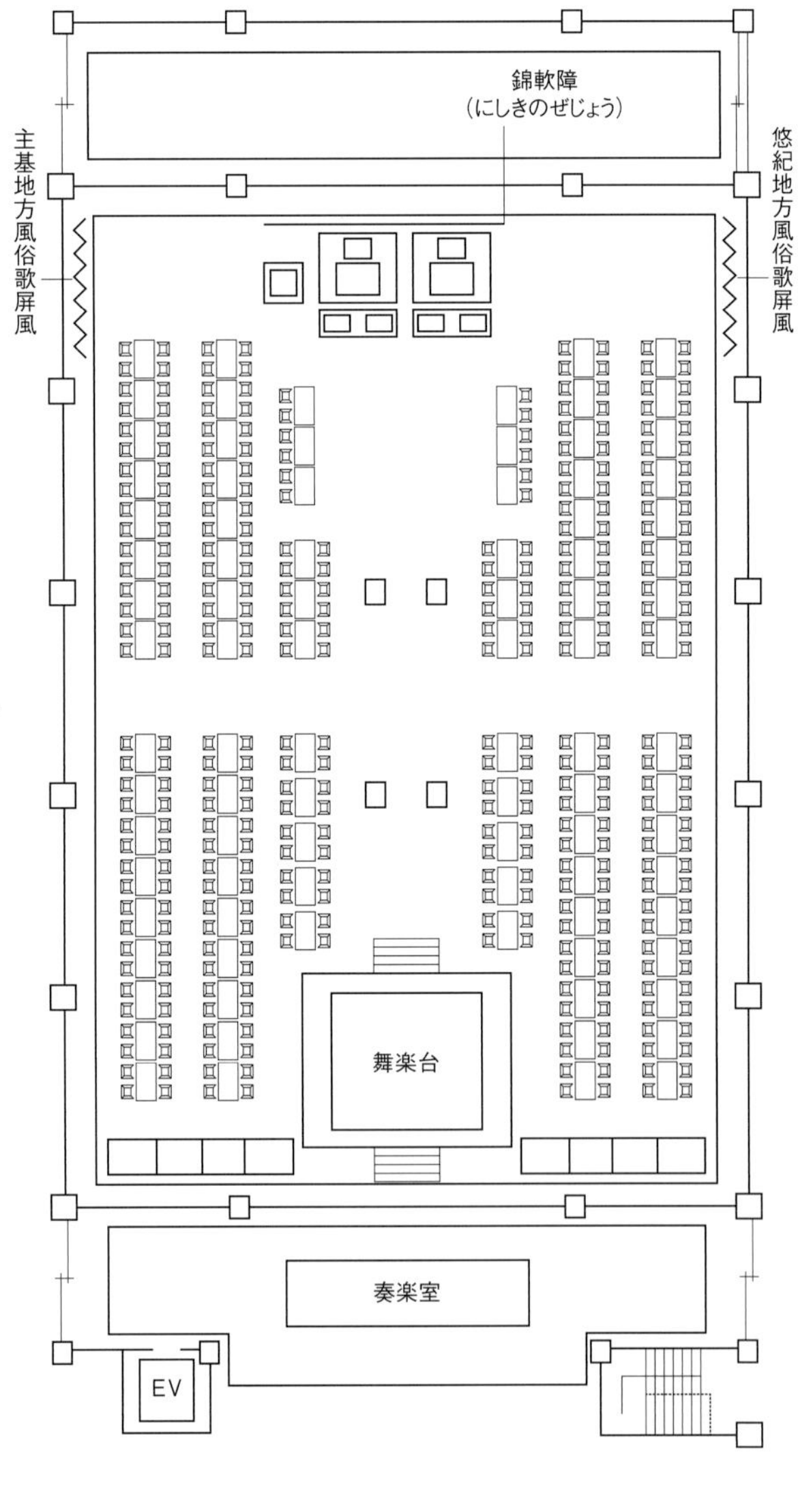

138～152ページまでの
図版製作／ミューズグラフィック

次に神饌を撤する。

この間、神楽歌を奏する。

次に各退出する。

○

服装　掌典長、掌典次長、掌典及び楽長：衣冠
掌典補及び楽師：布衣　出仕：雑色
モーニングコート又はこれに相当するもの

大嘗祭前一日大嘗宮鎮祭《ちんさい》

11月13日午後2時、悠紀主基両殿、神門及び廻立殿を装飾する。

午後3時、掌典及び掌典補が参進して悠紀殿南階の下に列立する。

次に掌典補が賢木《さかき》を悠紀殿内陣の四隅に立てる。

次に掌典が掌典補を率いて悠紀殿内陣の四隅に米、塩、切麻《きりぬさ》を散供《さんぐ》する。

次に悠紀殿内に神饌を供する。

次に掌典が祝詞を奏する。

次に神饌を撤する。

次に掌典及び掌典補が主基殿南階の下に列立《れつりつ》する。

次に掌典補が賢木を主基殿内陣の四隅に立てる。

次に掌典が掌典補を率いて主基殿内陣の四隅に米、塩、切麻を散供する。

次に主基殿内に神饌を供する。

次に掌典が祝詞を奏する。

次に神饌を撤する。

次に掌典及び掌典補が南神門外に列立する。

次に掌典補が賢木を各神門の左右に立てる。

次に掌典が掌典補を率いて各神門に米、塩、切麻を散供する。

次に南神門中央に神饌を供する。

次に掌典が祝詞を奏する。

次に神饌を撤する。

次に掌典及び掌典補が廻立殿南階の下に列立する。

次に掌典補が賢木を廻立殿中央の御間、御湯殿及び東の御間の四隅に立てる。

次に掌典が掌典補を率いて廻立殿中央の御間、御湯殿及び東の御間の四隅に米、塩、切麻を散供する。

次に各退出する。

○

大嘗祭当日神宮に奉幣の儀

服装　掌典：衣冠　掌典補：布衣
皇大神宮
豊受大神宮
神宮の祭式による。

○

大嘗祭当日賢所大御饌供進の儀

服装　勅使：束帯（帯剣）
勅使随員：衣冠単　出仕：雑色
11月14日午前8時20分、御殿を装飾する。
午前9時45分、大礼委員が休所に参集する。
次に御扉を開く。
この間、神楽歌を奏する。
次に神饌及び幣物を供する。
この間、神楽歌を奏する。
次に掌典長が祝詞を奏する。
次に御鈴の儀がある（内掌典が奉仕する）。
次に大礼委員が参進して幄舎に着床する。
式部官が誘導する。
次に天皇御代拝
次に皇后御代拝
次に大礼委員が拝礼する。
次に幣物及び神饌を撤する。
この間、神楽歌を奏する。
次に御扉を閉じる。
この間、神楽歌を奏する。
次に各退出する。

○

服装　天皇御代拝：束帯
皇后御代拝：束帯
掌典長、掌典次長及び掌典：束帯
内掌典：衣袴、袿袴
掌典補及び楽師：衣冠単
出仕：雑色
モーニングコート又はこれに相当するもの

大嘗祭当日皇霊殿に奉告の儀

大嘗祭当日神殿に奉告の儀

大嘗祭当日賢所大御饌供進の儀に倣う（御鈴の儀はない）。

大嘗祭後一日大嘗宮鎮祭

11月16日午前8時、悠紀主基両殿、神門及び廻立殿を装飾する。

午前9時、掌典及び掌典補が参進して悠紀殿南階の下に列立する。

次に掌典補が賢木を悠紀殿内陣の四隅に立てる。

次に掌典が掌典補を率いて悠紀殿内陣の四隅に米、塩、切麻を散供する。

次に悠紀殿内に神饌を供する。

次に掌典が祝詞を奏する。

次に神饌を撤する。

次に掌典及び掌典補が主基殿南階の下に列立する。

次に掌典補が賢木を主基殿内陣の四隅に立てる。

次に掌典が掌典補を率いて主基殿内陣の四隅に米、塩、切麻を散供する。

次に主基殿内に神饌を供する。

次に掌典が祝詞を奏する。

次に神饌を撤する。

次に掌典及び掌典補が南神門外に列立する。

次に掌典補が賢木を各神門の左右に立てる。

次に掌典が掌典補を率いて各神門に米、塩、切麻を散供する。

次に南神門中央に神饌を供する。

次に掌典が祝詞を奏する。

次に神饌を撤する。

次に掌典及び掌典補が廻立殿南階の下に列立する。

次に掌典補が賢木を廻立殿中央の御間、御湯殿及び東の御間の四隅に立てる。

次に掌典が掌典補を率いて廻立殿中央の御間、御湯殿及び東の御間の四隅に米、塩、切麻を散供する。

次に各退出する。

○

服装　掌典：衣冠　掌典補：布衣

即位礼及び大嘗祭後神宮に親謁の儀

豊受《とようけ》大神宮に親謁の儀

11月22日時刻、天皇が行在所《あんざいしょ》を御出発になる。

時刻、天皇が板垣御門《いたがきごもん》にお着きになる。

式部官長及び宮内庁長官が前行し、御前侍従が剣璽を捧持し、御後侍従が御菅蓋を捧持し、御綱を張り、御笏筥《しゃくばこ》を捧持する。

侍従長及び侍従が御後に候し、大礼委員が随従する。

次に外玉垣御門《とのたまがきごもん》外で天皇に大麻《おおぬさ》御塩《みしお》を奉る（神宮禰宜《ねぎ》が奉仕する）。

次に内玉垣御門内で天皇に御手水を供する（侍従が奉仕する）。

この時、祭主《さいしゅ》、大宮司《だいぐうじ》及び少宮司《しょうぐうじ》が正殿《しょうでん》の御扉《みとびら》を開き、御幌《とばり》を搴《かか》げ、御供進の幣物を殿内の案《あん》上に奉安し、御階《ぎょかい》の下に候する。

次に天皇が瑞垣《みずがき》御門内にお進みになる。

掌典長が前行し、御前侍従が剣璽を捧持し、御後侍従が御菅蓋を捧持し、御綱を張り、御笏筥を捧持する。

侍従長が御後に候し、宮内庁長官、式部官長及び大礼委員が内玉垣御門外に候する。

次に天皇が正殿の御階をお昇りになり、大床《おおゆか》の御座にお着きになる。

侍従が剣璽を捧持して御階の下に候する。

次に天皇が御拝礼になる。

次に天皇が行在所にお帰りになる。

前行及び随従は、お出ましのときと同じである。

次に皇后が行在所を御出発になる。

次に皇后が板垣御門にお着きになる。

侍従次長が前行し、侍従が御菅蓋を捧持し、御綱を張り、女官が御檜扇《ひおうぎ》筥を捧持する。

女官長が御後に候し、大礼委員が随従する。

次に外玉垣御門外で皇后に大麻御塩を奉る（神宮禰宜が奉仕する）。

次に内玉垣御門内で皇后に御手水を供する（女官が奉仕する）。

次に皇后が瑞垣御門内にお進みになる。

掌典長が前行し、侍従が御菅蓋を捧持し、御綱を張り、女官が御檜扇筥を捧持する。

女官長が御後に候し、侍従次長及び大礼委員が内玉垣御門外に候する。

次に皇后が正殿の御階をお昇りになり、大床の御座にお着きになる。

次に皇后が御拝礼になる。

次に皇后が行在所にお帰りになる。

前行及び随従は、お出ましのときと同じである。

次に各退出する。

○

服装　天皇：御束帯（黄櫨染御袍）
皇后：御五衣、御唐衣、御裳
宮内庁長官、侍従長、侍従次長、侍従、式部官長、掌典長、掌典及び大礼委員：衣冠単
掌典補：布衣単　女官長及び女官：袿袴
モーニングコート又はこれに相当するもの

お列

天皇のお列

1 行在所から板垣御門までの間

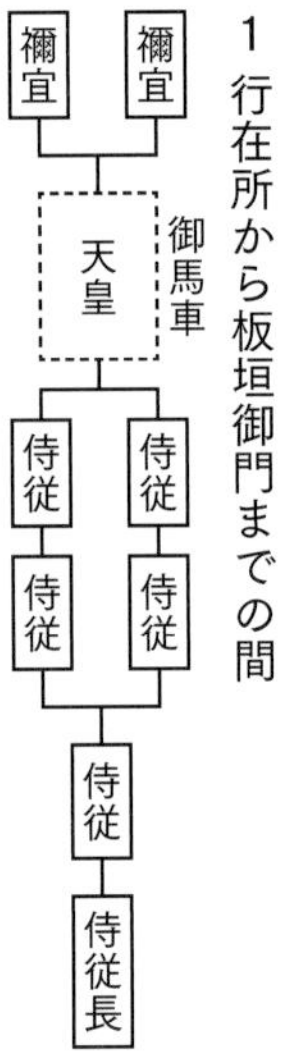

2 板垣御門から内玉垣御門までの間

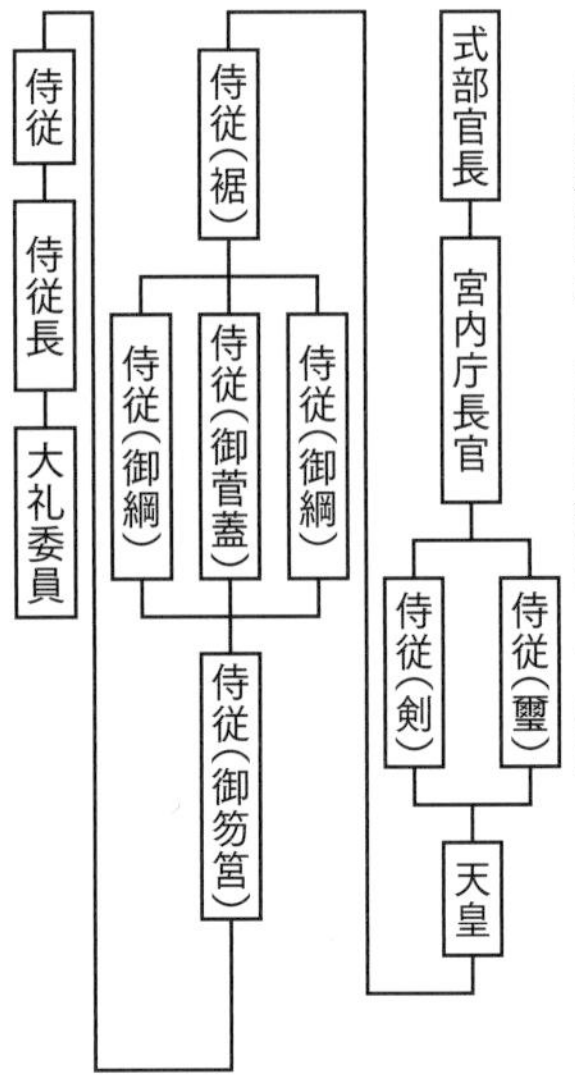

3 内玉垣御門から瑞垣御門までの間

4 瑞垣御門から正殿前までの間

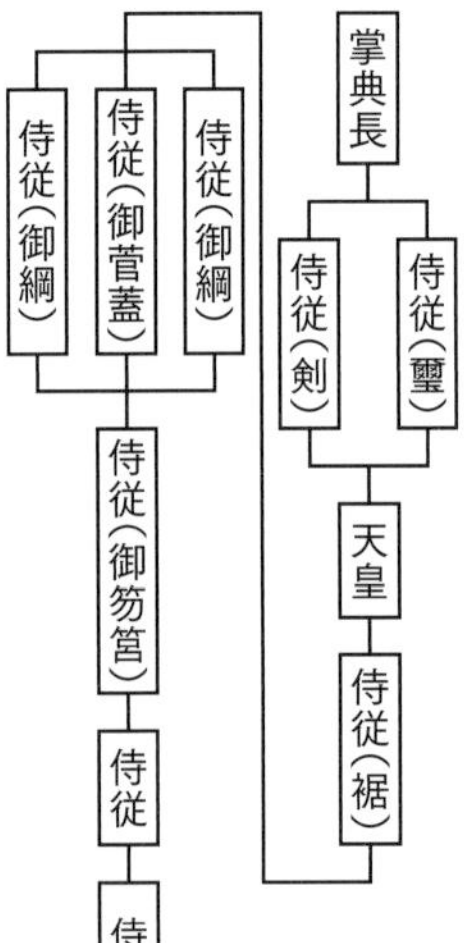

皇后のお列

1 行在所から板垣御門までの間

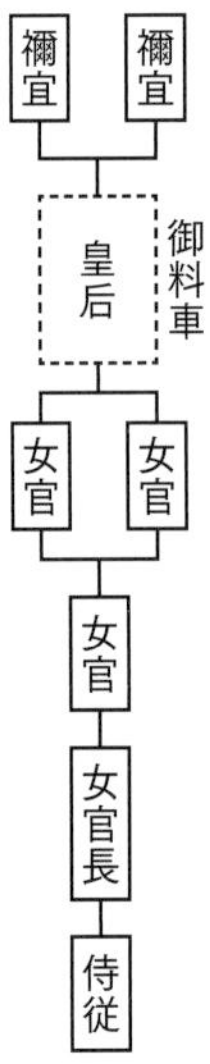

2 板垣御門から内玉垣御門までの間

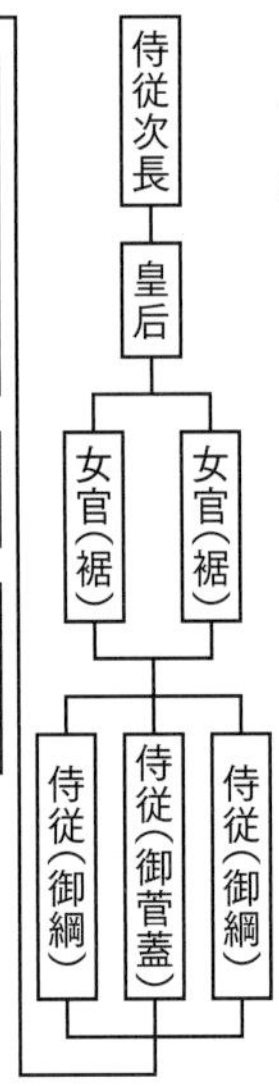

3 内玉垣御門から瑞垣御門までの間

4 瑞垣御門から正殿前までの間

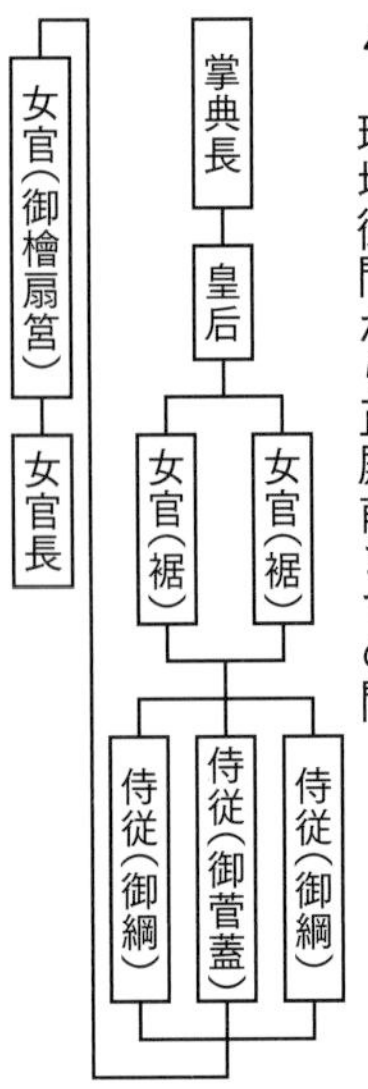

皇大神宮に親謁の儀

豊受大神宮に親謁の儀に倣う（11月23日時刻、天皇板垣御門御着）。

即位礼及び大嘗祭後神武天皇山陵に親謁の儀

11月27日時刻、陵所を装飾する。
時刻、大礼委員が着床する。
次に神饌及び幣物を供する。
　この間、楽を奏する。
次に掌典長が祝詞を奏する。
次に天皇が御休所を御出発になる。
　式部官長及び宮内庁長官が前行し、侍従長、侍従及び大礼委員が随従する。
時刻、天皇が御拝礼になる。
次に天皇が御休所にお帰りになる。
　前行及び随従は、お出ましのときと同じである。
次に皇后が御休所を御出発になる。
　侍従次長が前行し、女官長、女官及び大礼委員が随従する。
次に皇后が御拝礼になる。
次に皇后が御休所にお帰りになる。
　前行及び随従は、お出ましのときと同じである。
次に大礼委員が拝礼する。
次に幣物及び神饌を撤する。
　この間、楽を奏する。
次に各退出する。

○

服装　モーニングコート又はこれに相当するもの
　掌典長、掌典及び楽長：衣冠単
　掌典補及び楽師：布衣単　出仕：雑色

お列
天皇のお列

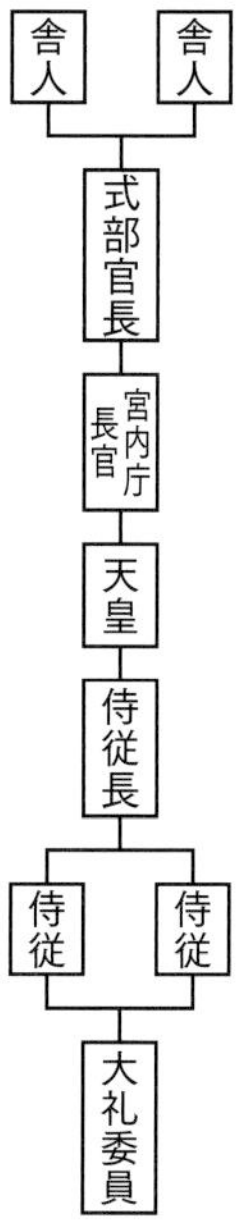

皇后のお列

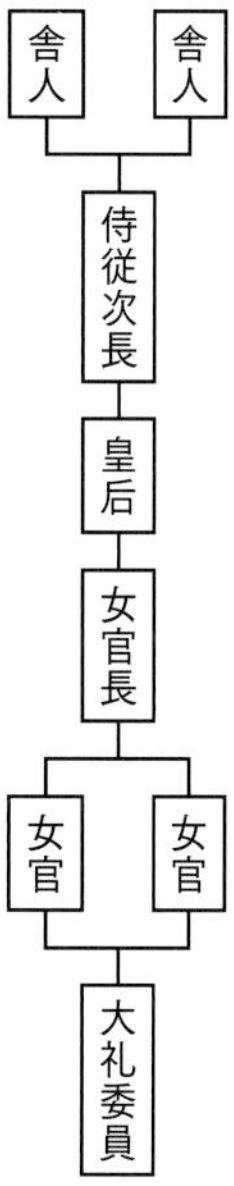

即位礼及び大嘗祭後孝明天皇山陵に親謁の儀

（即位礼及び大嘗祭後神武天皇山陵に親謁の儀と同）

お列
天皇のお列
1　御休所から塀重門《へいじゅうもん》までの間（自動車列）

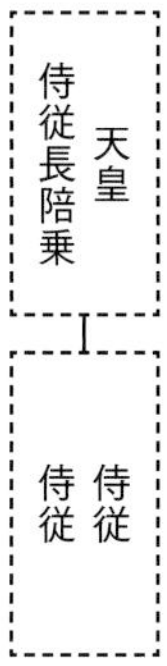

2　塀重門から陵前までの間

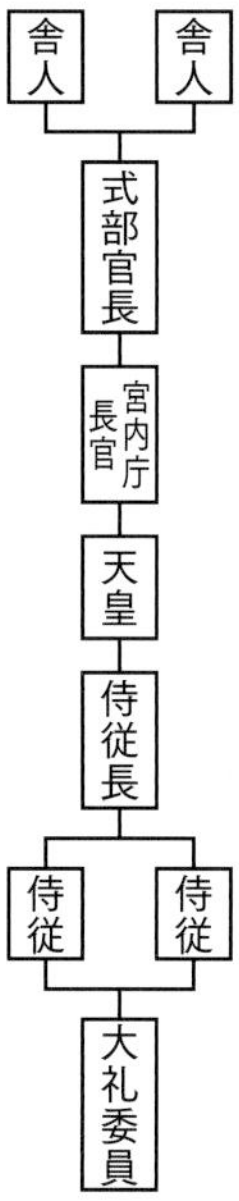

皇后のお列
1　御休所から塀重門までの間（自動車列）

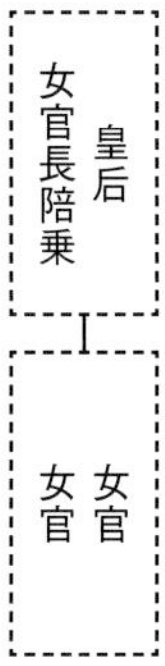

2　塀重門から陵前までの間

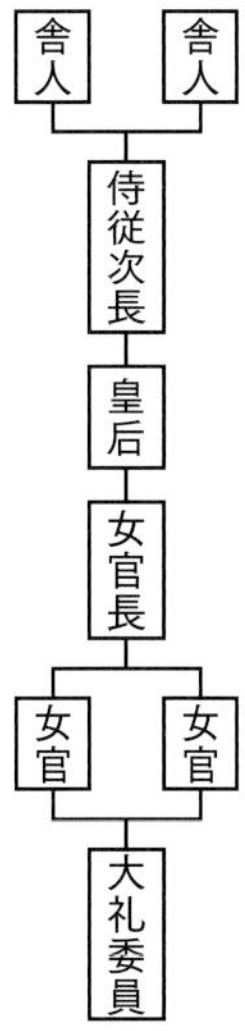

即位礼及び大嘗祭後明治天皇山陵に親謁の儀

11月28日時刻、陵所を装飾する。
（以下、即位礼及び大嘗祭後神武天皇山陵に親謁の儀と同）

即位礼及び大嘗祭後昭和天皇山陵に親謁の儀

12月3日時刻、陵所を装飾する。
（以下、即位礼及び大嘗祭後神武天皇山陵に親謁の儀と同）

お列
天皇のお列
1　御休所から大鳥居までの間（自動車列）
2　大鳥居から陵前までの間
皇后のお列
1　御休所から大鳥居までの間（自動車列）
2　大鳥居から陵前までの間
（即位礼及び大嘗祭後孝明天皇山陵に親謁の儀と同）

即位礼及び大嘗祭後大正天皇山陵に親謁の儀

（即位礼及び大嘗祭後昭和天皇山陵に親謁の儀と同）

茶会

11月28日午後1時から同1時45分までに諸員が京都御所の会場に参集する。
午後1時15分から同1時55分まで会場において舞楽《ぶがく》を供覧する。
午後2時、天皇、皇后が会場にお出ましになり、所定の位置にお着きになる。
　式部官長が前行し、宮内庁長官、侍従長、侍従、女官長及び女官が随従する。
次に天皇のお言葉がある。
次に代表者が祝詞を述べる。
次に代表者が杯を挙げる。
次に御歓談になる。
　この間、茶菓を供する。
次に天皇、皇后が御退出になる。
　前行及び随従は、お出ましのときと同じである。
次に諸員が退出する。

○

服装　男子：モーニングコート、紋付羽織袴又はこれらに相当するもの
　女子：ロングドレス、デイドレス、白襟紋付又はこれらに相当するもの
　外套着用可

○

お列

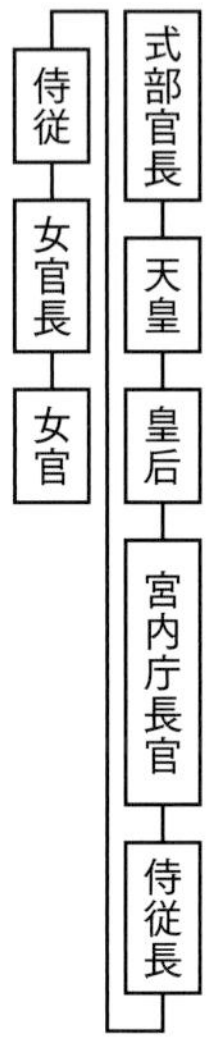

招待される者の範囲

1　京都府、大阪府、兵庫県、奈良県、滋賀県、和歌山県及び三重県の次の者約600名とする。
（1）知事及び府県議会議長
（2）指定都市の市長及び市議会議長
（3）市長会、市議会議長会、町村長会及び町村議会議長会の代表
（4）経済界、社会福祉関係、学術文化関係、報道界、伝統産業関係等各界の代表
（5）皇室関係者、行幸啓関係尽力者等

2　各府県に推薦を依頼する人数は、次のとおりとする。
京都府130名　大阪府100名
兵庫県70名　奈良県60名　滋賀県60名
和歌山県60名　三重県60名

3　皇室関係者、行幸啓関係尽力者等で、各府県から推薦されない者については、当庁で決定する。　60名

即位礼及び大嘗祭後賢所に親謁の儀

12月4日午前8時、御殿を装飾する。
時刻、大礼委員が休所に参集する。
次に皇嗣、皇嗣妃、親王、親王妃、内親王及び女王が賢所参集所に参集される。
次に天皇、皇后が綾綺殿にお入りになる。
次に天皇に御服を供する（侍従が奉仕する）。
次に天皇に御手水を供する（侍従が奉仕する）。
次に天皇に御笏を供する（侍従が奉仕する）。
次に皇后に御服を供する（女官が奉仕する）。
次に皇后に御手水を供する（女官が奉仕する）。
次に皇后に御檜扇を供する（女官が奉仕する）。
時刻、御扉を開く。
　この間、神楽歌を奏する。
次に神饌及び幣物を供する。
　この間、神楽歌を奏する。
次に掌典長が祝詞を奏する。
次に大礼委員が着床する。
次に皇嗣、皇嗣妃、親王、親王妃、内親王及び女王が参進して幄舎に着床される。
　式部官が誘導する。
午前10時、天皇がお出ましになる。
　掌典長が前行し、侍従が御剣を捧持し、侍従が随従する。
次に天皇が内陣の御座にお着きになる。侍従が御剣を捧持し、簀子に候する。
次に天皇が御拝礼になる（御鈴を内掌典が奉仕する）。
次に天皇が御退出になる。
　前行及び随従は、お出ましのときと同じである。
次に皇后がお出ましになる。
　掌典長が前行し、女官が随従する。
次に皇后が内陣の御座にお着きになる。女官が簀子に候する。
次に皇后が御拝礼になる。
次に皇后が御退出になる。
　前行及び随従は、お出ましのときと同じである。
次に皇嗣、皇嗣妃、親王、親王妃、内親王及び女王が拝礼される。
次に大礼委員が拝礼する。
次に幣物及び神饌を撤する。
　この間、神楽歌を奏する。
次に御扉を閉じる。
　この間、神楽歌を奏する。
次に各退出する。

○

服装　天皇：御束帯（黄櫨染御袍）
　皇后：御五衣・御小袿・御長袴
　侍従、掌典長、掌典次長、掌典及び楽長：衣冠単　女官：袿袴　内掌典：衣袴、袿袴
　掌典補及び楽師：布衣単　出仕：雑色
　モーニングコート又はこれに相当するもの

お列

天皇のお列

皇后のお列

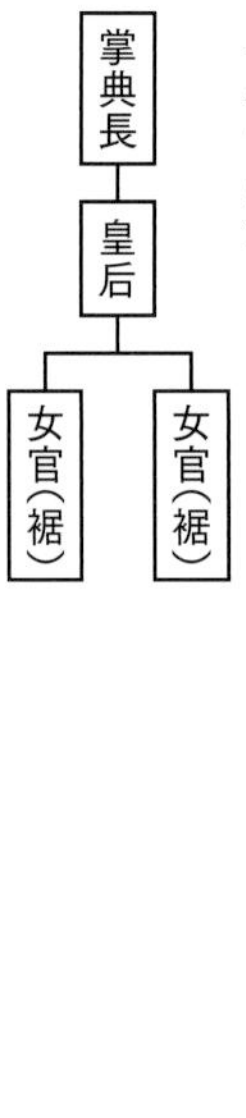

即位礼及び大嘗祭後皇霊殿に親謁の儀
即位礼及び大嘗祭後神殿に親謁の儀

即位礼及び大嘗祭後賢所に親謁の儀に倣う（御鈴の儀はない）。

即位礼及び大嘗祭後賢所御神楽《みかぐら》の儀

12月4日午後3時、御殿を装飾する。
午後4時10分、大礼委員が休所に参集する。
次に参列の諸員が休所に参集する。
次に皇嗣、皇嗣妃、親王、親王妃、内親王及び女王が賢所参集所に参集される。
次に天皇、皇后が綾綺殿にお入りになる。
次に天皇に御服を供する（侍従が奉仕する）。
次に天皇に御手水を供する（侍従が奉仕する）。
次に天皇に御笏を供する（侍従が奉仕する）。
次に皇后に御服を供する（女官が奉仕する）。
次に皇后に御手水を供する（女官が奉仕する）。
次に皇后に御檜扇を供する（女官が奉仕する）。
時刻、御扉を開く。
　この間、神楽歌を奏する。

次に神饌及び幣物を供する。
　この間、神楽歌を奏する。
次に掌典長が祝詞を奏する。
次に大礼委員が着床する。
次に諸員が参進して幄舎に着床する。
　式部官が誘導する。
次に皇嗣、皇嗣妃、親王、親王妃、内親王及び女王が参進して幄舎に着床される。
　式部官が誘導する。
午後4時30分、天皇がお出ましになる。
　掌典長が前行し、侍従が剣璽を捧持し、侍従が随従する。
次に天皇が内陣の御座にお着きになる。侍従が剣璽を捧持し、外陣に候する。
次に天皇が御拝礼になる（御鈴を内掌典が奉仕する）。
次に天皇が御退出になる。
　前行及び随従は、お出ましのときと同じである。
次に皇后がお出ましになる。
　掌典長が前行し、女官が随従する。
次に皇后が内陣の御座にお着きになる。女官が簀子に候する。
次に皇后が御拝礼になる。
次に皇后が御退出になる。
　前行及び随従は、お出ましのときと同じである。
次に皇嗣、皇嗣妃、親王、親王妃、内親王及び女王が拝礼される。
次に諸員が拝礼する。
次に大礼委員が拝礼する。
次に御神楽。
次に幣物及び神饌を撤する。
　この間、神楽歌を奏する。
次に御扉を閉じる。
　この間、神楽歌を奏する。
次に各退出する。

参列の範囲は、次のとおりとする。
内閣総理大臣及び国務大臣並びに衆議院及び参議院の議長及び副議長並びに最高裁判所長官及び最高裁判所判事（長官代行）　認証官総代　各省庁の事務次官の総代　都道府県の総代　市町村の総代　その他別に定める者

○

服装　天皇：御束帯（黄櫨染御袍）
　皇后：御五衣・御小袿・御長袴
　侍従、掌典長、掌典次長、掌典及び楽長：衣冠単
　女官：袿袴　内掌典：衣袴、袿袴
　掌典補及び楽師：布衣単　出仕：雑色
　モーニングコート、紋付羽織袴又はこれに相当するもの
　勲章着用

お列
天皇のお列
掌典長 ― 侍従(剣) ― 天皇 ― 侍従(裾) ― 侍従(璽)
皇后のお列
掌典長 ― 皇后 ― 女官(裾)　女官(裾)

大嘗祭後大嘗宮地鎮祭
悠紀殿の儀
○月○日午前8時、斎場を舗設する。
午前10時、掌典及び掌典補が着床する。
次に大礼委員が着床する。
次に参列の諸員が着床する。
次に神饌及び幣物を供する。
　この間、楽を奏する。
次に掌典が祝詞を奏する。
次に幣物及び神饌を撤する。
　この間、楽を奏する。
次に地鎮の儀を行う。
次に各退出する。

参列の諸員は、次のとおりとする。
関係の宮内庁職員　その他別に定める者

○

服装　掌典及び楽長：衣冠
　掌典補及び楽師：布衣　出仕：雑色
　モーニングコート又はこれに相当するもの

主基殿の儀
悠紀殿の儀に倣う。

大嘗祭後大嘗宮地鎮祭の期日、立皇嗣の礼関連行事が決定

令和元年12月12日、総理大臣官邸で第8回皇位継承式典委員会が行われた。議題は同年秋に行われた一連の式典の報告と2年4月に予定されている「立皇嗣の礼」に関する意見交換だった。

まずは「即位礼正殿の儀」と「饗宴の儀」「内閣総理大臣夫妻主催晩餐会」「祝賀御列の儀」の挙行について山﨑皇位継承式典事務局長から説明があり、その滞りない実施について各委員から感謝の声があがった。続いて「平成度における立太子の礼の実施状況について」などの説明があり、今回の「立皇嗣の礼」についての検討課題が各委員から挙げられた。その主な内容は以下である。

「立皇嗣の礼は、平成度における立太子の礼と同様、日本国憲法第7条に基づく天皇の国事行為たる儀式として行われる。詳細の検討にあたっては、皇室の伝統を尊重しつつ、憲法の趣旨に沿ったものとする必要が

ある」（近藤内閣法制局長官）

「平成度においては、立太子宣明《せんめい》の儀、朝見《ちょうけん》の儀及び宮中饗宴の儀の3つの儀式が行われた。立皇嗣の礼は、宣明の儀と朝見の儀を令和2年4月19日に行うことが決定されているが、今回も宮中饗宴の儀も含め実施することが適切」（岡田直樹内閣官房副長官）

「現在は、承認国や認証官が大変増えており、前回基準によれば、参列者が大幅に増加することが考えられる。正殿『松の間』の収容能力を踏まえ検討する必要がある」「今般の即位の礼における饗宴の儀については、参列者数や回数の削減、立食形式の導入を行った。立皇嗣の礼においても同様の考え方に立って検討することが適切」（杉田内閣官房副長官）

「平成度においては、朝から夜まで両陛下や皇太子殿下のお出ましになる儀式等が続いた。当時の皇太子殿下はご単身でおられたが、今回、皇嗣殿下は妃殿下と一緒に儀式に臨まれることから、装束のお召し替えなど準備に要する時間は平成度以上になる。立皇嗣宣明の儀当日に、宮中饗宴の儀も挙行することは難しいと考えられる」（山本宮内庁長官）

「皇嗣のお立場は、皇太子に相当するものであり、立皇嗣の礼も国民がこぞって寿ぐ中で行われるよう準備を進めることが必要である。4月19日はお忙しくなるようなので、宮中饗宴の儀は翌20日か21日を念頭に検討してはどうか」（西村内閣官房副長官）

最後に安倍首相よりまとめの発言があり会は終了。

これらの検討事項を踏まえて年が明けた令和2年1月21日に第9回皇位継承式典委員会が開かれた。議事ではまず山崎皇位継承式典事務局長より「立皇嗣宣明の儀の次第概要等について（案）」、「朝見の儀の次第概要等について（案）」、「宮中饗宴の儀の次第概要等について（案）」が資料をもとに説明された。資料の中には「（参考）立皇嗣宣明の儀の参列者数の考え方」と題するものもあり、「平成度の『立太子宣明の儀』を踏襲した場合、正殿松の間の適正収容人数を大幅に上回るおそれがあることから、下記の『見直し案』の考え方に沿って整理することとした」とあった。そこには、主な増加要因として「認証官として副大臣が追加（0人⇒25人）」「国会役員が増加（55人⇒65人）」「駐日外国大使が増加（114人⇒183人）」とあり、考え方として「即位後朝見の儀の参列者構成を基本とし、「配偶者は即位礼正殿の儀と同様に三権の長等に限って参列」し「立太子宣明の儀と同様に駐日外国大使等を招待」とされていた。

審議の結果、これらの案はすべてが了承。次に、「立皇嗣宣明の儀当日における祝意奉表について（案）」も了承され、菅内閣官房長官より、従前の例により1か月前を目途として閣議決定を行う発言があった。最後に安倍首相より以下のような発言があり会は終了した。

「令和となって初めての新年を迎えた。本年に行う立皇嗣の礼は、秋篠宮殿下が皇位継承順位第一位である皇嗣となられたことを広く内外に明らかにする儀式であり、将来にわたる皇室の弥栄《いやさか》を国民こぞって寿ぐという極めて重要なものである。その中核を成す立皇嗣宣明の儀は4月19日の午前11時から、正殿松の間において行う。宮中饗宴の儀は4月21日に行うこととした。皇位の継承に伴う一連の式典の最後を飾る立皇嗣の礼が、国民の祝福の中で滞りなく行われるよう引き続きよろしくお願いする」

1月29日には、宮内庁で第9回大礼委員会が開かれた。まず、先の式典委員会での審議事項と決定事項の説明があり、儀式担当の式部副長より「大嘗祭後大嘗宮地鎮祭の期日について（案）」の説明があった。内容は「大嘗宮建屋《たてや》の解体工事の終了を2月20日、お焚《た》き上げを翌21日、布設作業等を25日より予定していることから、大嘗祭後大嘗宮地鎮祭の期日を2月28日としたい」というもので、その案は了承された。

次の議題は「立皇嗣の礼関係行事等（予定）について（案）」で、審議官から説明が行われた。その主な内容は「平成度の前例を踏まえ、皇室の伝統を尊重しつつ整理を行い、期日の違いを除けば平成度の内容と同様」というもので、委員会として了承された。最後に委員長である西村泰彦宮内庁長官より、大嘗祭後大嘗宮地鎮祭の期日と、立皇嗣の礼関係行事等の名称、期日、場所等が定まったことから、準備を加速してほしい旨の発言があり委員会は終了した。

第9回 皇位継承式典委員会の決定事項
（令和2年1月21日）

「立皇嗣宣明の儀の次第概要等について」

立皇嗣宣明の儀の次第概要等については、下記のとおりとする。

記

1　次第概要
儀式の次第概要は、別紙1のとおりとする。

2　参列者推薦基準
儀式の参列者推薦基準は、別紙2のとおりとする。

3　式場
正殿松の間

4　服装

（1）天皇陛下　御束帯（黄櫨染御袍）
（2）皇后陛下　御小袿、御長袴
（3）皇嗣殿下　束帯（黄丹袍、帯剣）
（4）皇嗣妃殿下　小袿、長袴
（5）皇族殿下（男子）　モーニングコート
（6）皇族各殿下（女子）　ロングドレス
（7）宮内庁長官、侍従長等　衣冠単
（8）女官長等　袿袴
（9）参列者
男子　モーニングコート、紋付羽織袴又はこれらに相当するもの
女子　ロングドレス、デイドレス、白襟紋付又はこれらに相当するもの

5　その他
儀式の細目は、宮内庁長官が定める。

別紙1　立皇嗣宣明の儀次第概要

天皇皇后両陛下お出まし
天皇陛下のおことば
皇嗣殿下のおことば
寿詞《よごと》（内閣総理大臣）
天皇皇后両陛下御退出
［儀式は、午前11時（天皇皇后両陛下お出まし）に始まり、おおむね午前11時15分（天皇皇后両陛下御退出）に終わる。（予定）］

別紙2　立皇嗣宣明の儀参列者推薦基準

1　立法機関
（1）衆・参両院議長、副議長各夫妻
（2）衆議院の常任委員長、特別委員長、審査会長
（3）参議院の常任委員長、特別委員長、調査会長、審査会長
（4）裁判官弾劾裁判所裁判長、裁判官訴追委員会委員長
（5）衆・参両院事務総長、国立国会図書館長
2　行政機関
（1）内閣総理大臣、副総理各夫妻
（2）国務大臣
（3）内閣官房副長官、副大臣
（4）内閣法制局長官
（5）会計検査院長、人事院総裁、公正取引委員会委員長、原子力規制委員会委員長、検事総長
（6）事務次官、警察庁長官、金融庁長官、消費者庁長官
3　司法機関
（1）最高裁判所長官、最高裁判所判事（長官代行）各夫妻
（2）最高裁判所判事
（3）最高裁判所事務総長
4　地方公共団体
（1）東京都知事
（2）都道府県知事の代表及び都道府県議会議長の代表
（3）政令指定都市の市長の代表及び政令指定都市議会議長の代表
（4）市長の代表及び市議会議長の代表
（5）町村長の代表及び町村議会議長の代表
5　外交関係
駐日外国大使等
6　その他

「朝見の儀の次第概要等について」

朝見の儀の次第概要等については、下記のとおりとする。

記

1　次第概要
儀式の次第概要は、別紙のとおりとする。
2　式場
正殿松の間
3　服装　男子　燕尾服　女子　ロングドレス
勲章着用
4　その他
儀式の細目は、宮内庁長官が定める。

別紙　朝見の儀次第概要

天皇皇后両陛下がお出まし
皇嗣同妃両殿下が参入
皇嗣殿下の謝恩の辞
天皇陛下のおことば
皇嗣殿下の謝恩の辞
皇后陛下のおことば
天皇皇后両陛下が皇嗣同妃両殿下に御《おん》盃《さかずき》をお授け
天皇皇后両陛下が御《おん》箸《はし》をお立て（皇嗣同妃両殿下がこれに倣《なら》われる）
天皇皇后両陛下が皇嗣同妃両殿下に御《おん》禄《ろく》をお授け
皇嗣同妃両殿下が拝《はい》謝《しゃ》
天皇皇后両陛下が御退出
［儀式は、午後4時30分（天皇皇后両陛下がお出まし）に始まり、おおむね午後5時（天皇皇后両陛下が御退出）に終わる。（予定）］

「宮中饗宴の儀の次第概要等について」

宮中饗宴の儀の次第概要等については、下記のとおりとする。

記

1　挙行日、形式及び回数
宮中饗宴の儀は、令和2年4月21日に、立食形式で計2回行う。
2　次第概要
儀式の次第概要は、別紙1のとおりとする。
3　参列者推薦基準
儀式の参列者推薦基準は、別紙2のとおりとする。
4　式場
第1回　豊明殿　第2回　春秋の間
5　服装
男子　モーニングコート、紋付羽織袴又はこれらに相当するもの（ダークスーツも可）
女子　ロングドレス、デイドレス、白襟紋付又はこれらに相当するもの
6　その他
儀式の細目は、宮内庁長官が定める。

別紙1　宮中饗宴の儀次第概要

第1回

天皇皇后両陛下が皇嗣同妃両殿下とともに豊明殿にお出まし
天皇陛下のおことば
賀詞（内閣総理大臣）
乾杯
食事（立食）
天皇皇后両陛下が皇嗣同妃両殿下とともに豊明殿を御退出
［儀式は、午後2時（天皇皇后両陛下が皇嗣同妃両殿下とともに豊明殿にお出まし）に始まり、おおむね午後2時30分（天皇皇后両陛下が皇嗣同妃両殿下とともに豊明殿を御退出）に終わる。（予定）］

第2回
天皇皇后両陛下が皇嗣同妃両殿下とともに春秋の間にお出まし
天皇陛下のおことば
賀詞（外交団長）
乾杯
食事（立食）
天皇皇后両陛下が皇嗣同妃両殿下とともに春秋の間を御退出
［儀式は、午後4時（天皇皇后両陛下が皇嗣同妃両殿下とともに春秋の間にお出まし）に始まり、おおむね午後4時30分（天皇皇后両陛下が皇嗣同妃両殿下とともに春秋の間を御退出）に終わる。（予定）］

別紙2　宮中饗宴の儀参列者推薦基準

1　皇室関係
2　立法機関
（1）衆・参両院議長、副議長各夫妻
（2）衆議院の常任委員長、特別委員長、審査会長
（3）参議院の常任委員長、特別委員長、調査会長、審査会長
（4）裁判官弾劾裁判所裁判長、裁判官訴追委員会委員長
（5）衆・参両院事務総長、国立国会図書館長
3　行政機関
（1）内閣総理大臣、副総理各夫妻
（2）国務大臣
（3）内閣官房副長官、副大臣、大臣政務官
（4）内閣法制局長官
（5）内閣危機管理監、内閣情報通信政策監、国家安全保障局長、内閣官房副長官補、内閣広報官、内閣情報官、内閣総理大臣補佐官、内閣法制次長、事務次官、会計検査院事務総長、人事院事務総長、宮内庁次長、警察庁長官、金融庁長官、消費者庁長官、統合幕僚長
（6）会計検査院長、検査官、人事院総裁、人事官、公正取引委員会委員長、原子力規制委員会委員長、検事総長、次長検事、検事長
4　司法機関
（1）最高裁判所長官、最高裁判所判事（長官代行）各夫妻
（2）最高裁判所判事
（3）高等裁判所長官
（4）最高裁判所事務総長
5　元三権の長
元内閣総理大臣、元衆・参両院議長、元最高裁判所長官
6　地方公共団体
（1）東京都知事
（2）都道府県知事の代表及び都道府県議会議長の代表各2名
（3）政令指定都市の市長の代表及び政令指定都市議会議長の代表　各2名
（4）市長の代表及び市議会議長の代表　各2名
（5）町村長の代表及び町村議会議長の代表　各2名
7　外交関係
駐日外国大使等夫妻
8　各界の代表
9　その他

「立皇嗣宣明の儀当日における祝意奉表について」

立皇嗣宣明の儀当日（令和2年4月19日）、祝意を表するため、各府省においては、下記の措置をとるものとする。

記

1　国旗を掲揚すること。
2　地方公共団体に対しても、国旗を掲揚するよう協力方を要望すること。
3　地方公共団体以外の公署、学校、会社、その他一般においても、国旗を掲揚するよう協力方を要望すること。

第9回 大礼委員会の了承事項（令和2年1月29日）

「大嘗祭後大嘗宮地鎮祭の期日について」

大嘗祭後大嘗宮地鎮祭の期日は令和2年2月28日とする。

（以下の式次第は「参考」として配布されたもの）

「大嘗祭後大嘗宮地鎮祭」

悠紀殿の儀

2月28日午前8時、斎場を鋪設する。
午前10時、掌典及び掌典補が着床する。
次に大礼委員が着床する。
次に参列の諸員が着床する。
次に神饌及び幣物を供する。
この間、楽を奏する。
次に掌典が祝詞を奏する。
次に幣物及び神饌を撤する。
この間、楽を奏する。
次に地鎮の儀を行う。
次に各退出する。

参列の諸員は、次のとおりとする。
関係の宮内庁職員
その他別に定める者

○

服装　掌典及び楽長：衣冠
掌典補及び楽師：布衣
出仕：雑色
モーニングコート又はこれに相当するもの

主基殿の儀
悠紀殿の儀に倣う。

半年以上の延期を経て立皇嗣の礼の斎行が決まるまで

新型コロナウイルス禍は、立皇嗣の礼の斎行にも影響を及ぼした。その経緯は以下の通りである。

令和2年1月に行われた第9回皇位継承式典委員会では、同年4月に行うことが決まっていた立皇嗣の礼を主として議事が進められ、第9回大礼委員会では関係行事の期日が定められた。

しかし、3月に開かれた第10回皇位継承式典委員会では、新型コロナウイルスの感染拡大という状況下、立皇嗣宣明の儀は招待者などを減らして行うことが決定され、宮中饗宴の儀は取り止めることに。さらに4月10日には儀式そのものの延期の調整が発表された。そして、本格的な冬の到来を前にした10月の第11回皇位継承式典委員会において、立皇嗣宣明の儀と朝見の儀を11月8日に行うことが決定されたのである。その詳しい内容について、まずは延期決定前にさかのぼり、令和2年3月に開かれた第10回皇位継承式典委員会の議事内容から見ていく。

3月18日、総理大臣官邸大会議室で委員会は開かれた。冒頭、安倍首相から挨拶があり、山﨑皇位継承式典事務局長から配布資料についての説明があった。その内容は、立皇嗣宣明の儀の「参列者数の縮減について」と「細目案」、朝見の儀の「細目案」、宮中饗宴の儀の「参列者数の縮減について」と「細目案」であった。その中の立皇嗣宣明の儀の参列者数の縮減については、「令和元年5月1日に行われた『剣璽等承継の儀』の参列者を基本とし、地方公共団体の代表や外交団長など最小限の者のみ参列することとしてはどうか」との提案がなされていた。また、宮中饗宴の儀については「『立皇嗣宣明の儀』に当初参列する予定であった者のうち、立法・行政・司法関係については、国務大臣級以上の者、内閣官房副長官及び内閣法制局長官並びに衆参両院の委員長等に限ることとし、地方公共団体関係については、地方公共団体の全国的な連合組織の代表に限ることとしてはどうか。なお、今後の感染症の状況によっては、取り止めも検討すべきではないか」とあった。

これを受けて、まず、近藤内閣法制局長官から「立皇嗣の礼の各儀式の細目案は、国事行為として平成度に行われた立太子の礼の在り方を基本に、皇室の伝統等を尊重したものとなっており、憲法の趣旨に照らしても問題ないと考える」との発言があった。次に西村宮内庁長官から「現在の新型コロナウイルス感染症の状況を考慮すれば、宮内庁としては、案の通り参列者の規模を縮小することが妥当と考える。宮中饗宴の儀については、飲食を行い、参列者同士が至近距離で会話を交わすことになるため、挙行しないという判断も必要と考える」との発言があり、杉田内閣官房副長官から賛同する意見があった。岡田内閣官房副長官からも、「皇居において、新型コロナウイルス感染症の感染が拡大するようなことがあってはならず、宮中饗宴の儀を取り止めることとなってもやむを得ないと考える。ただし、立皇嗣の礼そのものは、皇嗣を内外に明らかにする重要な儀式であり、少なくとも立皇嗣宣明の儀及び朝見の儀は、国民がこぞって寿ぐ中で、つつがなく行われるよう、しっかりと準備を進めてもらいたい」といった発言があった。

西村内閣官房副長官からは、感染症の拡大防止策をしっかり行うべきとの発言があり、西村宮内庁長官からも「先般の天皇誕生日に際しては、大勢の方が集まる一般参賀を、記帳も含めて中止した。感染防止策に万全を期しながら、粛々と準備を進めてまいりたい」という趣旨の発言があった。その結果、立皇嗣宣明の儀及び朝見の儀の細目については案通りとし、宮中饗宴の儀の取り止めが了承されたのである。菅内閣官房長官からは、「両儀式については、近く、それぞれ国事行為である国の儀式として行うことについて閣議決定を行うとともに、細目を官報で公示することとしたい」という趣旨の発言があった。最後に安倍首相より「立皇嗣宣明の儀については、50人程度に参列者の規模を縮小することとした」などと議論がまとめられ、「政府においては、皇位の継承に伴う一連の式典の最後を飾る立皇嗣の礼として、立皇嗣宣明の儀と朝見の儀が、国民の祝福の中で、滞りなく行われるよう、準備に万全を期してまいるので、引き続きよろしくお願いする」との挨拶があり会議は終了した。

なお、宮中饗宴の儀の細目案は決定事項とはなっていないが、当初予定されていたその案を163ページの「第10回皇位継承式典委員会の決定事項」の中に掲載する。翌日の19日には、菅内閣官房長官を本部長とする皇位継承式典実施連絡本部の第5回会合が開かれ、式典委員会での決定事項を踏まえ、諸準備に万全を期すことが徹底された。また、同月24日には宮内庁で第10回大礼委員会が開かれた。この時に了承された内容は、立皇嗣の礼が期日を変えて行われることになったため、改めて第11回大礼委員会を開いて審議されることになった。そのため、その内容については第11回の議事の中で紹介する。ただ、立皇嗣の礼当日に行われることが第9回大礼委員会で了承されていた一般参賀(記帳)は、状況を鑑みて取り止めることが第10回の委員会で了承された。

神宮、神武天皇山陵、昭和天皇山陵 御参拝の期日は別途決定

10月8日には総理大臣官邸大会議室で第11回皇位継承式典委員会が開かれた。この間、4月には、先述したように立皇嗣の礼の延期が発表されていた。

会議の冒頭、菅儀偉首相から「私が総理に就任して初めての式典委員会となる。委員長として、その責務を果たしてまいるので、委員各位におかれてもご協力をお願いしたい」との挨拶があった。なお、新副委員長として加藤勝信内閣官房長官、新委員として坂井学内閣官房副長官の出席があった。

この日の議事は、延期されていた立皇嗣の礼の新たな挙行日等である。まず、山﨑皇位継承式典事務局長から、「立皇嗣の礼に係る検討経緯について」と「立皇嗣の礼の挙行についての考え方」と題された資料の説明があり、「立皇嗣の礼の挙行日について」の案が示された。

これに対し杉田内閣官房副長官から「新型コロナウイルス感染症については、感染拡大防止と社会経済活動の両立に努めていくことが重要である。立皇嗣の礼については、まもなくご即位から1年半、諸儀式が挙行されてから1年が経とうとしていることを考えると、感染防止に万全を期した上で、この秋を目途に挙行すべきである」といった発言があった。

坂井内閣官房副長官からは「秋から冬に入ってくると、インフルエンザも流行してくるのが通常である。これらにも注意をしながら、しっかり感染防止対策を講じた上で、立皇嗣の礼は挙行すべきである」という趣旨の発言があった。

近藤内閣法制局長官からは「立皇嗣の礼は、日本国憲法第7条に基づく天皇の国事行為たる儀式として行われるものである。本年3月の第10回式典委員会における結論を受け、同月24日に、立皇嗣宣明の儀及び朝見の儀のみを本年4月19日に行う旨、閣議決定されたところだが、その後、新型コロナウイルス感染症の感染拡大を受け、4月14日の閣議決定により延期となっている。従って、立皇嗣の礼の新たな日程が決定されれば、改めて閣議決定を行うことが必要」といった発言があった。

杉田内閣官房副長官からは「状況に鑑みて宮中饗宴の儀は挙行すべきではない。立皇嗣宣明の儀についても、参列者数を縮減して行うことが適切である」という趣旨の発言があった。西村宮内庁長官からは「宮内庁としても異存はない。日程については、この秋の皇室における行事予定等を勘案すると、11月8日の日曜日が望ましいと考えている」といった発言があった。

岡田内閣官房副長官からは「11月上旬は気候も良く、国民こぞってお祝いする観点から、ここで決定する新たな挙行日には祝意奉表を行うことが適切である」という趣旨の発言があった。杉田内閣官房副長官からも賛同する意見があり、さらに「その細目案については、第10回式典委員会で了承された通りとすることが適切である。なお、今後、新型コロナウイルス感染症が再度拡大するなど、式典の挙行に適さないような状況になった場合には、その時点で改めて対応を考えるべき」といった発言があった。

その結果、立皇嗣宣明の儀及び朝見の儀を令和2年11月8日に行い、宮中饗宴の儀は行わない、細目は第10回式典委員会で了承された通りとし、同日に祝意奉表を行うことが決定された。加藤官房長官から、新たに閣議決定し細目を官報で公示する旨の発言があり、第12回式典委員会は、立皇嗣の礼が終了し、諸般の整理がついたと

ころで、適切な時期に開催することとなった。
最後に菅首相が議論のまとめを行い、「皇位の継承に伴う一連の式典の最後を飾る立皇嗣の礼が、国民の祝福の中で滞りなく行われるよう、新型コロナウイルス感染症対策に細心の注意を払いながら、準備に万全を期してまいりたい」との言葉があって閉会した。翌日には、加藤官房長官を新たな本部長とする式典実施連絡本部の第6回会合が行われ、関係府省の諸準備に万全を期すことの確認が行われた。

また、10月21日には宮内庁で第11回大礼委員会が行われた。最初に審議官より、第11回の式典委員会での審議状況についての報告があり、続いて「立皇嗣の礼関係行事等（予定）について」の案の説明が行われた。

それは、立皇嗣の礼に関連する行事として「神宮神武天皇山陵昭和天皇山陵に勅使発遣の儀」に始まり、「昭和天皇山陵御参拝」まで多くがあるが、神宮神武天皇山陵昭和天皇山陵に勅使発遣の儀については11月5日、また、立皇嗣宣明の儀や朝見の儀などは11月8日とし、一般参賀（記帳）は行わない。さらに、その後の神宮御参拝、神武天皇山陵御参拝、昭和天皇山陵御参拝については別途決定としたい、というものだった。

そのことに関連し、皇嗣職大夫《だいぶ》から「神宮、神武天皇山陵、昭和天皇山陵御参拝については、駅頭あるいは沿道に多くの奉迎者の参集が予想されることから、COVID－19の感染を拡大するような事態を避けるため、当分の間はお控えいただくこととし、お成りの時期については状況を見ながら、専門家の意見も参考にしながら検討していきたい」との発言があった。その結果、「立皇嗣の礼関係行事等（予定）について」の案は委員会として了承された。

次に、その関係行事のうち、神宮神武天皇山陵昭和天皇山陵に勅使発遣の儀から「賢所皇霊殿神殿に謁するの儀」までの式次第案について儀式担当の式部副長から以下のような説明があった

「今回の諸儀式は、平成3年に行われた立太子の礼を基にして、これまでの大礼諸儀式の次第と表現の統一を図って立案した。その平成3年の立太子の礼との違いは2つある。1つは大礼の一環として位置づけられていることから、大礼委員の着床を設定していることだ。なお、『勅使発遣の儀』については、大礼委員の着床のスペースが限られており、感染防止の観点から一部委員の着床とする予定である。もう1つは、『謁するの儀』においてで、平成時、皇太子殿下は単身でいらしたことからお一方の拝礼であったが、今回は皇嗣・同妃両殿下は殿上でご同列での拝礼になる」

また、「皇嗣に壺切御剣《つぼきりのぎょけん》親授」について、侍従次長から以下のような説明があった。

「立皇嗣宣明の儀が行われたすぐ後に、宮殿・鳳凰の間において行われる。式次第は資料記載の通り、天皇陛下がお出ましになり、次に皇嗣殿下が御前に参進される。その後、天皇陛下のお言葉があり、続いて壺切御剣を皇嗣殿下にお授けになるという流れである」

こうして「立皇嗣の礼関係行事等の式次第」の案が了承された。最後に委員長である宮内庁長官からの挨拶があって委員会は終了したのである。

第10回 皇位継承式典委員会の決定事項

（令和2年3月18日）

「立皇嗣宣明の儀の細目について」

午前10時40分、参列者が宮殿の春秋の間に参集する。

午前10時45分、皇嗣、皇嗣妃、親王、親王妃、内親王及び女王が皇族休所に参集される。

午前10時55分、参列者が正殿松の間の所定の位置に列立する。

式部官《しきぶかん》が誘導する。

次に親王、親王妃、内親王及び女王が正殿松の間に入られ、所定の位置に着かれる。

式部官が誘導する。

次に皇嗣、皇嗣妃が正殿松の間に入られ、所定の位置に着かれる。

皇嗣職大夫が前行し、皇嗣職宮務官長及び皇嗣職宮務官が随従する。

午前11時、天皇、皇后が正殿松の間にお出ましになる。

式部官長及び宮内庁長官が前行し、侍従長、侍従、女官長及び女官が随従する。

次に天皇のおことばがある。

次に皇嗣、皇嗣妃が御前に参進され、敬礼される。

次に皇嗣がおことばを述べられる。

次に皇嗣、皇嗣妃が所定の位置に戻られる。

次に内閣総理大臣が御前に参進し、寿詞《よごと》を述べる。

次に天皇、皇后が御退出になる。

前行及び随従は、お出ましのときと同じである。

次に皇嗣、皇嗣妃が退出される。

前行及び随従は、入られたときと同じである。

次に親王、親王妃、内親王及び女王が退出される。

次に参列者が退出する。

○

服装 天皇：御束帯《おんそくたい》（黄櫨染御袍《こうろぜんのごほう》）
皇后：御小袿《おんこうちぎ》・御長袴《おんながばかま》
皇嗣：束帯（黄丹袍《おうにのほう》）
皇嗣妃：小袿・長袴
宮内庁長官、侍従長、侍従、皇嗣職大夫、皇嗣職宮務官長、皇嗣職宮務官（男子）及び式部官長：衣冠単《いかんひとえ》
女官長、女官及び皇嗣職宮務官（女子）：袿袴《うちきばかま》

男子：モーニングコート、紋付羽織袴又はこれらに相当するもの
女子：ロングドレス、デイドレス、白襟紋付又はこれらに相当するもの

○

参列者の範囲は、次のとおりとする。

内閣総理大臣及び副総理並びに以上の者の配偶者、国務大臣、内閣官房副長官並びに内閣法制局長官
衆議院の議長及び副議長並びに以上の者の配偶者並びに議院運営委員長
参議院の議長及び副議長並びに以上の者の配偶者並びに議院運営委員長
最高裁判所長官及び最高裁判所判事（長官代行）並びに以上の者の配偶者
都道府県知事の代表及び都道府県議会議長の代表
政令指定都市の市長の代表及び政令指定都市議会議長の代表
市長の代表及び市議会議長の代表
町村長の代表及び町村議会議長の代表
外交団長
その他特に認める者

「朝見の儀の細目について」


午後4時15分、皇嗣、皇嗣妃が皇族休所に参集される。

午後4時30分、天皇、皇后が宮殿の正殿松の間にお出ましになる。

式部官長及び宮内庁長官が前行し、侍従長、侍従、女官長及び女官が随従する。

次に皇嗣、皇嗣妃が御前に参進され、皇嗣が謝恩の辞を述べられる。

式部官長が誘導する。

次に天皇のおことばがある。

次に皇嗣、皇嗣妃が皇后の御前に参進され、皇嗣が謝恩の辞を述べられる。

次に皇后のおことばがある。

次に皇嗣、皇嗣妃が所定の席に着かれる。

次に皇嗣が御前に参進される。

次に天皇が皇嗣に御盃をお授けになる。

侍従が奉仕する。

次に皇后が皇嗣に御盃をお授けになる。

女官が奉仕する。

次に皇嗣が皇后の御前に参進される。

次に皇嗣が席に戻られる。

次に皇嗣妃が御前に参進される。

次に天皇が皇嗣妃に御盃をお授けになる。

侍従が奉仕する。

次に皇嗣妃が皇后の御前に参進される。

次に皇后が皇嗣妃に御盃をお授けになる。

女官が奉仕する。

次に皇嗣妃が席に戻られる。

次に天皇、皇后が御箸をお立てになり、皇嗣、皇嗣妃がこれに倣われる。

次に天皇、皇后が皇嗣、皇嗣妃に御禄をお授けになる。

侍従長が皇嗣に伝進する。

女官長が皇嗣妃に伝進する。

次に皇嗣、皇嗣妃が御前に参進され、拝謝される。

次に皇嗣、皇嗣妃が皇后の御前に参進され、拝謝される。

次に皇嗣、皇嗣妃が席に戻られる。

次に天皇、皇后が御退出になる。

前行及び随従は、お出ましのときと同じである。

次に皇嗣、皇嗣妃が退出される。

○

服装　男子：燕尾服
女子：ローブデコルテ
勲章着用

「宮中饗宴の儀（第1回）の細目について（案）」

※編集部注：決定事項ではない

午後1時40分、参列者が宮殿の豊明殿《ほうめいでん》に参集する。

午後1時45分、皇嗣、皇嗣妃、親王、親王妃、内親王及び女王が皇族休所に参集される。

午後1時55分、参列者が豊明殿の所定の位置に列立する。

午後2時、天皇、皇后が皇嗣、皇嗣妃とともに豊明殿にお出ましになる。

式部官長及び宮内庁長官が前行し、親王、親王妃、内親王及び女王が供奉《ぐぶ》され、侍従長、侍従、女官長、女官、皇嗣職大夫及び宮内庁御用掛《ごようがかり》が随従する。

次に天皇のおことばがある。

次に内閣総理大臣が賀詞を述べる。

次に代表者が杯を挙げる。

次に食事（立食）を供する。

この間、雅楽《ががく》を奏する。

次に天皇、皇后が皇嗣、皇嗣妃とともに御退出になる。

前行、供奉及び随従は、お出ましのときと同じである。

次に参列者が退出する。

○

服装　男子：モーニングコート、紋付羽織袴又はこれらに相当するもの（ダークスーツも可）
女子：ロングドレス、デイドレス、白襟紋付又はこれらに相当するもの

○

参列者の範囲は、次のとおりとする。

内閣総理大臣及び副総理並びに以上の者の配偶者、国務大臣、内閣官房副長官並びに内閣法制局長官
会計検査院長、人事院総裁及び検事総長
衆議院の議長及び副議長並びに以上の者の配偶者、常任委員長、特別委員長並びに審査会長
参議院の議長及び副議長並びに以上の者の配偶者、常任委員長、特別委員長、調査会長並びに審査会長
裁判官弾劾裁判所裁判長及び裁判官訴追委員会委員長
最高裁判所長官及び最高裁判所判事（長官代行）並びに以上の者の配偶者並びに最高裁判所判事
都道府県知事の代表及び都道府県議会議長の代表
政令指定都市の市長の代表及び政令指定都市議会議長の代表

市長の代表及び市議会議長の代表
町村長の代表及び町村議会議長の代表
その他特に認める者

「宮中饗宴の儀（第2回）の細目について（案）」

※編集部注：決定事項ではない

午後3時40分、参列者が宮殿の春秋の間に参集する。

午後3時45分、皇嗣、皇嗣妃、親王、親王妃、内親王及び女王が皇族休所に参集される。

午後3時55分、参列者が春秋の間の所定の位置に列立する。

午後4時、天皇、皇后が皇嗣、皇嗣妃とともに春秋の間にお出ましになる。

式部官長及び宮内庁長官が前行し、親王、親王妃、内親王及び女王が供奉され、侍従長、侍従、女官長、女官、皇嗣職大夫及び宮内庁御用掛が随従する。

次に天皇のおことばがある。

次に外交団長が賀詞を述べる。

次に外交団長が杯を挙げる。

次に食事（立食）を供する。

この間、雅楽を奏する。

次に天皇、皇后が皇嗣、皇嗣妃とともに御退出になる。

前行、供奉及び随従は、お出ましのときと同じである。

次に参列者が退出する。

○

服装　男子：モーニングコート、紋付羽織袴又はこれらに相当するもの（ダークスーツも可）

女子：ロングドレス、デイドレス、白襟紋付又はこれらに相当するもの

○

参列者の範囲は、次のとおりとする。

各国の外交使節団の長等

第11回 皇位継承式典委員会の決定事項（令和2年10月8日）

「立皇嗣の礼の挙行日について」

立皇嗣の礼として、立皇嗣宣明の儀及び朝見の儀を令和2年11月8日に行う。

（参考）

・立皇嗣宣明の儀

文仁親王殿下が皇嗣となられたことを公に宣明されるとともに、これを内外の代表がことほぐ儀式

・朝見の儀

立皇嗣宣明の儀後初めて皇嗣に会われる儀式

第11回 大礼委員会の了承事項（令和2年10月21日）

「立皇嗣の礼関係行事等（予定）について」

（注）◎は国の儀式として行われる各儀。○は皇室の行事

○神宮神武天皇山陵昭和天皇山陵に勅使《ちょくし》発遣《はっけん》の儀
令和2年（以下同）11月5日　宮殿
○神宮に奉幣の儀　11月8日　神宮
○賢所皇霊殿神殿に親告の儀　11月8日　宮中三殿
○神武天皇山陵に奉幣の儀　11月8日　神武天皇山陵
○昭和天皇山陵に奉幣の儀　11月8日　昭和天皇山陵
◎立皇嗣宣明の儀　11月8日　宮殿
○皇嗣に壺切御剣《つぼきりのぎょけん》親授　11月8日　宮殿
○賢所皇霊殿神殿に謁するの儀　11月8日　宮中三殿
◎朝見の儀　11月8日　宮殿
○一般参賀（記帳）※行わない　皇居等
◎宮中饗宴の儀　※行わない　宮殿
○神宮御参拝　別途決定　神宮
○神武天皇山陵御参拝　別途決定　神武天皇山陵
○昭和天皇山陵御参拝　別途決定　昭和天皇山陵

立皇嗣の礼関係行事等の式次第

「神宮神武天皇山陵昭和天皇山陵に勅使発遣の儀」

11月5日午前10時、御殿を装飾する（正殿竹の間を用いる）。

時刻、大礼委員が着床する。

次に勅使が着床される。

午前11時、天皇がお出ましになる。

侍従長が前行し、侍従が御剣《ぎょけん》を奉ずる。

次に幣物《へいもつ》を御覧になる（掌典長が侍立する）。

次に御祭文《ごさいもん》を勅使にお授けになる（侍従長が奉仕する）。

次に神宮に参向の勅使をお召しになる。

次に勅使が退いて幣物の傍らに立たれる。

次に幣物を辛櫃《からひつ》に納める（掌典《しょうてん》が奉仕する）。

次に勅使が幣物を奉じて御殿を辞される。

次に神武天皇山陵及び昭和天皇山陵に参向の勅使を順にお召しになる。

次に御祭文を勅使にお授けになる（侍従長が奉仕する）。

次に勅使が退いて幣物の傍らに立たれる。

次に幣物を辛櫃に納める（掌典が奉仕する）。

次に勅使が幣物を奉じて御殿を辞される。

次に天皇が御退出になる。

前行及び随従、お出ましのときと同じである。

次に各退出する。

○

服装　天皇：御直衣《おのうい》

勅使：衣冠単

侍従長、侍従：浄衣《じょうえ》

掌典長及び掌典：祭服《さいふく》

辛櫃奉舁《ほうよ》者：衣冠単

モーニングコート又はこれに相当するもの

お列

「神宮に奉幣の儀」

皇大神宮　豊受大神宮

神宮の祭式による。

○

服装　勅使：衣冠単
　勅使随員：衣冠単
　出仕：雑色《ぞうしき》

「神武天皇山陵に奉幣の儀」

11月8日午前8時、陵所を装飾する。
午前10時、勅使が参進して着床される。
次に神饌を供する。
　この間、楽《がく》を奏する。
次に掌典が祝詞《のりと》を奏する。
次に幣物を供する。
次に勅使が拝礼の上、御祭文を奏される。
次に幣物及び神饌《しんせん》を撤する。
　この間、楽を奏する。
次に各退出する。

○

服装　勅使：衣冠単
　勅使随員：衣冠単
　掌典：祭服
　掌典補及び楽師：祭服
　出仕：雑色
　モーニングコート又はこれに相当するもの

「昭和天皇山陵に奉幣の儀」

（神武天皇山陵に奉幣の儀と同）

「賢所皇霊殿神殿に親告の儀」

賢所の儀

11月8日午前8時、御殿を装飾する。
午前8時45分、大礼委員が休所に参集する。
次に親王、親王妃、内親王及び女王が賢所参集所に参集される。
次に天皇、皇后が綾綺殿《りょうきでん》にお入りになる。
次に天皇に御服を供する（侍従が奉仕する）。
次に天皇に御手水を供する（侍従が奉仕する）。
次に天皇に御笏を供する（侍従が奉仕する）。
次に皇后に御服を供する（女官が奉仕する）。
次に皇后に御手水を供する（女官が奉仕する）。
次に皇后に御檜扇《ひおうぎ》を供する（女官が奉仕する）。
次に御扉を開く。
　この間、神楽歌《かぐらうた》を奏する。
次に神饌及び幣物を供する。
　この間、神楽歌を奏する。
次に掌典長が祝詞を奏する。
次に大礼委員が着床《ちゃくしょう》する。
次に親王、親王妃、内親王及び女王が参進して幄舎《あくしゃ》に着床される。
　式部官が誘導する。
午前9時、天皇がお出ましになる。
　掌典長が前行し、侍従が御剣を捧持し、侍従が随従する。
次に天皇が内陣《ないじん》の御座にお着きになる。
　侍従が御剣を奉じて簀子《すのこ》に候する。
次に天皇が御拝礼になり、御告文《おつげぶみ》をお奏しになる（御《お》鈴《すず》を内掌典が奉仕する）。
次に天皇が御退出になる。
　前行及び随従は、お出ましのときと同じである。
次に皇后がお出ましになる。
　掌典長が前行し、女官が随従する。
次に皇后が内陣の御座にお着きになる。
　女官が簀子に候する。
次に皇后が御拝礼になる。
次に皇后が御退出になる。
　前行及び随従は、お出ましのときと同じである。
次に親王、親王妃、内親王及び女王が拝礼される。
次に大礼委員が拝礼する。
次に幣物及び神饌を撤する。
　この間、神楽歌を奏する。
次に御扉《みとびら》を閉じる。
　この間、神楽歌を奏する。
次に各退出する。

○

服装　天皇：御束帯（黄櫨染御袍）
　皇后：御小袿・御長袴
　侍従：衣冠単
　女官：袿袴
　掌典長、掌典次長、掌典及び楽長：祭服
　内掌典：衣袴《きぬはかま》、袿袴
　掌典補及び楽師：祭服
　出仕：麻浄衣
　モーニングコート又はこれに相当するもの

お列

天皇のお列

皇后のお列

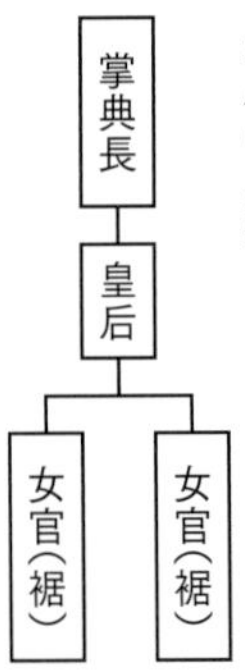

皇霊殿の儀　神殿の儀

賢所の儀に倣う（御鈴の儀はない）。

「賢所皇霊殿神殿に謁するの儀」

賢所の儀

11月8日午前11時35分、御殿を装飾する。
午後0時20分、大礼委員が休所に参集する。
次に親王、親王妃、内親王及び女王が賢所参集所に参集される。
次に皇嗣、皇嗣妃が綾綺殿にお入りになる。
次に皇嗣に儀服を供する（皇嗣職宮務官が奉仕する）。
次に皇嗣に手水を供する（皇嗣職宮務官が奉仕する）。
次に皇嗣に笏を供する（皇嗣職宮務官が奉仕する）。
次に皇嗣妃に儀服を供する（皇嗣職宮務官が奉仕する）。
次に皇嗣妃に手水を供する（皇嗣職宮務官が奉仕する）。
次に皇嗣妃に檜扇を供する（皇嗣職宮務官が奉仕する）。
時刻、御扉を開く。
　この間、神楽歌を奏する。
次に神饌及び幣物を供する。
　この間、神楽歌を奏する。
次に掌典長が祝詞を奏する。
次に大礼委員が着床する。
次に親王、親王妃、内親王及び女王が参進して幄舎に着床される。
　式部官が誘導する。
午後0時35分、皇嗣、皇嗣妃が参進される。
　掌典長が前行し、皇嗣職宮務官が壺切御剣を奉じ、他の皇嗣職宮務官が随従する。
次に皇嗣、皇嗣妃が内陣の座に着かれる。
　皇嗣職宮務官が壺切御剣を奉じて外陣《げじん》に候し、他の皇嗣職宮務官が簀子に候する。
次に皇嗣、皇嗣妃が拝礼される。
次に皇嗣、皇嗣妃が退出される。
　前行及び随従は、参進のときと同じである。
次に親王、親王妃、内親王及び女王が拝礼される。
次に大礼委員が拝礼する。
次に幣物及び神饌を撤する。
　この間、神楽歌を奏する。
次に御扉を閉じる。
　この間、神楽歌を奏する。
次に各退出する。

○

服装　皇嗣：束帯（黄丹袍）
皇嗣妃：小袿・長袴
皇嗣職宮務官：衣冠単、袿袴
掌典長、掌典次長、掌典及び楽長：祭服
内掌典：衣袴、袿袴
掌典補及び楽師：祭服
出仕：麻浄衣
モーニングコート又はこれに相当するもの

お列

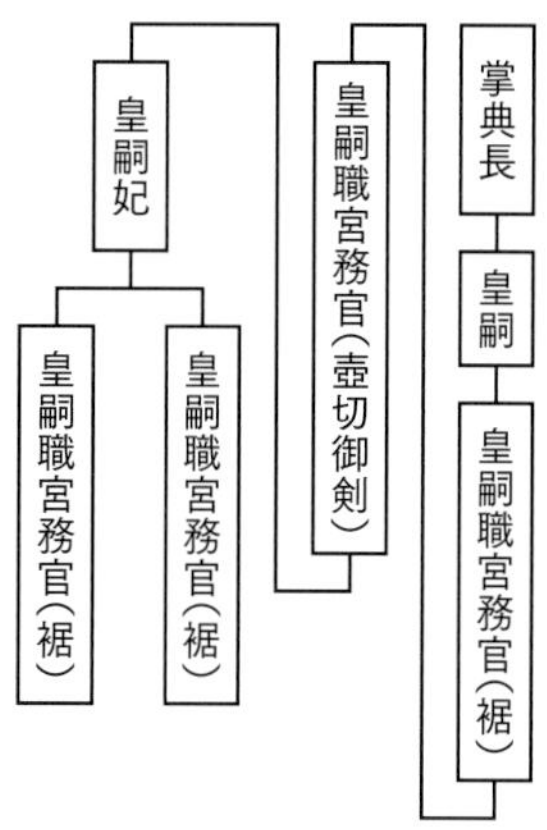

皇霊殿の儀　神殿の儀

賢所の儀に倣う。

「皇嗣に壺切御剣親授」

11月8日午前11時25分、天皇が鳳凰の間にお出ましになる。
　侍従が前行し、侍従長、侍従が壺切御剣を奉持して随従する。
次に皇嗣が御前に参進される。
　皇嗣職大夫が随従する。
次に侍従長が壺切御剣を御前に進める。
次に天皇のおことばがある。
次に天皇が壺切御剣を皇嗣にお授けになる。
次に皇嗣が壺切御剣を皇嗣職大夫に渡される。
次に皇嗣が退出される。
　皇嗣職大夫が壺切御剣を奉持して随従する。
次に天皇が御退出になる。
　侍従が前行し、侍従長及び侍従が随従する。

○

服装　天皇：御束帯（黄櫨染御袍）
皇嗣：束帯（黄丹袍）
侍従長、侍従、皇嗣職大夫、皇嗣職宮務官：衣冠単

立皇嗣の礼を無事に斎行し、式典委員会も締めくくりの総括を

令和2年12月23日、総理大臣官邸で第12回皇位継承式典委員会が開かれた。冒頭に菅首相が述べた通り「委員会としての締めくくりの会合」である。

まずは、山崎皇位継承式典事務局長が、資料を用いて、一連の式典と「皇位継承式典関係（一般会計）予算決算等について」を説明。各委員から、すべてが無事に行われたことへの感想が述べられた。最後に菅首相から、以下の趣旨の発言があり委員会は終了した。

「この度の皇位の継承に伴い、当式典委員会においては、上皇陛下ご在位中の天皇陛下御在位三十年記念式典に始まり、退位の礼、即位の礼、立皇嗣の礼と一連の式典を執り行ってきた。本日は、締めくくりの会合として、これらの式典の経過を、委員会として正式に確認した。

憲政史上初めて、ご退位とご即位が同時に行われ、平成から令和へと時代がうつりかわる中で行われた、この度の一連の式典が、国の内外からの温かい祝福のもと、すべて滞りなく行われたことは、誠に慶賀にたえないところである。

ここに、式典の円滑な挙行にご協力いただいた国民の皆様に、厚く御礼を申し上げるとともに、皇室の幾久しいご繁栄をお祈り申し上げる」

デザイン　坂本浪男　石島章輝　穂田光子
写真　宮内庁　日本雑誌協会代表取材　産経新聞社写真報道局
天皇陛下御即位奉祝委員会　扶桑社写真部
協力　産経新聞社　フジテレビジョン
編集　伊豆野 誠　中尾千穂

『令和のご大礼　完全版』
令和5年（2023）12月22日　初版第1刷発行

企　画　公益財団法人 日本文化興隆財団
発行者　小池英彦
発行所　株式会社扶桑社
〒105-8070　東京都港区芝浦1-1-1　浜松町ビルディング
電話　03-6368-8879（編集）
03-6368-8891（郵便室）
ホームページ　http://www.fusosha.co.jp/

印刷・製本　大日本印刷株式会社

Printed in Japn　ISBN978-4-594-09658-8